SAINT THOMAS D'AQUIN

CENTRE DE WULF-MANSION

PHILOSOPHES MÉDIÉVAUX

COLLECTION DE TEXTES ET D'ÉTUDES
PUBLIÉE PAR L'INSTITUT SUPÉRIEUR DE PHILOSOPHIE
DE L'UNIVERSITÉ DE LOUVAIN
SOUS LA DIRECTION DE FERNAND VAN STEENBERGHEN
PROFESSEUR À L'UNIVERSITÉ

PHILOSOPHES MÉDIÉVAUX

——————————— TOME V ———————————

ANGELUS WALZ, O.P.

SAINT THOMAS D'AQUIN

ADAPTATION FRANÇAISE

PAR

PAUL NOVARINA

DIRECTEUR AU GRAND SÉMINAIRE DE LONS-LE-SAUNIER (JURA)

PUBLICATIONS UNIVERSITAIRES
2, Place Cardinal Mercier
LOUVAIN

BÉATRICE-NAUWELAERTS
10, Rue de l'Abbaye
PARIS (VIᵉ)

1962

IMPRIMATUR

Lovanii, die 20 Februarii 1962

H. Van Waeyenbergh,
Ep. Gilbensis, Rect. Univ., deleg.

PRÉFACE

L'histoire intégrale de saint Thomas d'Aquin exigerait un ouvrage de vastes proportions. On y trouverait, situé dans son époque, tout ce qui concerne sa vie, son œuvre, ses écrits et sa doctrine.

Le but de ce travail est plus modeste. Il s'agit seulement d'introduire à la vie et aux écrits du Docteur Angélique; et cela, sobrement et positivement, en s'appuyant sur les documents et les témoignages dignes de foi. On recueillera donc les fruits des recherches faites jusqu'ici dans le domaine de la biographie du saint Docteur. A l'occasion, on essaiera de préciser tel ou tel point, de faire progresser telle ou telle question. On évitera cependant d'en rester à une accumulation de détails, mais l'on s'efforcera de procurer une vue d'ensemble qui donne une idée juste de ce personnage incomparable.

Puissions-nous ainsi contribuer à faire mieux connaître, comprendre, apprécier et aimer celui que l'Eglise considère comme un Maître, le Prince de la Scolastique et le Patron des Ecoles catholiques, et dont elle ne cesse de recommander l'étude. Puissions-nous surtout favoriser la composition du grand ouvrage qu'il mérite.

A. WALZ.

TRAVAUX DU P. WALZ SUR S. THOMAS

— *De Aquinatis e vita discessu*, in *Xenia thomistica*, III (Rome, 1925), 41-55.
— *Historia canonizationis s. Thomae de Aquino*, ib., 105-172.
— *Bulla canonizationis s. Thomae Aquinatis a Joanne XXII P. M. emanata notisque illustrata*, ib. 173-188.
— *Zum Kölner Studienaufenthalt des Aquinaten. Ein Beitrag aus P. Denifles Nachlass*, *Römische Quartalschrift*, 1926.
— *Delineatio vitae s. Thomae de Aquino*, Rome, 1927.
— *Thomismus: Compendium historiae Ordinis Praedicatorum*, §§ 28, 72, 106, Rome, 1930; 2ᵉ édition, 1948.
— *L'impronta tomistica nella teologia recente secondo le ultime direttive dei Sommi Pontefici*, in *Studi domenicani*, Rome, 1939.
— *Chronotaxis vitae et operum s. Thomae de Aquino*, *Angelicum* (Rome), 1939.
— *De genuino titulo «Summa theologiae»*, *Angelicum* (Rome), 1939.
— *Thomas d'Aquin: I. Vie, III. Ecrits*, in *Dictionnaire de Théologie Catholique* (Paris), 1943.
— *Il tomismo dal 1800 al 1879*, *Angelicum* (Rome), 1943.
— *San Tommaso d'Aquino*, Rome, 1945.
— *Saint Thomas Aquinas*, Westminster (Maryland), 1951.
— *Thomas von Aquin*, Bâle, 1953.
— *L'Aquinate a Viterbo*, in *Memorie domenicane*, Florence, 1955.
— *Il detenuto di Montesangiovanni*, in *Memorie domenicane*, Florence, 1956.
— *Wege des Aquinaten*, in *Historisches Jahrbuch* (Munich), 1958.
— *L'Aquinate a Orvieto*, *Angelicum* (Rome), 1958.
— *Riassunti storiografici sul luogo di nascità di San Tommaso*, *Angelicum* (Rome), 1960.
— *Luoghi di San Tommaso*, Rome, 1961.

AVANT-PROPOS

Le P. Chenu, écrivant pour un public français, disait naguère: «Nous avons d'excellents portraits doctrinaux de saint Thomas, mais pas une bonne *biographie*» (*Introduction à l'étude de saint Thomas d'Aquin,* 1950, p. 65). On pouvait penser que le P. Chenu s'attacherait lui-même à combler cette lacune. En fait, son petit volume *S. Thomas d'Aquin et la théologie* (1959) répond à une autre intention. Quant au *Prudentissime Frère Thomas d'Aquin* d'Yvonne Chabas (1959), ses belles qualités de style et d'imagination ne suffisent pas à le classer dans le genre des *biographies positives.*

Cette lacune est souvent déplorée par les étudiants, plus encore par leurs maîtres. Pour tenter d'y remédier, nous avons suivi la recommandation de M. le Chanoine Van Steenberghen: «La biographie la plus exacte du saint Docteur est aujourd'hui celle du P. Walz, *Thomas von Aquin...* Une traduction française de ce volume serait accueillie avec faveur» (*Revue Philosophique de Louvain,* août 1955, p. 312).

A dire vrai, le lecteur trouvera ici plus qu'une traduction de *Thomas von Aquin*: une véritable synthèse des travaux historiques de l'auteur. Le P. Walz O. P. a consacré plusieurs ouvrages et études à l'histoire de S. Thomas. On reconnaît partout leur valeur: n'est-ce pas à lui, par exemple, que le *Dictionnaire de Théologie Catholique* a demandé la première partie de l'article *Thomas d'Aquin* ?

On espère avoir réussi à présenter aux lecteurs de langue française un travail solide, qui contribuera à faire mieux connaître la vie et l'œuvre du *Docteur Commun.* Le principal fondement de cet espoir, c'est l'approbation totale du R. P. Walz lui-même, qui a guidé notre travail avec une grande bonté et qui a revu personnellement notre texte.

Mais sans la bienveillance de M. le Chanoine Van Steenberghen cet ouvrage n'aurait sans doute jamais vu le jour: il l'a accueilli dans la collection *Philosophes Médiévaux* et, plus encore, il a suggéré nombre de corrections qui en augmenteront l'exactitude. Qu'il daigne accepter ici l'expression de notre profonde reconnaissance.

P. NOVARINA

CHAPITRE PREMIER

THOMAS D'AQUIN

Thomas est né au château paternel de Roccasecca (¹), situé dans le comté et le diocèse (²) d'Aquino. Aquino appartenait à cette portion du Royaume de Sicile (³) qu'on appelait la «Terre de Labour» (⁴), mais se trouvait non loin de la Campagne ro-

(¹) PELSTER, *La giovinezza di S. Tommaso d'Aquino*, pp. 399 sq.; SCANDONE, *La vita, la famiglia e la patria...* (Rome, 1924), pp. 103 sq. — On notera cependant que SCANDONE, *loc. cit.*, pp. 108 sq., voulant prouver que Roccasecca est la patrie de S. Thomas, fait état de certains passages du procès de canonisation qui, en réalité, ne concernent pas Roccasecca près d'Aquino, mais Roccasecca des Volsques, près de Fossanova. — R. BONANNI, *Uomini illustri di Aquino e diocesi*, (Alatri, 1923), p. 24, voit en Roccasecca le château de la ville même d'Aquin. Le même BONANNI, *Aquino patria di S. Tommaso* (Alatri, 1923), p. 34, prétend qu'Aquino est la ville natale de Thomas et appuie son assertion sur un texte mal conservé et interpolé.

(²) Aujourd'hui ce diocèse appartient à la région conciliaire du Latium inférieur, et dépend directement du Saint-Siège. Depuis 1818, deux diocèses sont unis à celui d'Aquino, qui porte désormais le nom suivant: diocèse d'Aquino, Sora et Pontecorvo. Le premier date du 5ᵉ siècle, le second du 3ᵉ, et le troisième du 23 juin 1725. Cf. F. LANZONI, *Le origini delle diocesi antiche d'Italia*, in *Studi e Testi*, 35, (Rome 1923), p. 120.

(³) Tocco, chap. I: «de domo Aquinorum, de regno Siciliae genitus». Cf. *An. Boll.* 42 (1923), p. 340; *XTh*, III, p. 174.

(⁴) *Encicl. Cattol.* tome I, col. 1729; *DHGE*, tome III, col. 1150 sq.; Ph. FERRARIUS-M. A. BAUDRAND, *Lexicon geographicum*, II (Paris, 1670), 254: «*Terra laboris, terra di lavoro*, provincia regni Neapolitani, in ora maris Tyrrheni, ubi alias Campania felix cum parte Latii novi. Irrigatur Liri et Volturno fluviis, et terminatur a septentrione Aprutio, ab oriente Comitatu Molisino et Principatu ulteriori, a meridie Principatu citeriori, et ab occasu mari Tyrrheno et Campania Romana. Tota admodum fertilis est et rigua. Provinciae urbs primaria est Neapolis, *Napoli*, totius regni caput et amplissima».

maine ([5]), soumise au Saint-Siège de temps immémorial ([6]).

Thomas devait rendre illustre le nom d'Aquin. Cependant sa famille jouissait déjà d'une certaine notoriété, pour sa noblesse et ses mérites. Elle était d'origine lombarde ([7]). Le premier de ses ancêtres dont l'histoire a retrouvé la trace avec certitude est ce Rudbert ([8]) qui, en 887, reçut d'Adénolphe, comte et par la suite prince de Capoue, la charge de «gastald» d'Aquin ([9]). Les gastalds et les comtes étaient, à l'origine, des agents du prince, donc ses intendants, non ses vassaux; à ce titre, leurs attributions s'étendaient à l'armée, la police et la justice. Mais, au cours du IXe et du Xe siècles, la plupart d'entre eux étaient devenus des seigneurs indépendants, ne reconnaissant que d'une manière très vague l'autorité des princes ([10]).

Vers 949, un autre ancêtre de Thomas contribua d'une façon particulière à l'accroissement du prestige de sa famille. Ce fut Adénolphe II, qui, d'abord gastald, fut honoré plus tard par ses princes du titre de comte d'Aquin. Dans la suite, on rencontre différents comtes d'Aquin ([11]). Ainsi Adénolphe III, surnommé *Summucula,* qui s'empara, en 996, du château de Roccasecca, sur les pentes du mont Comarino, prolongement

---

([5]) Tocco, chap. III.

([6]) *Acta Sanctorum Martii* (Paris-Rome, 1865), tome I, p. 659; EUBEL, *Hierarchia,* I, p. 99.

([7]) SCANDONE, *La vita...,* pp. 41 sq., 65 (1); PELSTER, *La famiglia di S. Tommaso,* p. 402; *Encicl. Ital.* III, 812; KANTOROWICZ, *Friedrich* II, p. 277: «Die Aquinos lebten nach langobardischem Recht»; P. HARTIG, *Albert der Grosse und Thomas von Aquin,* Untersuchung zur Bedeutung volksheitlicher Verwurzelung im Mittelalter, *Deutsche Vierteljahrschrift für Literaturwissenschaft und Geistesgeschichte,* 5 (1927), pp. 25-36.

([8]) SCANDONE, *La vita...,* p. 42. — SCANDONE a composé deux tableaux généalogiques de la maison d'Aquin: le premier, et peut-être le meilleur, dans son opuscule *Per la controversia sul luogo di nascita di S. Tommaso d'Aquino* (Napoli, 1903); le second dans son article *La vita...*

([9]) F. SCANDONE, *Il Gastaldato di Aquino dalla metà del secolo IX alla fine del secolo X,* in *Arch. stor. per le prov. Napoletane,* 37 (1909), p. 53; DU CANGE-HENSCHI, *Glossarium mediae et infimae latinitatis,* IV (Niort, 1885), pp. 40 sq.; G. POCCHETTINO, *I Langobardi nell' Italia meridionale,* 570-1080 (Caserte, 1930), pp. 335 et 508.

([10]) Cf. POCCHETTINO, *op.cit.*

([11]) SCANDONE, *La vita...,* pp. 42 sq.

du mont Cairo ([12]). Bâti en 994 ([13]) par Manson, abbé du Mont-Cassin, ce château fut ainsi soustrait à la juridiction cassinienne par la violence et la ruse des seigneurs d'Aquin. C'est en 999 qu'Adénolphe se fit reconnaître titre et rang de comte ([14]). Landon IV, décédé après 1137, fut le dernier à porter le titre de comte d'Aquin ([15]).

Un des fils de Landon IV, nommé Pandolpho, était appelé «Seigneur d'Aquin». Il fut le chef d'une nouvelle lignée, celle qui posséda plusieurs comtes d'Acerra. Parmi eux, Thomas I, ardent partisan de l'empereur Frédéric II, qui lui envoya des condoléances à l'occasion de la mort de son fils Adénolphe (1242); puis Thomas II, fils de cet Adénolphe, auquel l'empereur accorda la main de sa propre fille Marguerite ([16]). L'historien de l'empereur fait remarquer qu'il préférait à tout autre l'appui de la famille d'Aquin ([17]).

Le fils cadet de Landon IV, Raynaud I, était «Seigneur de Roccasecca». Il fit un échange de territoires avec le pape Adrien IV, et acquit la propriété de Montesangiovanni, situé dans les états pontificaux. En outre, il possédait un tiers du comté d'Aquino ([18]).

([12]) Léon d'Ostie appelle Adénolphe III «abavus eorum qui nunc (c'est-à-dire après 1100) dicuntur Aquinensium comitum». — Le château de Roccasecca est à 125 km. de Rome, à 40 de Frosinone, à 32 de Sora. Cf. MARTINORI, *Lazio turrito,* II, p. 217.

([13]) LECCISOTTI, *Il Dottore Angelico,* p. 533 (3); SCANDONE, *La vita...,* p. 43.

([14]) SCANDONE, *La vita...,* p. 43; POCCHETTINO, *I Langobardi...,* p. 376.

([15]) SCANDONE, *La vita...,* p. 45.

([16]) KANTOROWICZ, *Friedrich II,* pp. 45, 282; SCANDONE, *La vita...,* pp. 46, 60; PELSTER, *La famiglia...,* p. 402. Cela explique peut-être l'opinion de certains historiens, jusqu'à ENDRES, *Thomas von Aquin,* p. 16, selon lesquels Thomas aurait entretenu des relations avec la maison de Souabe. Cf. MACCARRONE, *Riv. di Storia della Chiesa,* 10 (1956), pp. 167, 183 sq.

([17]) KANTOROWICZ, *Friedrich II,* volume complémentaire, pp. 45, 138: les fonctionnaires les plus connus appartenaient aux familles d'Aquin, Eboli, Fasanella, Filangieri, Francisci, Montefuscolo, Ruffo, Tocco, etc.; p. 299: ces familles préférées s'allièrent par des mariages soigneusement contrôlés par l'empereur; par exemple le mariage de Guillaume de Tocco (p. 299, p. 123), notaire aulique de 1225 à 1248, avec Sigilgaita d'Aquin. Voir W. HOLTZMANN, *Unbekannte Stauferurkunden und Reichssachen, Quellen und Forschungen aus ital. Bibliotheken und Archiven,* 18 (1926), pp. 171-190.

([18]) SCANDONE, *La vita...,* p. 46.

En effet la petite ville d'Aquino ([19]) et le territoire environ-
nant, le long du Liri, étaient un fief partagé, selon le droit
lombard, entre différents membres de la même famille ([20]).
Les chroniqueurs de la fin du XIIᵉ siècle racontent que Richard,
fils de Raynaud d'Aquin, devint, en 1171, un comte d'Acerra
tout dévoué à la dynastie normande ([21]), mais dut se soumettre à l'empereur Henri VI, qui, en 1194, revendiqua par les
armes l'héritage de sa femme Constance. Quand l'empereur
fut retourné en Germanie, Richard se révolta: vaincu, il fut
privé du comté d'Acerra et condamné à mort.

Après son supplice, Raynaud II et Landolphe, fils de son
frère, et petits-fils de Raynaud I, bien que fortifiés dans le
château de Roccasecca, furent inquiétés par les partisans
d'Henri VI ([22]). Ils purent cependant échapper au danger. En
1210, Landolphe et quelques membres de sa parenté embras-
sèrent le parti d'Innocent III et du jeune Frédéric II, et luttè-
rent contre Diopold, comte d'Acerra ([23]). Dix ans plus tard, en
1220, l'empereur et roi de Sicile nomma Landolphe «justicier»
de la «Terre de Labour» ([24]). Son rôle consistait à rendre la
justice à qui la demandait et à trancher rapidement les litiges.
Peu après, l'empereur le plaça sous les ordres de Thomas I
d'Aquin, comte d'Acerra, à qui il avait aussi confié, en 1221,
la charge de «capitaine et maître-justicier de la Pouille et de
la Terre de Labour», c'est-à-dire de vice-roi de la partie pénin-
sulaire du Royaume ([25]).

([19]) Au temps de la république romaine, Aquin possédait le titre et les
droits de municipe. Cf. R. BONANNI, *Ricerche per la storia di Aquino* (Alatri,
1922), pp. 18, 37 sq.; MARTINORI, *Lazio turrito*, I, p. 56.

([20]) Voir SCANDONE, *La vita...*, p. 42.

([21]) Sa soeur Sibilia était mariée à Tancrède de Lecce, roi de Sicile (1189-
1194).

([22]) SCANDONE, *op.cit.*, p. 46.

([23]) SCANDONE, *op.cit.*, p. 47. — En 1212, les d'Aquin se rendirent à Gaète
pour faire hommage à Frédéric II.

([24]) *Documenta*, 1 (*Fontes*, pp. 531 sq.); SCANDONE, *op.cit.*, pp. 47 et 105;
Acta imp. inedita (édit. E. WINKELMANN, Innsbruck, 1880), I, p. 769: «Nomina
castrorum imperialis justiciariatus Terre Laboris... et nomina terrarum justiciariatus ejusdem, per quas castra ipsa possunt et debent reparari... Aquinum,
villa de Cantalupo et Rocca sicca sunt sibi vicine qui possunt ire ibidem».

([25]) SCANDONE, *La vita...*, p. 47. DAVIDSOHN, *Geschichte von Florenz*, II, 1,

Ce Landolphe ([26]), après avoir embrassé le parti de l'empereur, lui resta fidèle. Il chercha à promouvoir la grandeur de sa propre famille, et il espérait que, plus tard, ses fils y parviendraient mieux encore. «Le père de S. Thomas ne possédait pas le titre de comte, mais seulement celui de «miles» ou «chevalier»; c'est ainsi que le désigne expressément le nécrologe du Mont-Cassin ([27]). On rencontre aussi l'appellation «vir nobilis, domnus Landulfus de Aquino» ([28]). «Preux, guerrier, et diplomate, comme ses ancêtres, Landolphe possède surtout la gloire d'une magnifique postérité: il est le père de Saint Thomas» ([29]).

Selon Scandone, Landolphe contracta mariage deux fois. En secondes noces, il épousa une noble napolitaine d'ascendance normande ([30]), nommée Théodora ([31]), ou Théodora de Théate, femme d'une piété remarquable, qui vécut probablement au moins jusqu'en 1255 ([32]). Landolphe mourut avant elle, le 24 décembre 1243; il avait sans doute plus de quatre-vingts ans.

De nombreux enfants lui étaient nés ([33]). Il convient d'en donner ici la liste intégrale. Mais on doit savoir qu'une recon-

---

p. 200: Thomas d'Aquin, le marquis Manfred Lancia, Pierre de la Vigne et d'autres prononcent, en 1232, une sentence sur Florence. MACCARRONE, *Riv. di Storia della Chiesa*, 10 (1956), pp. 168 sq.

([26]) En supposant qu'il s'agit toujours du défenseur de Roccasecca, qui vivait encore en 1243. Cf. PELSTER, *La famiglia...*, p. 406.

([27]) LECCISOTTI, *Il Dottore Angelico*, p. 533 (2).

([28]) SCANDONE, *La vita...*, p. 48. TOSO, *Tommaso d'Aquino*, pp. 78-82.

([29]) TAURISANO, *S. Tommaso*, p. 48.

([30]) Cf. CALO, chap. I: «de Naples»; PELSTER, *La famiglia...*, p. 403; *Acta SS. Martii*, I, p. 655.

([31]) TOCCO, chap. I; CALO, chap. I.

([32]) Cf. SCANDONE, *La vita...*, pp. 51-55. Contre ceux qui ont prétendu qu'elle descendait des comtes Caracciolo, cf. SCANDONE, *loc. cit.* Ainsi s'évanouit aussi la légende rapportée par PIZAMANO, *Opuscula S. Thomae* (Venise, 1497) et d'autres, y compris par ENDRES, *Thomas von Aquin*, p. 16, légende selon laquelle la mère de S. Thomas aurait été une sœur ou une parente des reines de Sicile et d'Aragon. Cf. PELSTER, *La famiglia...*, p. 404; TOSO, *Tommaso d'Aquino*, pp. 82 sq.

([33]) MANDONNET, *Date de naissance de S. Thomas d'Aquin*, p. 652, énumère dix enfants nés de ce mariage; le même auteur, dans la *Revue des Jeunes*, 9 (1919), p. 148, en compte douze. Quant à SCANDONE, *La vita...*, il en trouve également douze. Cf. aussi TOSO, *Tommaso*, pp. 83 et sq., ainsi que le tableau

stitution exacte des généalogies dans la famille d'Aquin est difficile, en raison de multiples homonymies.

Au nombre des fils de Landolphe, seigneur de Roccasecca, et de dame Théodora, il faut certainement mettre: *Aimon,* qui portait le prénom de son grand-père et qui, pour cette raison, fut appelé Aimon II; en 1231, il participa à une expédition de Frédéric II en Terre Sainte, sous les ordres de Richard Filangieri; en 1232, il tomba aux mains du chevalier Jean d'Ibelin; Grégoire IX écrivit en 1233 à d'Ibelin, au roi Hugues I de Chypre et au patriarche d'Antioche, et réussit à obtenir la délivrance d'Aimon, qui, par reconnaissance, s'attacha désormais toujours au parti du Pape; il mourut entre 1266 et 1269 ([34]). — *Raynaud,* d'abord partisan de Frédéric II, passa ensuite au parti du Pape, et fut exécuté «à cause de sa fidélité à l'Eglise» ([35]); ce Raynaud n'est pas «Raynaud le rimeur», puisque ce dernier vivait encore sous Charles d'Anjou. — *Landolphe* (ou peut-être *Adénolphe),* dont on ne sait que ceci: S. Thomas, désireux de connaître le sort qui lui avait été réservé après sa mort, apprit par révélation qu'il était au purgatoire ([36]). — *Thomas* enfin, dont traite le présent ouvrage. On nomme aussi quelquefois ([37]),

généalogique. HOLTZMANN, *Unbekannte Stauferurkunden,* p. 180, estime excessives les assertions sur la généalogie de la famille d'Aquin; mais, d'autre part, il souligne que les sources sur cette généalogie n'ont pas encore été toutes utilisées. WALZ, *Riassunti...,* p. 404-405.

([34]) Cf. PELSTER, *I parenti prossimi...,* p. 299; SCANDONE, *La vita...,* pp. 76 sq.; *Doc.* 35 (*Fontes,* pp. 592 sq.).

([35]) TOCCO, chap. 44; TOLOMEO, *Historia eccl.,* XXII, 20; *Procès de Naples,* chap. 78; PELSTER, *I parenti...,* pp. 300 sq; SCANDONE, *La vita...,* pp. 79 sq. MANDONNET le dit poète, SCANDONE l'appelle maître. KANTOROWICZ, *Friedrich II,* vol. compl., p. 279, identifie sous ce nom de Raynaud un page de la cour, le frère de S. Thomas qui était poète, et le martyr de la tyrannie impériale; en 1244, il le compte «inter majores in curia Friderici», et le retrouve encore en 1266 comme partisan de Charles d'Anjou.

([36]) SCANDONE, *La vita...,* p. 79, dit que Landolphe mourut vers 1261. PELSTER, *I parenti prossimi...,* p. 306, fait remarquer que Tocco est seul à indiquer (chap. 44) le nom du troisième frère de Thomas; il suppose que ce prénom est mis pour celui d'Adénolphe: cf. *Doc.* 35 (*Fontes,* p. 592 sq.).

([37]) SCANDONE, *La vita...,* p. 79; *Doc.* 2-3 (*Fontes,* pp. 532-535); *Doc.* 6 (*Fontes,* p. 536); *Doc.* 8 (*Fontes,* p. 539). Après Scandone, Mandonnet, Taurisano et Toso admettent l'existence de ces trois frères. PELSTER, *I parenti prossimi...,* pp. 303-305, souligne que seul le déplacement arbitraire d'une virgule

parmi les aînés de Thomas: *Adénolphe* ([38]), *Jacques* ([39]) et *Philippe* ([40]). Mais il pourrait se faire qu'il s'agît là de fils d'un autre Landolphe d'Aquin, contemporain du père de notre saint ([41]).

Les filles de Landolphe et de Théodora sont au nombre de quatre ou cinq. La première est *Marotta,* qui devint abbesse du couvent de Sainte-Marie de Capoue; elle n'occupait d'ailleurs plus cette charge quand elle mourut, vers 1259 ([42]). La seconde est *Théodora,* femme de Roger, comte de San Severino et de Marsico; elle mourut après 1294 ([43]). Elle était mère de ce comte Thomas de San Severino qui favorisa de tout son pouvoir la cause de canonisation de son saint oncle, et vécut assez pour assister, en 1323, à sa glorification suprême. La troisième est *Marie,* qui épousa l'aîné des San Severino, Guillaume, châtelain de Marano dans les Abruzzes, et mourut après 1284. De leur union était née Catherine de San Severino ([44]). Le nom de la quatrième n'a pas été conservé; on sait seulement qu'elle mourut toute-petite, frappée par la foudre ([45]). On parle parfois d'une cinquième, Adélasie, femme de Roger d'Aquila (†1272),

peut contraindre le sens littéral en faveur de cette opinion. Dès lors, de même que, par exemple, on lit dans le *Procès de Naples,* chap. 62, «coram ipso deponente, judice et notario publico et testibus juratis», ainsi il faut interpréter de la manière suivante notre *Doc.* 8 *(Fontes,* p. 540): «coram domino Philippo de Aquino et fratre ejus (domino Adenulfo), magistro Raynaldo (judice et advocato) et quampluribus aliis». — Böhmer-Ficker-Winkelmann, *Regesten des Kaiserreichs 1198-1212,* V, 33, 2208, mentionnent quatorze contemporains de Thomas qui portaient le nom d'Aquin. Étaient-ils tous ses parents, ou ses frères ?

([38]) Scandone, *loc.cit.,* pp. 51, 77. Kantorowicz, *Kaiser Friedrich II,* vol. compl., pp. 276, 282.

([39]) Scandone, *loc.cit.,* p. 28, p. 80 sq. Ses enfants se prénommaient Pandolphe, Raynaud et Françoise.

([40]) Scandone, *loc.cit.,* pp. 51, 77.

([41]) Scandone, *La vita...,* pp. 81 sq.

([42]) Pelster, *I parenti prossimi...,* p. 308; Scandone, *La vita...,* pp. 56 sq. et 79; Tocco, chap. 44.

([43]) Pelster, *loc.cit.,* p. 309; Scandone, *loc.cit.,* pp. 57-60; Tocco, chap. 37.

([44]) Pelster, *loc.cit.,* p. 310; Scandone, *loc.cit.,* pp. 61-67, 55; *Procès de Naples,* chap. 62; *Fontes,* p. 350.

([45]) Tocco, chap. 2; Pelster, *loc.cit.,* p. 312; Scandone, *loc.cit.,* pp. 34, 55.

comte de Traetto (aujourd'hui Minturno); mais il n'est pas certain qu'elle ait été la sœur germaine de Thomas ([46]).

Sur l'année de la naissance de Thomas, on n'a pas de document explicite. Les historiens s'efforcent de la déterminer par des calculs plus ou moins approximatifs. Guillaume de Tocco ([47]), élève et biographe de S. Thomas, mort après 1326, affirme que son maître mourut à l'âge de 49 ans. Les auteurs les plus sérieux et les plus importants optent en conséquence pour l'année 1225 ([48]), mais sans pouvoir exclure tout à fait 1226 ([49]) et 1227 ([50]). *Denifle, De Groot, Mandonnet, Castagnoli* et *Scandone* — ce dernier au moins partiellement — se prononcent pour la première date; *De Rubeis, Prümmer* et *Pelster*, pour la seconde; *Quétif-Echard* et *Berthier*, pour la troisième. Par contre *G. Abate*, se fondant sur des considérations d'ordre général, conjecture que Thomas serait né en 1220 ([51]).

Sur le lieu de la naissance de S. Thomas, aucun doute possible: il est certain que le dernier fils de Landolphe et de Théodora est né au château de la commune de Roccasecca ([52]). On montre encore la maison où, très probablement, Thomas vit le jour: elle est située à l'intérieur des murs d'enceinte du château; on la distingue facilement à ses fenêtres de style gothique.

Outre Roccasecca, trois villes ont prétendu au titre de «ville natale» du saint, Naples, Aquino et Belcastro (en Calabre). Mais ces prétentions sont à rejeter, car les sources ne disent

([46]) PELSTER, *loc.cit.*, p. 311; SCANDONE, *loc.cit.*, pp. 67-69, pense qu'il s'agit d'une sœur de Thomas.

([47]) TOCCO, chap. 65.

([48]) Ainsi DENIFLE, dans ses notes inédites; DE GROOT, *Het leven van den H. Thomas*, p. 5; MANDONNET, *Date de naissance*, p. 657; CASTAGNOLI, *Regesta* (1927), p. 710; SCANDONE, *La vita...*, p. 9: en 1225; p. 110: sur la fin de 1224.

([49]) DE RUBEIS, *Dissertationes*, 1°, chap. 9, II: 1226 «probabilior fert chronographia»; PRÜMMER, *De chronologia vitae S. Thomae Aquinatis*, pp. 2-3; PELSTER, *Kritische Studien zum Leben und zu den Schriften Alberts des Gr.*, p. 76. Cf. *Scholastik*, 2 (1927), p. 454.

([50]) QUÉTIF-ÉCHARD, *Scriptores Ord. Praed.*, I, pp. 271 sq.; BERTHIER, *S. Thomas «Doctor Communis» Ecclesiae*, p. XLI; *Procès de Naples*, chap. 62.

([51]) G. ABATE, *Intorno alla cronologia di S. Tommaso d'Aquino* (c. 1220-1274) in *Miscellanea francescana*, 50 (1950), pp. 231-247.

([52]) TOSO, *Tommaso d'Aquino*, pp. 87-132; SCANDONE, *La vita...*, pp. 101-129.

rien qui puisse les justifier. Elles ne reposent que sur une interprétation évidemment fausse de certains documents mineurs. Au
reste, après les études de Scandone sur le lieu de la naissance
de Thomas — études qui concluent formellement en faveur du
seul Roccasecca — il est inutile de recommencer l'argumentation [53].

L'enfant qui reçut au baptême le prénom de Thomas était,
nous l'avons dit, le dernier fils de Landolphe et de Théodora
d'Aquin. A ce moment-là, Honorius III (1216-1227) siégeait sur
la chaire de Pierre; Frédéric II régnait sur l'Allemagne et l'Italie, ainsi que sur la Sicile; le Bienheureux Jourdain de Saxe
exerçait la maîtrise générale de l'ordre des Prêcheurs; quant au
nom de l'évêque d'Aquino, on ne peut l'indiquer de manière
certaine, puisque la série des évêques qui se sont succédé dans
ce diocèse de 1206 à 1251 ne nous est pas connue [54].

Bien peu de renseignements nous sont parvenus sur la première enfance de S. Thomas; et ce peu baigne lui-même dans
la légende. Cependant c'est pour nous un devoir d'en faire au
moins mémoire.

Un jour Théodora dut partir pour Naples, pendant que son
époux restait à Roccasecca, afin de résister à l'invasion des milices pontificales [55]. Elle emmena avec elle le petit Thomas.
Durant son séjour à Naples, elle se rendit aux bains, en compagnie de quelques dames et de la nourrice qui portait l'enfant. Sa mère était en train de le déshabiller, lorsqu'il étendit
la main et ramassa sur le sol un petit morceau de papier qu'il
serra fortement dans son poing. Sa mère voulut le lui arracher.
Thomas se mit alors à pleurer et ne se calma que lorsqu'elle
consentit à le lui laisser. Alors la mère regarda ce qui y était
écrit: c'étaient les mots *Ave Maria*. L'enfant refusa de lâcher
le papier pendant son bain [56]. Selon certains auteurs, il l'aurait même avalé [57].

---

[53] SCANDONE, *loc.cit.*, pp. 85-103; WALZ, *Riassunti...*, pp. 405-408.
[54] *DHGE*, article *Aquino*, col. 1151.
[55] SCANDONE, *loc.cit.*, p. 47.
[56] Tocco, chap. 3. Cf. PRÜMMER, in *Fontes*, p. 60.
[57] CALO, chap. 2.

Les anciens biographes de S. Thomas ([58]) ont vu dans cet épisode un présage de sa dévotion à Marie et de sa passion pour les livres, principalement pour la Sainte Écriture.

Un autre événement est considéré par les mêmes auteurs ([59]) comme le signe d'une providence spéciale de Dieu sur sa vie corporelle. Dans le château de Roccasecca, comme dans la plupart des châteaux au moyen âge, se trouvait un donjon élevé qui dominait les murs et les autres tours. Les écuries se situaient au rez-de-chaussée du donjon et, aux différents étages, les chambres des serviteurs. Une de ces chambres était réservée pour une servante à qui l'on avait confié les plus jeunes enfants du maître, parmi lesquels Thomas et cette petite sœur dont on ignore le nom. Or, un certain jour, un violent orage éclata. La foudre tomba sur le donjon et tua la fillette ainsi que les chevaux. Pleine d'angoisse, la mère accourut aussitôt, et trouva Thomas sain et sauf, dormant encore à côté de sa nourrice.

Ses premières impressions, le petit Thomas les reçut de sa pieuse mère et de sa nourrice, qui devait être une excellente personne puisque, plus encore que la mère, elle avait la charge des enfants pendant leurs premières années. «Dès le berceau, Thomas respira ce climat de bataille sans quartier, ce feu, cette passion de la liberté qui inspire la lutte; il perçut, dans le château de ses ancêtres, la rumeur des soldats en armes, des tournois, des noces, des cavalcades princières; sans oublier les chansons en langue populaire des troubadours, qui trouvaient, dans nos châteaux médiévaux, des protecteurs et des admirateurs ([60]).

A ces impressions reçues au foyer familial s'ajoutaient celles que le spectacle de sa terre natale gravait profondément dans son âme. En effet, le château paternel était situé sur la colline de Roccasecca, qui, par une chaîne ininterrompue de sommets, va se joindre au mont Asprano ([61]) et d'où l'on domine, au

---

([58]) Tocco, chap. 3; Calo, chap. 2; Gui, chap. 2.
([59]) Tocco, chap. 2.
([60]) Taurisano, *S. Tommaso*, p. 41.
([61]) Bonanni, *Ricerche per la storia di Aquino*, 5, 208.

midi et au couchant, tout le territoire soumis aux seigneurs
d'Aquin.

Ainsi, sous la double influence de sa famille et de la nature,
il acquérait ses premières notions des choses et de la vie, et
il posait les bases de son développement futur.

Plus tard, sans aucun doute, le petit Thomas se rendit à la
ville d'Aquin, en compagnie de ses aînés. Il y fut reçu au palais ([62]) que possédait la branche principale de sa famille, celle
des comtes d'Acerra. Il doit y avoir visité aussi l'église Sainte-
Marie, dite «della Libera» ([63]).

S. Thomas n'a pas de rapport direct avec la ville d'Aquin ([64]).
On peut néanmoins l'appeler Thomas *d'Aquin,* ou Thomas
l'Aquinate, (*Aquinas* en latin de la Renaissance), puisqu'il
faisait partie de la noble et puissante maison dont le lieu
d'origine était cette ville d'Aquin.

([62]) SCANDONE, *La vita...,* p. 107.

([63]) Elle avait été construite en 1127: cf. BONANNI, *Ricerche...,* pp. 42-45.
Il y a quelques années, cette église, laissée à l'abandon pendant longtemps,
a été prise en considération. Grâce à la Surintendance Royale des monuments, l'abside et la nef centrale ont reçu une couverture harmonisée au
style propre du 12° siècle; cf. *L'Osservatore Romano* du 10 juin 1933. Au
cours des combats de 1944, l'église a été malheureusement endommagée,
comme du reste toute la région et tout le diocèse d'Aquino.

([64]) G. STANGHETTI dans *L'Osservatore Romano* du 29 mai 1942.

CHAPITRE II

OBLAT AU MONT - CASSIN

Au moyen âge la coutume s'était établie, chez les nobles, d'orienter les fils cadets vers l'état ecclésiastique. C'est ainsi qu'en 1217 Landolphe d'Aquin avait fait élire un de ses fils, prénommé Jacques et âgé d'environ vingt ans, abbé de la collégiale Saint-Pierre de Canneto. Toutefois cette élection avait été annulée, car elle avait été faite en opposition aux droits du Saint-Siège [1]. Après cet échec, Landolphe — si le père de Jacques et le père de S. Thomas sont un seul et même homme — se résolut à attendre une autre occasion. Elle se présenta à propos de son dernier fils, Thomas, et relativement à une autre fondation ecclésiastique, bien supérieure à l'église de Canneto.

Dans les régions de la Campagne Romaine qui avoisinent le Mont-Cassin, on avait l'habitude d'offrir à Dieu les enfants, en les confiant au célèbre monastère de S. Benoît construit sur ce mont. «De bon cœur, écrit Tocco [2], les parents de Thomas offrirent à Dieu leur enfant, alors âgé de cinq ans; sa nourrice l'accompagna jusqu'au monastère susdit du Mont-Cassin». Qui ne se rappelle ici Cyrille, la fidèle nourrice de S. Benoît, qui fit tant pour lui, et l'accompagna aussi à Rome ? Bien que son nom nous soit inconnu, la nourrice du petit Thomas lui rendit de précieux services. Quant à lui, il vécut dès cet instant en compagnie des enfants de familles nobles auxquels, dit encore Tocco [3], «on donnait une bonne éducation, conforme aux usages du pays».

[1] *Doc.* 2-3 (*Fontes*, pp. 533-535).
[2] Tocco, chap. 4; Castagnoli, *Regesta* (1927), p. 711.
[3] Tocco, *ibid.*

Ces paroles posent une question non négligeable: Thomas
fut-il adjoint au groupe des garçons qui étaient offerts à Dieu
pour devenir un jour moines dans cette abbaye, ou au groupe
de ceux qui y recevaient seulement l'éducation et l'instruction? Pendant le haut moyen âge au moins on pouvait entrer
dans un monastère pour y apprendre les premiers rudiments
des lettres, en gardant la liberté de retourner plus tard dans le
monde (⁴) D'autres au contraire y étaient présentés à titre
d'oblats (⁵). Il n'est pas certain que les élèves des écoles claustrales aient porté l'habit monastique (⁶).

Cette question de la condition de Thomas au Mont-Cassin, ou,
en d'autres termes, de la nature de son oblature, a déjà été
traitée et résolue excellemment par Thomas Leccisotti. Après
les recherches des anciens, comme Serry, Gattola, De Vera,
Tosti, et des modernes comme Röder, Renaudin, Berlière, Mandonnet, Scandone, Deroux et Riepenhoff, Leccisotti a réexaminé
les sources et conclu en termes pondérés et sûrs (⁷).

Thomas fut certainement présenté au monastère dans un
but moral et spirituel, c'est-à-dire «pour y être formé à une
vie sainte et préparé à la réception de la lumière divine» (⁸).
Mais peut-être ses parents avaient-ils encore une autre intention. Ils pouvaient nourrir l'espoir que leur fils, devenant un
jour le chef de cette abbaye, leur permettrait d'avoir part aux
biens du monastère du Mont-Cassin. Barthélemy de Capoue,
protonotaire et logothète du royaume de Naples, dit expressément que «le père de Thomas fit de lui un moine, dans l'intention de le mettre à la tête de l'abbaye cassinienne» (⁹). Comme, d'ordinaire, les abbés ne pouvaient être pris au dehors, il
faut en conclure que Thomas fut un véritable oblat (¹⁰) et que

(⁴) U. Berlière, *Les écoles claustrales au moyen âge*, Académie Royale
de Belgique, *Bulletin de la classe des Lettres* (1921), pp. 553 sq., 566; Leccisotti, *Il Dottore Angelico*, pp. 529-532.

(⁵) De Rubeis, *Dissertationes*, 1°, 3, I. Tosti, *Storia della Badia di Montecassino*, II, p. 195.

(⁶) De Rubeis, *Dissertationes*, 1°, 3, II; 7, II.

(⁷) Leccisotti, *Il Dottore Angelico*, pp. 519-547.

(⁸) Tocco, chap. 4; Leccisotti, *Il Dottore Angelico*, p. 522.

(⁹) *Procès de Naples*, chap. 76.

(¹⁰) Mandonnet, *Date de naissance...*, pp. 658, 660. Cf. Grabmann, *Das See-*

si Dieu n'en avait disposé autrement, il aurait par la suite embrassé la vie monastique. L'annotateur du nécrologe cassinien écrivit en effet, à propos de S. Thomas d'Aquin: «primo casinensis monachus factus» ([11]).

Leccisotti présente ainsi les calculs de Landolphe d'Aquin: «Un fief de première importance attirait à la fois ses regards de père et de seigneur, l'abbaye cassinienne. Cc n'eût pas été seulement une satisfaction intime pour son cœur paternel que la possibilité de voir un jour un de ses fils sur le siège de S. Benoît; ç'eût été aussi l'assurance que, même si le futur abbé de ses rêves accomplissait tout son devoir de gardien vigilant du patrimoine à lui confié, il ne troublerait pas la tranquillité de ses parents et n'entraverait pas leurs projets sur d'autres objectifs. L'empereur lui-même ne pourrait voir de mauvais œil un événement qui confierait aux mains d'un abbé issu de fidèles vassaux cette position si importante, qui, d'ordinaire, était une des places fortes de ses adversaires».

A peine les vicissitudes de la guerre le lui permirent-elles, il fit passer son rêve en réalité. Son dernier fils, le petit Thomas, qui était né dans ce Roccasecca fondé par un abbé du Mont-Cassin, qui avait déjà donné des signes non équivoques de son inclination pour les choses célestes, fut offert à Dieu sur le sommet de ce Mont, en signe de la piété paternelle et en gage d'alliance politique.

«Désormais il est admis par tous, sans discussion possible, que Thomas fut, au Mont-Cassin, un véritable oblat. Ses parents cherchaient à faire de lui un moine, sans doute dans un authentique sentiment de piété, mais surtout avec l'espoir de prétendre aux immenses revenus du monastère cassinien. Celui qui tend à une fin ne peut se dispenser d'en prendre les moyens. Thomas fut donc confié «aux bons soins du Seigneur», *Domino nutriendus,* pour reprendre l'expression de S. Grégoire» ([12]).

lenleben des hl. Thomas von Aquin, p. 76; G. G. COULTON, *Five centuries of religion* (Cambridge, 1923), I, pp. 224 sq.

([11]) LECCISOTTI, *Il Dottore Angelico,* p. 537.

([12]) LECCISOTTI, *Il Dottore Angelico,* pp. 533-535; TOCCO, chap. 1: habentes spem ad magnos ipsius monasterii reditus pervenire per ipsius promotionem ad apicem praelaturae.

L'âge auquel les garçons pouvaient être offerts au monastère n'a pas été fixé avec précision. La règle de S. Benoît admet comme oblats même des non-pubères ([13]). Thomas, au témoignage de son biographe Guillaume de Tocco, fut offert au Mont-Cassin à l'âge de cinq ans ([14]). S'il est né en 1225 ou en 1226, son entrée au monastère doit être placée en 1230 ou 1231. Les temps étaient devenus assez favorables, après toutes les péripéties qu'avait traversées l'abbaye. Le petit Thomas, fils du seigneur d'Aquin, fut reçu par Landolphe Sinibaldi, apparenté aux d'Aquin, qui était alors le chef (1227-1236) du premier monastère bénédictin ([15]). Quand, en 1228, il s'était rendu à Rome pour recevoir l'ordination sacerdotale, il avait été envoyé par Grégoire IX en ambassade auprès de Frédéric II, à la suite de sa tentative de croisade; mais cette légation n'avait pas tourné à l'avantage de l'abbé ([16]). En outre, certains membres de la maison d'Aquin soutenaient par les armes Frédéric II, qui était en train de réoccuper de nombreuses localités situées dans les environs du Mont-Cassin ([17]). Quand, plus tard, les milices pontificales avaient pénétré sur le territoire napolitain, le monastère cassinien, au pied duquel se tenaient les milices impériales, avait été contraint de prendre le parti de Frédéric et avait été fortifié par son abbé ([18]). Cela n'avait pourtant pas empêché que le monastère fût, en 1229, attaqué et occupé par le légat pontifical, Pélage Galvani, cardinal-évêque d'Albano ([19]). A la suite de cette occupation, un traité

([13]) Chapitre 59; LECCISOTTI, *Il Dottore Angelico*, pp. 523 sq.

([14]) Tocco, chap. 4; cf. MANDONNET, *Date de naissance...*, p. 658.

([15]) LECCISOTTI, *Il Dottore Angelico*, pp. 534, 529; INGUANEZ, *Cronologia degli abati casinesi del sec. XIII*, p. 421; TOSTI, *Storia della Badia...*, II, pp. 184, 203; WINKELMANN, *Kaiser Friedrich II* (Leipzig, 1897), II, p. 49 estime que cet abbé était neveu de Thomas d'Aquin, comte d'Acerra.

([16]) TOSTI, *Storia della Badia...*, II, p. 184.

([17]) Selon BÖHMER-FICKER-WINKELMANN, *Die Regesten des Kaiserreichs*, V, 1, p. 357 sq., Frédéric II se trouva à Aquino vers le 21 septembre et entre le 11 et le 27 novembre 1229, c'est-à-dire avant et après la destruction de la ville de Sora.

([18]) TOSTI, *Storia della Badia...*, II, pp. 185 sq.

([19]) LECCISOTTI, *Il Dottore Angelico*, pp. 519 sq; EUBEL, *Hierarchia...*, I, p. 35.

d'alliance entre le Pape, représenté par le Bienheureux Guala
O. P., et l'empereur, avait été signé le 23 juillet 1230 dans
l'église de San Germano. Ainsi avait commencé une période
de paix relative [20].

Dans ce contexte de tranquillité et de paix, Landolphe
d'Aquin discerna le moment favorable pour offrir son petit
garçon à l'abbaye [21]; il espérait procurer de nouvelles et précieuses relations à sa famille, pour son profit et sa gloire.
L'oblature devait être précédée d'une demande faite par les
parents [22]; mais il n'était pas nécessaire que la présentation
de l'enfant à l'abbaye fût accomplie par les parents en personne. D'autres pouvaient s'en charger en leur nom. C'est vraisemblablement ce qui se produisit dans l'oblature du petit
Thomas, puisque, après la demande des parents et l'acceptation de l'abbé, il fut conduit au monastère «par sa nourrice,
comme il convenait» [23].

Pour l'oblature des nobles [24], S. Benoît écrit, au chapitre
59 de la Règle: «S'ils veulent faire une aumône au monastère
à titre de compensation, qu'ils établissent un acte de leur donation, dont ils pourront se réserver l'usufruit s'il leur plaît». Il
semble que cette recommandation du patriarche des moines
d'occident fut suivie lors de l'oblature du petit Thomas. On
peut, en effet, supposer que l'acte de la donation d'un moulin,
faite par Landolphe à l'Abbé du Mont-Cassin, se rapporte à
cette démarche. L'acte, qui porte la date du 3 mai 1231 [25],

[20] KANTOROWICZ, *Kaiser Friedrich II*, pp. 129 sq., vol. compl., p. 75; BÖHMER-
FICKER-WINKELMANN, *Die Regesten...*, V, 1, pp. 363 sq; KUCZYNSKI, *Le Bx Guala de Bergame de l'Ordre des Frères Prêcheurs* (Estavayer, 1916), p. 73; LECCI-
SOTTI, *Il Dottore Angelico*, p. 520. La bourgade qui, au moyen âge, portait le
nom de San Germano (du nom d'un saint évêque de ce lieu) était le *Casinum*
des Romains; c'est aujourd'hui *Cassino*.

[21] MANDONNET, *Date de naissance...*, p. 659.

[22] Sur l'oblature, cf. M. P. DEROUX, *Les origines de l'oblature bénédictine*
(Ligugé, 1927); MANDONNET, *Date de naissance...*, p. 660; *Studia anselmiana*,
18 (1947), pp. 195-225.

[23] TOCCO, chap. 4.

[24] «Le texte porte «nobilium». Il s'agit là plutôt de riches ou de notables que de «nobles» proprement dits»: cf. SAINT BENOÎT, *La règle des moines*, traduction, introduction et notes par Dom Philibert SCHMITZ, 1948.

[25] MANDONNET, *Date de naissance...*, pp. 660 sq.

suppose une précédente donation au monastère, à savoir l'offrande de 20 onces d'or ([26]). Pourtant, on n'est pas en droit
d'affirmer avec une certitude absolue que ces donations ne
pouvaient concerner qu'un cas de stricte oblature monastique;
car nous avons des preuves amplement suffisantes pour savoir
que quelquefois des offrandes analogues étaient faites au monastère qui assumait l'éducation et l'instruction de jeunes gens
simplement désireux de fréquenter les écoles claustrales ([27]).

Le monastère du Mont-Cassin avait perdu depuis longtemps
le haut degré de gloire et de splendeur qu'il avait atteint sous
l'abbé Didier (1058-1086), devenu pape sous le nom de Victor
III (1086-1087).Mais son autorité était restée toujours grande,
même au milieu de circonstances souvent douloureuses. Etienne Marsicano, abbé de 1215 à 1227, est encore appelé par
Richard de San Germano «vir non minus studii quam hone-
statis amator». Il fut le prédécesseur immédiat de Landolphe
Sinibaldi, qui était abbé à l'époque où le petit Thomas arriva
au Mont-Cassin ([28]). La situation spirituelle et matérielle du
monastère fut désolante pendant les troisième, cinquième et
sixième décennies du 13ᵉ siècle. L'abbé Bernard Ayglier (1263-
1282) s'emploiera avec zèle et succès à y porter remède ([29]).
Quand Thomas arriva au Mont-Cassin, la décadence avait déjà
commencé; mais il n'en vit pas le fond et n'en ressentit pas
l'effet: la Providence lui avait préparé une destinée meilleure.

Après avoir résolu la question de l'oblation monastique de
Thomas, il reste à préciser quelques détails concernant le lieu

---

([26]) MANDONNET, loc.cit., p. 663; ibid., p. 662: «Vingt onces d'or à puissance
relative vaudraient de nos jours une dizaine de mille francs (or). C'était là
une somme considérable pour l'époque... On comprend donc sans peine que
les largesses de Landolphe d'Aquin envers le Mont-Cassin n'ont pu être
provoquées que par un événement qui les justifie et les explique, telle l'entrée du jeune Thomas d'Aquin dans la milice bénédictine du Mont-Cassin»;
SCANDONE, La vita..., pp. 47 sq.

([27]) BERLIÈRE, Les écoles claustrales, pp. 557 sq.

([28]) LECCISOTTI, Il Dottore Angelico, p. 529.

([29]) SABA, Bernardo I Ayglerio, pp. 137 sq.; du même, Bernardo I abate di
Montecassino, Bollettino Istit. stor. ital., n° 47 (1932), pp. 217-226; DHGE,
article Ayglier (Bernard 1ᵉʳ), col. 1281-1283; INGUANEZ, Cronologia degli abati,
pp. 433-438.

de son séjour et la méthode employée pour son éducation et celle des autres oblats. «Lorsque les événements du monde extérieur leur en laissaient le loisir, les oblats travaillaient à leur formation. Leur vie quotidienne ressemblait à celle des moines, mais avec les ménagements qu'imposait leur jeune âge. Un maître expérimenté veillait sur eux pour les guider dans la vie spirituelle et intellectuelle, à laquelle, grâce à de fréquentes lectures, à des causeries, et surtout à l'ambiance, ils se formaient lentement mais profondément. En effet, leur vie se déroulait sans doute dans le monastère cassinien lui-même. Une opinion relativement récente prétend que les petits oblats de cette époque résidaient dans le monastère voisin de l'Albaneta, au milieu des monts situés au nord-ouest de l'abbaye. Mais cette opinion provient de la tendance erronée et fréquente, qui pousse à attribuer aux événements et aux temps lointains les caractères et les circonstances de l'époque contemporaine. En effet, au 13° siècle, Albaneta était encore un monastère distinct, non une dépendance du Mont-Cassin, comme il le devint plus tard. En outre, alors que les Sarrasins et d'autres troupes combattaient dans le voisinage, il n'aurait pas été prudent d'en faire une résidence à l'usage de jeunes enfants, quand la puissante abbaye offrait une protection excellente»[30].

Si l'éducation de Thomas fut, selon toute vraisemblance, celle d'un oblat, on le plaça sous la conduite d'un père ancien [31]. Chaque garçon avait un maître spécial [32]. L'étude de la lecture et de l'écriture allait de pair avec celle des principes moraux et religieux. Les exercices de lecture se faisaient directement dans les livres liturgiques et, par eux, dans l'Ecriture Sainte elle-même [33].

On pouvait appliquer aux oblats de cette époque les vers qu'Alfano, ancien moine du Mont-Cassin devenu archevêque

[30] LECCISOTTI, *Il Dottore Angelico*, p. 531.

[31] MANDONNET, in *Revue des Jeunes* 9 (1919), p. 283; COULTON, *Five Centuries…*, I, pp. 224 sq. (p. 225: «un maître pour chaque enfant»).

[32] C'est peut-être, avec l'incurie des historiens, ce qui explique l'absence d'allusion aux autres oblats compagnons de l'Aquinate. Cf. LECCISOTTI, *Il Dottore Angelico*, p. 531 (2).

[33] Cf. E. MICHAEL, *Geschichte des deutschen Volkes* (Fribourg en Brisgau, 1899), II, pp. 356 sq.

de Salerne († 1085), adressait à Théodin, qui avait été employé à la chancellerie papale:

Lectio psalmorum, numerus, modulatio cantus,
Jus tibi secreti cum praece juncta dabant.

«Le psautier était en effet le syllabaire des petits oblats, et les psaumes, appris par cœur, constituaient la trame de cette vie qui se déroulait dans une ambiance imprégnée de liturgie et de chant» [34].

On remettait aux oblats le texte de la règle du saint patriarche du Mont-Cassin. Ainsi, en même temps qu'ils y apprenaient à lire, leurs jeunes intelligences s'en imprégnaient profondément. Par là s'explique la présence, dans les écrits de l'Aquinate, de nombreuses réminiscences de certains passages de la règle bénédictine [35].

Au 13° siècle, l'art de la calligraphie était encore cultivé dans l'abbaye [36], malgré la décadence où, comme les autres, il était en train de tomber. Les règles du langage et du style, s'enseignaient en même temps que la grammaire. On avait par là accès aux trésors de toute la littérature humaine. La vie de l'Aquinate nous donnera la preuve qu'il a dû également cultiver un peu les Muses. «Pendant sa carrière scientifique, commencée si tôt et toute appliquée aux profondes spéculations philosophiques et théologiques, il aurait eu difficilement le temps et le moyen de s'occuper à des exercices de versification, et d'y acquérir une si étonnante maîtrise. Il faut donc très probablement faire remonter sa formation littéraire à ses premières années, celles qu'il a passées au Mont-Cassin» [37]. Enfin Ptolémée de Lucques affirme que Thomas fit quelques pas, au Mont-Cassin, *in logicalibus et naturalibus,* dans la lo-

[34] Leccisotti, *Il Dottore Angelico*, p. 530 (avec la citation d'Alfano).

[35] P. Renaudin, *S. Thomas et S. Benoît*, Revue Thomiste, 17 (1909), pp. 513-537; Grabmann, *Das Seelenleben...*, p. 77; G. Diamare, *S. Tommaso d'Aquino nella badia di Montecassino, Rivista storica benedettina*, 15 (1924), pp. 138 sq.; A. Stehle, *St. Thomas at Monte Cassino, The Cath. Educ. Ass. Bull.*, 21 (1924), nov., pp. 658-665; M. Cordovani, *S. Benedetto e S. Tommaso, Casinensia* (Montecassino, 1929), pp. 17-21.

[36] G. Battelli, *Lezioni di Paleografia*, 3° édit., (Città del Vaticano, 1949) pp. 124 sq.; sur la musique: Leccisotti, *Il Dottore Angelico*, p. 539.

[37] Leccisotti, *Il Dottore Angelico*, p. 530.

gique et la physique. On sait que ces deux disciplines occupaient un rang élevé dans le programme élargi des arts libéraux [38].

A l'étude de la langue latine et de différentes matières scientifiques, s'ajouta celle de la langue vulgaire. Au 13° siècle, selon les *Consuetudines* du Mont-Cassin, une conférence était faite chaque jour, en langue vulgaire, à toute la communauté rassemblée au chapitre. Pour acquérir la maîtrise d'une langue vivante, il convient de l'étudier dans son état actuel et dans ses monuments les plus anciens, qui sont presque toujours en vers. A cette époque florissait la fameuse école sicilienne. Pour la connaissance du passé on disposait, au monastère, des célèbres *Placiti* du 10° siècle, du *Ritmo* du 12° siècle sans doute et, de ce même 12° siècle, d'un *Drame de la Passion*, dans lequel la lamentation de la Vierge était chantée en langue vulgaire [39]. D'ailleurs les oblats assistaient vraisemblablement, ou même participaient, aux représentations des *mystères*.

Tout en progressant dans les sciences humaines, S. Thomas s'abreuvait aux sources les plus pures de la grâce divine. C'est probablement au Mont-Cassin qu'il s'approcha pour la première fois de la sainte table.

Son désir toujours intense d'ascension spirituelle s'avivait d'une manière étonnante au spectacle que lui offrait la position élevée du Mont-Cassin. On constate souvent, dans la vie des grands personnages, combien la proximité des montagnes a d'influence sur l'intelligence et la piété des hommes [40]. L'orient possède ses monts sacrés. Pour l'occident, il suffit de nommer le Mont-Cassin. Il s'élève avec majesté au-dessus de la Campagne romaine, domine les vallées du Liri et du Garigliano, rivières qui confluent non loin de Cassino; il offre des perspectives immenses sur les hauteurs des Abruzzes et sur la région montagneuse qui longe la mer Tyrrhénienne. Au nord seulement il est dépassé par un mont qui lui est uni: le mont Cairo, ou Cario, au sommet dénudé. Le Mont-Cassin est celui

[38] LECCISOTTI, *Il Dottore Angelico*, p. 529.

[39] LECCISOTTI, *Il Dottore Angelico*, pp. 530 sq.

[40] A. M. WEISS, *Apologie des Christentums*, 2°-3° édit. (Fribourg en Brisgau, 1898), V, 14° conférence.

où la croix du Christ a renversé les trophées des païens; où près des murailles cyclopéennes encore existantes, S. Benoît a bâti son monastère; où, depuis tant de siècles, on chante les louanges de Dieu; où la douceur et la paix des saints ont subjugué et transfiguré la cruauté des armées d'invasion ([41]).

C'est donc en ce haut-lieu que le jeune Thomas «organisa ses ascensions» ([42]) vers le Seigneur du ciel et de la terre, montant de vertu en vertu. La nature et l'étude, comme un miroir, lui renvoyaient l'image du monde surnaturel et de son auteur ([43]). La haute altitude, la solitude et le recueillement du monastère lui offraient une atmosphère extrêmement favorable à la contemplation. Partant des choses les plus humbles, il savait s'élever aux plus hautes, «si bien qu'il se mit à la recherche de Dieu beaucoup plus tôt que les autres». Sous la conduite de son maître, il s'efforçait de grandir en sagesse, «comme poussé par un instinct du divin». Ami de la solitude et de la mesure, calme et silencieux, il évitait les divertissements puérils et, parfois, il s'éloignait de ses compagnons, «emportant une feuille de papier qui contenait les premiers rudiments qu'on enseigne aux écoliers». Les renseignements qui parvenaient à la famille sur la conduite et les progrès de Thomas apportaient joie et consolation à tous, spécialement à sa mère ([44]).

«Parmi les événements qui se produisirent au Mont-Cassin pendant le séjour de l'enfant, il faut rappeler le tremblement de terre du 1er juillet 1231, suivi d'autres secousses durant tout le mois; il causa de grands dommages et sema l'épouvante dans les régions voisines: leurs habitants se rendirent en pèlerinage de pénitence au monastère. En cette même année, une maison franciscaine s'ouvrit à San Germano, à la demande du Saint-Siège. En 1234, le petit oblat eut peut-être l'occasion de voir l'empereur Frédéric à San Germano. Deux

([41]) Dans son *Voyage en Italie,* TAINE nous livre ses impressions curieuses à la vue du Mont-Cassin; elles sont reproduites dans le *Larousse du 19e siècle,* à l'article *Cassin.*

([42]) Psaume 83, v. 6.

([43]) *Somme théologique,* II^a-II^{ae}, q. 180, art. 3, ad 2: «videre autem aliquid per speculum est videre causam per effectum in quo ejus similitudo elucet; unde speculatio ad meditationem reduci videtur».

([44]) Toutes les citations de ce paragraphe renvoient à Tocco, chap. 4.

années plus tard, en 1236, le monastère entra en lutte avec Philippe d'Aquin. Quand il était venu au monastère, le bambin avait gravi la montagne à travers les ruines accumulées par la guerre et la cruauté des soldats; à présent il assistait aux préparatifs militaires que faisaient les agents impériaux pour s'assurer des places fortes; et, parmi eux, figuraient ses parents et son parrain» ([45]).

Selon Guillaume de Tocco et Bernard Gui, l'abbé du monastère, qui avait apprécié la valeur morale et intellectuelle du jeune Thomas, conseilla à son père de le placer dans un milieu où il pourrait s'adonner plus tranquillement à l'étude ([46]). Les biographes de l'Aquinate ne se préoccupent pas, ou du moins ne parlent pas du tout, des causes prochaines de ce départ. Ce furent évidemment les calamités politiques, l'instabilité de la situation, la prévision de jours funestes pour la région et la communauté cassiniennes. La famille d'Aquin pouvait accepter le conseil de l'abbé d'autant plus facilement que la qualité d'oblat ne constituait pas un lien indissoluble. En effet, l'oblature n'enlevait pas à un jeune homme le droit et le devoir de disposer de lui-même selon sa propre volonté. Thomas enseignera à son tour, dans la *Somme théologique* ([47]), la licéité du passage à un autre ordre religieux dans les cas suivants: désir de perfection plus grande, décadence de l'observance, raison de santé.

Après la mort de l'abbé Landolphe (1236), le gouvernement de l'abbaye fut confié à un administrateur, jusqu'en février 1239, où l'on réussit à obtenir le double consentement, papal et impérial, au choix d'Etienne de Corbario ([48]); il prit possession de l'abbaye en ce même mois de février. Mais la deuxième excommunication lancée en mars 1239 par Grégoire IX contre Frédéric fut le signal d'une nouvelle lutte. Au mois d'avril, le monastère cassinien, sur l'ordre de l'empereur, fut fortifié militairement en vue de la guerre, et quelques moines en furent expulsés. En juin, un édit de Frédéric bannit de son

([45]) LECCISOTTI, *Il Dottore Angelico*, p. 540.
([46]) Tocco, chap. 5; GUI, chap. 4; DE RUBEIS, *Dissertationes*, I.
([47]) *Somme théologique*, II^a-II^{ae}, q. 189, art. 8.
([48]) INGUANEZ, *Cronologia degli abati*, pp. 424-425.

royaume les religieux qui n'y étaient pas nés ([49]). Huit moines restèrent dans l'abbaye. L'abbé se réfugia dans une filiale, le couvent de San Liberatore alla Maïella. Le monastère du Mont-Cassin devint, pour une vingtaine d'années, une vraie «caverne de voleurs».

Il est évident qu'au milieu de pareilles difficultés il ne pouvait plus y avoir de place pour des adolescents dans le monastère cassinien. Quand donc eut lieu le départ de Thomas ? Le P. Mandonnet a raison de penser que Landolphe d'Aquin, bien au courant des affaires de Frédéric, ne fut pas en retard pour mettre son fils à l'abri de la tempête qui allait s'abattre sur le Mont-Cassin. Pourtant on se tromperait sans doute à vouloir l'avancer jusqu'à 1235 ou 1236 avec De Rubeis, ou 1237 avec De Groot ([50]). Car «les parents de Thomas n'avaient pas abandonné leurs espérances concernant leur enfant, la suite des événements le montrera. Il ne devait d'ailleurs être ni prudent ni avantageux de le retirer du lieu où on l'élevait, trop tôt pour pouvoir l'envoyer à Naples. Il fallut des circonstances vraiment pressantes pour les obliger à cette démarche» ([51]). C'est pourquoi une date antérieure à avril 1239 ne semble pas pouvoir être retenue pour le départ de l'oblat.

Pendant que Landolphe remettait à plus tard son projet de faire de son dernier fils un abbé du Mont-Cassin, Thomas s'en alla du monastère la tristesse au cœur. Mais il emportait, de son séjour cassinien, des germes féconds de vie intérieure; il ne les perdra jamais.

([49]) KANTOROWICZ, *Kaiser Friedrich II*, p. 437.

([50]) DE RUBEIS, *Dissertationes*, I, 4 et 9; DE GROOT, *Het leven...*, p. 17; TOSTI, *Storia della Badia...*, II, p. 202, écrit: «à l'âge de 12 ans».

([51]) LECCISOTTI, *Il Dottore Angelico*, p. 542; KANTOROWICZ, *Kaiser Friedrich II*, p. 436: il envoya 100 soldats; CASTAGNOLI, *Regesta* (1927), pp. 711 sq.

CHAPITRE III

ÉTUDIANT A L'UNIVERSITÉ DE NAPLES

L'empereur Frédéric II, roi de Jérusalem et de Sicile ([1]), cherchant à promouvoir le progrès intellectuel de son royaume, avait fondé à Naples, en 1224, une université. Il voulait, non seulement procurer à ses sujets l'avantage de pouvoir s'instruire facilement et convenablement dans leur propre pays, mais encore les empêcher de s'en aller dans des centres scolaires étrangers, et s'attacher, par des liens étroits, des hommes savants et cultivés, formés dans leur propre patrie.

Depuis longtemps déjà le royaume de Sicile possédait des écoles de grammaire, et la ville de Salerne, une école de médecine. Mais ces différents centres ne renfermaient que peu ou pas de professeurs suffisamment qualifiés, et il y manquait une tradition doctrinale universitaire. Ils n'apparaissaient donc pas comme un terrain favorable à la fondation d'un institut supérieur ([2]). La fréquentation de ce «siège de l'étude et de la culture générale», pour reprendre les termes de l'acte de fondation de l'université de Naples ([3]), n'était pas simplement permise aux étudiants du royaume de Frédéric; elle leur était absolument imposée par le roi, qui entendait supprimer leur af-

---

([1]) A. HUILLARD-BRÉHOLLES, *Historia diplomatica Friderici II*, (Paris 1852-1861), passim: «Dei gratia Romanorum imperator semper Augustus, Jerusalem et Siciliae rex».

([2]) DENIFLE, *Die Entstehung der Universitäten*, pp. 453-455; TORRACA, *Le origini. L'età sveva*, in *Storia della Università di Napoli*, pp. 1-16; d'IRSAY, *Histoire des Universités*, I, pp. 134 sq., 109; KANTOROWICZ, *Kaiser Friedrich II*, pp. 124 sq.

([3]) DENIFLE, *Die Entstehung...*, p. 14; cf. l'article *Il VII centenario dell'Università di Napoli*, in *La Civiltà Cattolica* 45 (1925), II, 204 sq; RASHDALL, *The*

fluence au «studium» de Bologne. Quant aux étrangers, ils avaient le droit de venir à Naples pour leurs études (⁴). On y enseignait les arts libéraux, le droit canonique et civil, la médecine (qui avait été transférée de Salerne à Naples) (⁵), et la théologie. Cette dernière est expressément mentionnée parmi les matières d'enseignement à partir de 1234 (⁶). Elle y était enseignée par des Mendiants; selon toute vraisemblance par des Prêcheurs, du moins avant leur expulsion du royaume de Frédéric II, en 1239 (⁷). De 1229 à 1235, les cours y avaient été suspendus, car la Pouille avait été envahie par l'armée pontificale (⁸). Une autre interruption temporaire s'était produite quand Frédéric II, extrêmement irrité par sa seconde excommunication, songea, lui qui en avait été le fondateur, à supprimer l'université. Mais les supplications des maîtres apaisèrent la colère du roi et, le 14 novembre 1239, l'université reprit ses cours avec une vigueur nouvelle; elle continuera son enseignement jusqu'au milieu du 13ᵉ siècle (⁹). En 1252, le roi Conrad transférera l'université à Salerne; mais, en 1258, Manfred la rétablira à Naples (¹⁰). Pourtant, c'est seulement en 1266, sous l'impulsion de Charles I d'Anjou, que l'*alma mater parthenopaea* retrouvera toute sa vie (¹¹). Dans cette université rénovée, l'Aquinate donnera lui-même, pendant un certain temps, des leçons de théologie (¹²).

Après son séjour au Mont-Cassin, le jeune Thomas fut donc envoyé à Naples pour y poursuivre ses études, probablement

---

Universities..., II, pp. 21 sq.; Morghen, *Il tramonto della potenza sveva*, pp. 87 sq., pp. 106 sq.

(⁴) Denifle, *Die Entstehung...*, 12 sq; d'Irsay, *Histoire des Universités*, I, 134.

(⁵) Denifle, *loc.cit.*, p. 13; Monti, in *Storia della Università di Napoli*, pp. 26 sq.

(⁶) Denifle, *loc.cit.*, pp. 454 sq; d'Irsay, *loc.cit.*, I, pp. 135, 109; 119.

(⁷) Denifle, *loc.cit.*, pp. 454-456.

(⁸) Hefele-Leclercq, *Histoire des conciles*, tome V, 1587.

(⁹) Denifle, *Die Entstehung...*, p. 456.

(¹⁰) Denifle, *loc.cit.*, p. 456; K. Hampe, *Zur Gründungsgeschichte der Universität Neapel* (Heidelberg, 1924).

(¹¹) Denifle, *loc.cit.*, pp. 457-459; d'Irsay, *Histoire des Universités*, I, p. 135.

(¹²) Monti, in *Storia della Università di Napoli*, pp. 26 sq, 88 sq, 130 sq.

en 1239. Il était déjà allé à Naples, en sa plus tendre enfance, lorsque sa mère l'avait conduit aux bains. A présent, devenu un adolescent à l'esprit vif et au corps vigoureux, il y retournait «par la volonté de son père et de sa mère» ([13]), que les conseils de l'abbé bénédictin avaient aidés à prendre cette décision.

«Puisque le jeune d'Aquin fut envoyé à Naples sur le conseil de l'Abbé, il n'est pas improbable qu'il ait séjourné, au moins pendant quelque temps, dans le petit monastère de Saint-Démétrius, qui dépendait des bénédictins du Mont-Cassin, et, à ce titre, leur servait de résidence habituelle quand ils se rendaient dans la cité parthénopéenne. Les parents devaient favoriser cet arrangement, puisqu'ils n'avaient pas renoncé au projet de le faire moine, et qu'ils ne pouvaient livrer complètement à lui-même un jeune homme inexpérimenté, au milieu des périls d'une grande ville» ([14]).

Quel contraste avec la solitude d'un monastère de montagne ! Une ville animée, dans un cadre unique: la vaste mer, le Vésuve fumant, les îles de Capri, Procida et Ischia, les sources chaudes, et, partout, des ruines romaines beaucoup mieux conservées alors qu'aujourd'hui.

Avant de choisir une branche spéciale, Thomas dut s'inscrire à la faculté des arts. C'est là que les débutants recevaient la formation générale sur laquelle pouvaient se greffer les études postérieures, et que les anciens s'initiaient aux questions philosophiques ([15]).

Le programme comportait le *trivium* (grammaire, rhétorique,

([13]) Tocco, chap. 5; Castagnoli, *Regesta...*, (1927), 712; M. L. Riccio, *S. Tommaso e l'Università di Napoli*, in *Studium* 20 (1924), pp. 237-244; A. Bellucci, *L'Università di Napoli e S. Tommaso d'Aquino. Ricerche e Documenti,* in *Studium,* 20 (1924), pp. 251-269; G. S. Lampo, *Tommaso e l'Università di Napoli,* in *Memorie Domenicane,* 41 (1924), pp. 113-122.

([14]) Leccisotti, *Il Dottore Angelico,* p. 543; cf. Tosti, *Storia della Badia...,* II, p. 196.

([15]) Denifle, *Die Entstehung...,* pp. 98 sq, 125; d'Irsay, *Histoire des Universités,* I, pp. 165 sq; Geyer, *Die patrist. u. scholast. Philosophie,* pp. 143, 353 sq.; Fliche-Thouzellier-Azais, *La chrétienté romaine* (Paris, 1950), pp. 341-386. Une information exacte en ce domaine est particulièrement difficile, car l'organisation des études, au 13e siècle, est en pleine évolution

dialectique), le *quadrivium* (arithmétique, géométrie, musique et astronomie, comme on les connaissait au 13ᵉ siècle) et, pour couronner le tout, la philosophie de la nature et la métaphysique. Thomas avait déjà appris les éléments de toutes ces sciences au Mont-Cassin. Il pouvait maintenant les approfondir ([16]). Une importance spéciale était attachée à l'étude et à la pratique du *cursus,* ou art des discours et des écrits *en forme* ([17]). Le *cursus* était une prose rythmée, dont les mots étaient arrangés selon les lois d'une certaine harmonie. C'est l'accent tonique qui était à la base du *cursus,* non la quantité métrique des syllabes. Ce style est celui des documents pontificaux aux 4e, 5e, 6e et 7e siècles: qu'on songe, par exemple, aux belles homélies du Pape S. Léon. Après une certaine décadence, le *cursus* fut remis en honneur par les moines cassiniens du 11ᵉ siècle et atteignit la perfection au 13ᵉ, avec, par exemple, le célèbre *Ars dictaminis* dû à Thomas de Capoue († 1243) ([18]).

Pour la logique et la philosophie de la nature, Frédéric II imposa d'étudier les écrits d'Aristote et de ses commentateurs ([19]). Un professeur de l'université napolitaine, Michel Scot, encou-

(on a même écrit «révolution»): cf. F. Van Steenberghen, *L'organisation des études au moyen âge et ses répercussions sur le mouvement philosophique, RPL,* novembre 1954, pp. 572-592. Voir aussi J. Isaac, *Le Perihermeneias en Occident...,* pp. 70-85, 91-92.

([16]) E. K. Rand, *Cicero in the courtroom of St. Thomas Aquinas,* (Milwaukee, 1946), donne de nombreux détails sur l'utilisation de Cicéron dans la *Somme théologique*: «jamais les opinions de Cicéron n'y sont rejetées comme mauvaises, dangereuses ou ridicules; dans le traité des vertus l'autorité de l'écrivain romain passe avant celle d'Aristote et de S. Augustin; il a sans doute appris à connaître ces écrits lors de ses premières études à Naples, et sa prodigieuse mémoire en aura gardé d'amples souvenirs» (cf. *RPL,* août 1948, pp. 394-395). La liste complète des citations de Cicéron par S. Thomas a été dressée par C. Vansteenkiste, *Cicerone nell'opera di S. Tommaso,* in *Angelicum* 36 (1959), pp. 343-382.

([17]) A. Giry, *Manuel de diplomatique* (Paris, 1925), pp. 454 sq.

([18]) Giry, *loc.cit.,* p. 682; *Lexikon für Theologie und Kirche,* X, 125.

([19]) Grabmann, *Kaiser Friedrich II und sein Verhältnis zur aristotelischen und arabischen Philosophie,* dans *Mittelalterliches Geistesleben,* II, pp. 103-137; M. Schipa, in *The Cambridge Medieval History,* VI (1929), pp. 143, 874; A. De Stefano, *La cultura alla corte di Federico II Imperatore,* (Palerme, 1938).

ragé par l'empereur, dirigea une équipe de traducteurs d'Aristote, d'Averroès et d'Avicenne ([20]). Cette orientation aristotélicienne des études, à Naples, est à souligner et à retenir, pour
comprendre l'inspiration aristotélicienne de l'Aquinate. Dès
le début de sa formation scientifique, il vécut auprès de partisans d'Aristote; dès sa jeunesse, il entendit répéter les principes aristotéliciens, et, peu à peu, il appril à les approfondir et
à les appliquer. Ainsi l'appui donné par Frédéric II à la philosophie péripatéticienne aboutit, sinon à ouvrir la voie au plus
grand philosophe et théologien du monde catholique, du moins
à la lui rendre plus facile. Si l'aristotélisme venait de faire son
apparition dans les écoles d'Occident, on l'y enseignait malheureusement avec beaucoup d'erreurs. Il était justement réservé au génie de Thomas de parfaire l'aristotélisme et de l'a-
mener à rendre d'éminents services à la pensée chrétienne.

L'historien de Frédéric II, Kantorowicz, donne les noms de
quelques condisciples de Thomas, ainsi que la liste des professeurs de l'université de Naples à cette époque ([21]). Parmi ces
derniers, Guillaume de Tocco avait déjà indiqué: maître Martin, professeur de grammaire et de logique; maître Pierre d'Irlande, professeur de philosophie de la nature ([22]). Tous deux
avaient des tendances aristotéliciennes, comme les recherches
récentes l'ont montré ([23]). Ajoutons au moins, avec Kantorowicz,

([20]) LThK, VII, 167 sq.; KANTOROWICZ, Kaiser Friedrich II, p. 313; vol. compl.,
pp. 149 sq; CH. H. HASKINS, Michael Scot and Frederick II, Isis, 4 (1922), pp.
250-275; F. VAN STEENBERGHEN, Aristote en Occident, (Louvain, 1946), pp. 87-
92; du même, dans FOREST-VAN STEENBERGHEN-DE GANDILLAC, Le mouvement
doctrinal du IX° au XIV° siècle, pp. 180-181 avec la bibliographie de la note 2.

([21]) KANTOROWICZ, Kaiser Friedrich II, vol. compl., pp. 266-273.

([22]) TOCCO, chap. 5. Voir aussi: MONTI, in Storia della Università di Napoli,
p. 88; CASTAGNOLI, Regesta (1927), p. 713; KANTOROWICZ, Kaiser Friedrich II,
vol. compl., p. 268; RASHDALL, The Universities..., II, p. 24. Sur Martin de
Dacie, voir Roos, Die Modi significandi des Martinus de Dacia (Munster,
1952).

([23]) CL. BAÜMKER, Petrus von Hibernia der Jugendlehrer des Thomas von
Aquin u. seine Disputation vor König Manfred, Sitzungsber. d. Bayer. Aka-
demie d. Wissenschaften, Philos.-philol. u. hist. Klasse, 1920, 8. Abhdl., pp.
33 sq.; A. PELZER, Le cours inédit d'Albert le Grand sur la Morale à Nicomaque recueilli et rédigé par S. Thomas d'Aquin, pp. 23-25; GRABMANN, Mittelalterliches Geistesleben, I, pp. 249-265.

le moine cassinien Érasme, qui, depuis 1240, enseigna la théologie à l'athénée de Naples et qui, suivant de nombreux auteurs,
avait été professeur de Thomas au Mont-Cassin ([24]).

Notre étudiant eut tôt fait de révéler l'élévation et la profondeur de son esprit par la clarté avec laquelle il saisissait les
leçons et par la précision de ses réponses. On le chargea alors
de se faire répétiteur pour ses condisciples. Il se distingua tellement dans ce rôle qu'il dépassa même certains professeurs
par la sûreté des connaissances et la solidité des conclusions
([25]). On sera probablement tenté de mettre en doute cette exceptionnelle précocité intellectuelle. Mais il en existe d'autres
cas, spécialement dans les pays méridionaux. Ainsi, à une époque plus proche de nous, S. Alphonse-Marie de Liguori con-
quit son doctorat en droit, à Naples, à l'âge de 16 ans.

Thomas ne s'adonna pas aux études profanes au point de négliger l'aspiration suprême de la vie humaine: arriver, par le
mouvement de son esprit et de son cœur, à servir, à contempler
et à étreindre le Seigneur ([26]). Au Mont-Cassin, il avait cherché
à connaître Dieu, créateur de toutes les beautés qui l'entouraient; à présent, il ne se lassait pas de chercher à connaître
Dieu, «maître des sciences» ([27]). Au milieu des bruits de la ville
et des agitations de l'université, il gardait une âme religieuse
et priante, évitant la compagnie des étudiants trop mondains.

Au cours de ce séjour à Naples, Thomas fit une rencontre
qui allait donner à sa vie une orientation nouvelle: il vit à
l'œuvre un certain nombre de dominicains. L'ordre des Prêcheurs avait été fondé en 1206 par l'espagnol Dominique, à
Prouille, près de Toulouse, pour combattre l'hérésie des Albi-
geois. Honorius III l'avait approuvé en 1216. Le fondateur
était mort à Bologne en 1221 et avait été canonisé dès 1234.

([24]) KANTOROWICZ, *Kaiser Friedrich II*, vol. compl., p. 268; GRABMANN, *Mittelalterliches Geistesleben*, I, pp. 251 sq.; LECCISOTTI, in *Atti del convegno in-
ternaz. di Studi Federiciani* (Palerme, 1950), pp. 115-120.

([25]) *Procès de Naples*, chap. 76; DE GROOT, *Het leven...*, p. 19.

([26]) «Cui (Deo) non appropinquatur passibus corporis sed affectibus men-
tis» in *Somme théologique*, IIª-IIªᵉ, q. 24, art. 4; cf. S. AUGUSTIN, *Tract. in
Joannem*, 32.

([27]) *I Reg.*, II, 3.

Ses disciples suivaient la règle de S. Augustin, complétée et précisée par des constitutions particulières ([28]).

Les ordres religieux s'étaient jusque-là établis en pleine campagne, ou sur les montagnes, ou dans les vallées, et s'étaient consacrés exclusivement à la louange de Dieu et au salut éternel de leurs membres. On vit alors surgir des ordres nouveaux qui s'installèrent dans les centres les plus avancés de la civilisation et s'efforcèrent de la conduire aux plus hauts sommets, grâce à leur action apostolique, leur prédication, leur enseignement et l'exemple de leur vie religieuse. Ils demandaient leur subsistance à ceux qui bénéficiaient de leur ministère. Ainsi l'histoire de l'Église s'enrichit d'une nouvelle conception de l'idéal religieux, celui des ordres mendiants.

> Bernardus valles, montes Benedictus amabat,
> Oppida Franciscus, celebres Dominicus urbes.

La mission de l'ordre avait été continuée avec un zèle et des résultats merveilleux par le successeur de Dominique à la tête de la congrégation, le Bienheureux Jourdain de Saxe ([29]). Il avait prêché publiquement dans toutes les universités. On peut dire qu'il avait été le premier «aumônier d'étudiants»: à Paris, il avait donné, l'après-midi, des conférences spéciales pour les étudiants ([30]). Très aimé pour la pureté de ses mœurs, la douceur de son caractère, la pénétration de sa parole débordante de lumière spirituelle, il gagnait tous les cœurs. Quand il parlait à ses jeunes auditeurs de la manière de conduire sa vie, de la connaissance et de l'amour de Jésus-Christ, des vérités de la

---

([28]) MANDONNET-VICAIRE-LADNER, *Saint Dominique, L'idée, l'homme et l'œuvre* (Paris, 1937, 2 vol.); VICAIRE, *Histoire de S. Dominique*, (Paris, 1957, 2 vol.); WALZ, *Compendium...*, pp. 10-25. — Une antienne liturgique a su rendre heureusement les traits principaux de l'âme du Père des Prêcheurs: clarté, force et douceur:

> O lumen Ecclesiae, doctor veritatis
> Rosa patientiae, ebur castitatis,
> Aquam sapientiae propinasti gratis
> Praedicator gratiae nos junge beatis.

([29]) SCHEEBEN, *Beiträge zur Geschichte Jordans*; MORTIER, *Histoire des Maîtres Généraux...*, I, pp. 137-253; WALZ, *Compendium...*, pp. 26-28; H. CH. SCHEEBEN, *Jordan der Sachse*, Vechta, 1937.

([30]) *MOPH* I, 327; KOPERSKA, *Die Stellung der religiösen Orden zu den Profanwissenschaften im 12. u. 13. Jahrhundert*, p. 113.

foi, il suscitait une grande admiration pour le genre de vie religieuse qui formait des prédicateurs aussi influents: sans attendre, beaucoup avaient demandé à faire partie de l'ordre
nouveau. Cela s'était passé à Paris ([31]), à Bologne ([32]), à Padoue
([33]), où il avait conquis pour l'Ordre Albert le Teutonique, à
Modène ([34]), à Verceil ([35]), en divers pays germaniques ([36]) et
même en Angleterre, à l'université d'Oxford ([37]).

C'est en 1231 que les dominicains s'étaient installés à Naples:
leur couvent de San Domenico Maggiore est encore debout. En
1236, avant d'entreprendre la visite des maisons de son ordre
en Terre Sainte, Jourdain de Saxe avait prêché devant les étudiants de l'université napolitaine ([38]). Il devait y revenir à son
retour. Mais le navire avait fait naufrage, tous ses occupants
avaient péri ([39]) et le maître général avait été enterré à Acre ([40]).

Toutefois le P. Jean de San Giuliano s'était efforcé d'entretenir le mouvement dont le défunt avait donné l'élan et il avait
continué l'assistance spirituelle des étudiants, dans le même
esprit que lui ([41]). On sait qu'en 1239 Frédéric avait expulsé les
mendiants de son royaume; mais il avait autorisé deux Pères
à rester pour assurer le service de leur église ([42]) et l'un d'eux
était le P. Jean de San Giuliano. Il eut sans doute un soin particulier du jeune Thomas. Guillaume de Tocco écrit en effet:
«L'ayant trouvé bien disposé, il le décida à entrer dans son
Ordre, afin qu'il pût réaliser ce que Dieu avait annoncé à son

([31]) ALTANER, *Die Briefe Jordans von Sachsen*, pp. 140, 116 sq; SCHEEBEN,
Beiträge..., p. 172.

([32]) ALTANER. *op.cit.*, pp. 138, 116 sq.; SCHEEBEN, *op.cit.*, p. 171.

([33]) ALTANER, *op.cit.*, pp. 139, 117; SCHEEBEN, *op.cit.*, p. 172.

([34]) ALTANER, *op.cit.*, pp. 101, 103; SCHEEBEN, *op.cit.*, p. 66.

([35]) ALTANER, *op.cit.*, pp. 140, 117; SCHEEBEN, *op.cit.*, p. 172.

([36]) ALTANER, *op.cit.*, pp. 139, 117 sq.; SCHEEBEN, *op.cit.*, p. 173.

([37]) ALTANER, *op.cit.*, pp. 139, 118; SCHEEBEN, *op.cit.*, pp. 32-78.

([38]) *MOPH*, I, p. 125; LECCISOTTI, *Il Dottore Angelico*, p. 545.

([39]) ALTANER, *op.cit.*, pp. 119, 112. Selon Altaner, c'est à Marseille que
Jourdain de Saxe se serait embarqué pour l'Orient.

([40]) SCHEEBEN, *op.cit.*, pp. 81 sq.

([41]) TOCCO, chap. 6; *Procès de Naples*, chap. 76; MANDONNET, *Thomas
d'Aquin novice prêcheur*, p. 26; CASTAGNOLI, *Regesta* (1927), p. 713.

([42]) L. PAROSCANDOLO, *Memorie storiche diplom.-crit. delle chiese di Napoli*,
III, p. 183 (Napoli, 1849).

sujet» ([43]). On raconte à ce propos que la mère de Thomas, quand elle le portait encore en son sein, reçut un jour la visite de l'ermite Bono, qui vivait près de Roccasecca. Il lui prédit la grandeur future de l'enfant qui allait naître: ses parents le destinaient à la vic bénédictine, mais Dieu à celle des Frères Prêcheurs ([44]).

Comment le jeune étudiant a-t-il pu raisonner son choix? Leccisotti ([45]) présente ainsi les trois motifs qui l'auraient déterminé: «Avant tout, le jeune homme, prévenu par la grâce divine dès sa plus tendre enfance, aspirait à la paix parfaite de la vie religieuse, où il pourrait vaquer aux choses de Dieu et développer le talent qui lui avait été confié. Or la vigne mystique plantée par le patriarche Benoît était alors horriblement et, semblait-il, irréparablement, dévastée; aucun esprit humain n'avait les moyens de prévoir la possibilité et l'époque de sa restauration future. D'autre part, Thomas n'était plus un petit garçon caché dans le cloître: il avait pu se rendre compte des vues paternelles sur son avenir, et son âme très picuse et très droite se préparait à résister de toutes ses forces. En effet, on peut admirer, dans la vie du saint Docteur, la haine qu'il a toujours nourrie pour toutes les dignités; on peut suivre les traces de cette aversion jusqu'aux derniers temps de sa vie. Il s'agit là évidemment d'un sentiment conçu dès ses premières années, et devenu quasi connaturel, à la suite des tentatives violentes et peu honnêtes de ses parents, qui le conduiront au bord de la ruine morale. En troisième lieu, il faut ajouter le caractère propre des Frères Prêcheurs... Au sortir de son éducation monacale, le jeune Thomas, avide de science et porté à la réflexion, en fut séduit».

Rien ne pouvait le pousser plus fortement vers l'ordre des Prêcheurs que son zèle pour la vérité: S. Dominique l'avait inculqué aux hommes de son temps par la parole et par l'exemple ([46]); et, grâce à ses fils, il l'a répandu à travers les siècles

([43]) Tocco, chap. 1.

([44]) Tocco, chap. 6.

([45]) LECCISOTTI, Il Dottore Angelico, pp. 543 sq.

([46]) ALTANER. Die Briefe Jordans, pp. 11 sq.; BERLIÈRE, Les écoles claustrales, p. 568: «Au XIIIᵉ siècle, les ordres mendiants, qui s'efforcent de do-

et jusqu'à nos jours. Rien ne pouvait l'attirer plus profondément à l'ordre des Prêcheurs que sa conception apostolique du
ministère sacerdotal: distribuer aux âmes assoiffées les fruits
infinis de la passion de Jésus-Christ.

D'ailleurs l'idéal de S. Dominique était si beau que les autres
ordres mendiants, nés à la même époque mais sans avoir une
fin aussi précise, s'adonnèrent peu à peu à la prédication pour
le salut des âmes, à l'exemple des Frères Prêcheurs ([47]). En sorte que S. Dominique eut un nombre de disciples bien supérieur
à celui des religieux de l'ordre qu'il avait fondé.

Sans doute, Thomas gardait en son cœur une grande vénération pour la vie bénédictine; mais il préféra pour lui-même un
des nouveaux ordres mendiants. Il choisit celui des Frères Prêcheurs précisément parce que sa règle mettait les observances
religieuses au nombre des moyens de préparation à l'apostolat;
et parce que sa spiritualité se rapprochait plus intimement de
l'âme bénédictine que celle des autres ordres mendiants.

Peut-être les meilleures informations sur l'état d'âme du jeune
étudiant nous viennent-elles finalement de lui-même: la vie
qu'il désirait alors de tout son être et qu'il embrassa avec une
générosité enthousiaste, n'est-ce pas celle qu'il décrira d'une
manière parfaitement objective dans la *Somme théologique* ?
«De même qu'il est plus beau d'illuminer que de briller seulement, de même il est plus beau de transmettre aux autres le
fruit de sa contemplation que de s'en tenir à la seule contemplation: *contemplata aliis tradere*» ([48]).

miner le mouvement scientifique, attirent à eux la jeunesse studieuse. Le
général des Frères Prêcheurs, Humbert de Romans, fait remarquer que les
moines noirs forment bien leurs oblats à l'office divin. mais il regrette que
ces jeunes gens ne reçoivent pas de formation scientifique, et que leur man-
que d'instruction devienne pour eux une cause de ruine religieuse. Quoi
d'étonnant qu'à une époque où la science était si appréciée, les esprits d'élite
soient allés vers les nouveaux ordres, qui avaient le culte de la science ?».
Voir aussi CHENU, *Introduction à l'étude de S. Thomas d'Aquin*, pp. 11-22 et
34-43; MANDONNET-VICAIRE-LADNER, *Saint Dominique*, tome I, pp. 187-230;
CHENU, *S. Thomas d'Aquin et la théologie*. pp. 3-19, 21-25.

([47]) WALZ, *Compendium…*, p. 11.

([48]) *Somme théologique*, IIa-IIae, q. 188, art. 6; WALZ, *Compendium…*, pp.
23 sq.; TOCCO, chap. 6; DE GROOT, *Het leven…*, p. 28.

S'il est certain que le Père Jean de San Giuliano a contribué beaucoup à la vocation dominicaine de l'Aquinate, comme l'affirment Guillaume de Tocco et le logothète Barthélemy de Capoue, qui l'ont connu personnellement ([49]), Thomas a fait peut-être aussi la connaissance du Père Thomas Agni de Lentini, qui avait été le premier prieur du couvent dominicain de Naples, en 1231, et qui accéda, dans la suite, à diverses fonctions honorables: il fut évêque de Bethléem, puis archevêque de Cosenza, puis patriarche de Jérusalem; il mourut en Terre Sainte, en 1277 ([50]). C'est Thomas de Lentini qui, d'après une source autorisée ([51]), aurait eu l'honneur de donner l'habit religieux au jeune candidat.

([49]) Tocco, chap. 6; *Procès de Naples*, chap. 76; San Giuliano se trouve près de Piperno (cf. TAURISANO, *I discepoli...*, p. 121).

([50]) W. HOTZELT, *Kirchengeschichte Palästinas im Zeitalter der Kreuzzüge 1099-1291*, (Cologne, 1940), pp. 220-226; B. ALTANER, *Die Dominikanermissionen des 13. Jahrhunderts* (Habelschwerdt, 1924), p. 36; *DHGE*, article *Agni de Lentini* (Thomas); M. A. CONIGLIONE, *La provincia domenicana di Sicilia* (Catane, 1937), pp. 4, 149, 291, 400; EUBEL, *Hierarchia*, I, pp. 135, 220, 275; *AFP*, 4 (1934), p. 129.

([51]) GUI, chap. 5; cf. PRÜMMER, in *Fontes*, 171 (2); MANDONNET, *Thomas d'Aquin novice...*, pp. 28, 31; CASTAGNOLI, *Regesta* (1927), p. 714. C'est en 1234 que le couvent des prêcheurs de Naples fut mis sous le patronage de S. Dominique, canonisé en cette même année (cf. *AOP*, 3, année 1895, p. 61).

CHAPITRE IV

NOVICE DOMINICAIN

Le P. Mandonnet a émis l'hypothèse que le directeur spirituel de Thomas, le P. Jean de San Giuliano, qui connaissait bien les sentiments des familles nobles à l'égard des ordres mendiants, modéra l'ardeur du candidat et jugea prudent de ne pas précipiter la vêture. Ce sage religieux s'appuyait principalement sur deux raisons. Pendant les vacances, qu'il passait probablement en famille, Thomas avait pu se rendre compte de l'opposition irréductible des siens à son projet de vie dominicaine. En outre, quelques années plus tôt, en 1235, et précisément à Naples, l'église, le couvent et la communauté des Prêcheurs avaient eu à supporter l'assaut d'une bande armée, engagée par une famille distinguée, mécontente qu'un de ses membres fût entré chez les frères de S. Dominique (¹).

Dans ces conditions, comment déterminer la date où Thomas prit l'habit des mendiants ? Il avait certainement l'âge requis par le droit, 18 ans (²). Mais il ne faut pas se fier uniquement au texte écrit des constitutions, car les usages concernant la vêture et le temps de probation étaient en réalité assez variables (³). Il semble cependant que, si Thomas est né en 1225, les années 1240 ou 1241, choisies par Prümmer, ne peuvent convenir. Nous retiendrons donc, avec De Rubeis, Mandonnet et Pelster, l'année 1243 ou les premiers mois de 1244, qui s'accor-

(¹) MANDONNET, *Thomas d'Aquin novice prêcheur*, p. 42; *BOP*, I, p. 74.

(²) «Nullus recipiatur infra octodecim annos»; H. Ch. SCHEEBEN, *Die Konstitutionen des Predigerordens unter Jordan von Sachsen*, QF, 38, n. XIV, p. 2; cf. *AOP*, 3 (1896), pp. 628 sq.; 5 (1898), p. 54.

(³) WALZ, *Compendium...*, p. 92.

dent assez bien avec la suite des événements ([4]). Naples faisait partie de la province dominicaine de Rome ([5]), que dirigea, de 1243 à 1244 (ou peut-être à 1245), le P. Humbert de Romans, futur maître général de l'ordre ([6]). Selon Bernard Gui, le prieur napolitain qui donna l'habit au jeune postulant était le P. Thomas Agni de Lentini ([7]).

L'imposition de l'habit religieux — qui, au moyen âge, ne différait pas autant qu'aujourd'hui de l'habit séculier — comporte toujours une série de cérémonies émouvantes par leur symbolisme. Chez les Prêcheurs le cérémonial de la vêture est moins développé que dans les ordres monastiques, mais demeure impressionnant. Le maître des novices conduit le postulant au milieu de la salle capitulaire ou du chœur. Le jeune homme fait la prostration, les bras étendus en forme de croix. Le prieur l'interroge: que demandez-vous ? Il répond: la miséricorde de Dieu et la vôtre. Alors le prieur lui ordonne de se lever, et lui rappelle les exigences de l'ordre: les obligations invariables des trois vœux de pauvreté, chasteté et obéissance, la règle de S. Augustin et les constitutions des Frères Prêcheurs, dont certaines dispenses peuvent être obtenues du supérieur,

---

([4]) PRÜMMER, *De Chronologia...*, pp. 5 sq.; DE RUBEIS, *Dissertationes*, I, chap. 6, 9; MANDONNET, *Thomas d'Aquin novice...*, pp. 3, 14; PELSTER, *Kritische Studien...*, pp. 70 sq.; DENIFLE, *Die Entstehung...*, p. 456. On fera peut-être une objection: même en 1244, Thomas n'avait pas encore achevé le cycle normal des études à la faculté des arts. Mais les enquêtes historiques montrent que, pour accepter un postulant, les Prêcheurs n'exigeaient en général de lui que la connaissance des matières les plus importantes du *trivium* (grammaire, rhétorique, dialectique), tandis que les matières du *quadrivium*, c'est-à-dire l'arithmétique, la géométrie, la musique et l'astronomie n'étaient pas requises: KOPERSKA, *Die Stellung der religiösen Orden zu den Profanwissenschaften im 12. und im 13. Jahrhundert*, pp. 6, 36, 112; WALZ, *Compendium...*, pp. 92 sq. D'ailleurs une grande souplesse présidait à l'enseignement, durant le moyen âge: PARÉ-BRUNET-TREMBLAY, *La Renaissance du 12ᵉ siècle. Les écoles et l'enseignement*, pp. 97 sq.; GRABMANN, *Geschichte der scholastischen Methode*, II, pp. 40 sq., 123.

([5]) WALZ, *Compendium...*, pp. 213-216.

([6]) *AFP*, 4 (1934), p. 127.

([7]) GUI, chap. 5; PRÜMMER, dans *Fontes*, p. 171 (2), critique l'hypothèse du P. Mandonnet, selon lequel Thomas aurait reçu l'habit des mains de Jean le Teutonique.

pour de justes motifs et dans quelques circonstances. Il termine en lui demandant s'il est décidé à observer tout cela. Le
postulant répond: avec la grâce de Dieu, oui, je le veux. Alors le
prieur ajoute: que le Seigneur achève l'œuvre qu'il a commencée ! Et le chœur répond: amen. Puis le maître des novices conduit le postulant devant le prieur, aux pieds duquel il s'age-
nouille. Cependant un frère apporte les vêtements qui ont été
préparés et les présente au prieur qui, avec l'aide du maître
des novices, revêt le postulant de la tunique blanche et du
manteau noir des Frères Prêcheurs. Quand le prieur commence la vêture, tous les assistants s'agenouillent et le chantre en-
tonne le *Veni Creator,* que suivent d'autres prières. Quand elles
sont terminées, le novice, qui, après la vêture, s'était prosterné
sur les degrés de l'autel, se relève. Le maître des novices le conduit à nouveau devant le prieur, qui lui donne une accolade
fraternelle et le baiser de paix. Tous les assistants, selon leur
rang, donnent au novice le même signe de paix et de charité
religieuses, pendant qu'on chante le *Te Deum.* A la fin, le novice se présente encore au prieur, qui lui a donné l'habit; le
prieur le confie aux soins du maître des novices et lui ordonne
une année de probation: «Si, durant cette année, tu constates
que notre vie te plaît, et si ta conduite nous donne satisfaction,
tu pourras faire profession: sinon, chacun de nous reprendra
sa liberté. Efforce-toi donc de porter ce joug avec joie, pour
l'amour du Seigneur, et d'obéir en tout à ton maître comme à
moi-même» ([8]).

L'entrée de Thomas chez les mendiants fit sensation. On n'a-
vait pas d'aversion pour ses sentiments religieux. Mais ses aptitudes bien connues pour les études semblaient lui ouvrir une
carrière magnifique. Chez les nobles, les étudiants et les professeurs napolitains, la nouvelle courait de bouche en bouche:
l'Aquinate qui, si jeune, avait provoqué l'admiration de ses
maîtres et de ses condisciples, et dont le nom était devenu célèbre dans les écoles ([9]), avait abandonné tout espoir de situation honorable sur la terre, et avait préféré se cacher sous l'ha-

([8]) *Processionarium Ordinis Praedicatorum* (Rome, 1930), pp. 149 sq. Ces
rites étaient déjà les mêmes au moyen âge; mais il n'y avait pas de postulat.
([9]) Tocco, chap. 6.

bit des frères mendiants ([10]). La sympathie naturelle que tous, et spécialement ses parents, éprouvaient pour lui, était en train de disparaître: comment un jeune homme plein d'énergie et de belles qualités physiques, intellectuelles et morales, affable avec tous, pouvait-il embrasser un pareil genre de vie ? A Roccasecca, nous le verrons bientôt, la nouvelle apporta la consternation et déclencha la colère.

Les supérieurs s'y attendaient. Pour mettre leur nouvelle recrue à l'abri de toute violence, ils l'envoyèrent presque aussitôt à Rome, en compagnie de quelques confrères. De là, il devait poursuivre sa route jusqu'en un lieu où il pourrait continuer ses études. Ce plan ne violait aucune disposition canonique. Si les jeunes religieux devaient, depuis les premiers jours de l'Ordre, subir un certain temps de probation, le noviciat, au treizième siècle, était bien différent de ce qu'il est aujourd'hui. «Il était conçu comme une application immédiate du novice à la vie normale du Prêcheur, et sa formation consistait à lui apprendre et à lui faire pratiquer la forme de vie qui devait être la sienne jusqu'à la mort. Le maître des novices, un religieux de la maison désigné par le prieur, avait pour mission d'initier le novice à ce que pratiquait la communauté à laquelle il était mêlé dès sa prise d'habit. Aussi n'y avait-il aucune clôture matérielle, ni morale, qui séparât le novice des autres religieux, et il entrait de plain-pied dans les études dès l'heure même de son arrivée. C'est pourquoi les Constitutions, dans leur premier état, font un devoir strict au maître des novices de leur inculquer comment ils doivent être appliqués à l'étude, le jour et la nuit, en voyage et à la maison» ([11]). Le temps de probation, à l'époque de Thomas, durait au moins six mois. Une constitution d'Innocent IV, en date du 17 juin 1244, la porta à un an.

Pour aller à Rome, les voyageurs empruntèrent, selon Tocco ([12]), d'abord la Via Appia, qui passe par Terracina, puis la Via Latina, qui passe par Anagni. Le P. Mandonnet a contesté l'in-

---

([10]) Tocco, chap. 7.

([11]) SCHEEBEN, *Die Konstitutionen...*, p. 56, N. XIII; MANDONNET, *Thomas d'Aquin novice...*, pp. 180 sq.

([12]) Tocco, chap. 7; CALO, chap. 4; GUI, chap. 5.

dication de Tocco car il n'aurait pas été prudent de suivre la Via Latina, qui passe à côté d'Aquino ([13]). Pourtant elle était plus commode, et très fréquentée; en outre, l'habit dominicain dissimulait l'identité du voyageur. D'après les renseignements que nous possédons, c'était la première fois que Thomas foulait le sol de la ville éternelle.

Les frères s'arrêtèrent au couvent de Sainte-Sabine. L'église romaine de Sainte-Sabine avait été donnée aux Prêcheurs ([14]), le 5 juin 1222, par Honorius III, qui leur avait aussi donné le couvent annexe; ils pourraient ainsi assurer la garde et le service du sanctuaire, et jouir d'une résidence stable ([15]). A Sainte-Sabine, S. Dominique avait travaillé à sa sanctification et à celle des autres. C'est là aussi qu'ont résidé beaucoup de ses successeurs à la maîtrise générale de l'ordre, quand ils ont eu des affaires à traiter avec la curie romaine: le Bienheureux Jourdain de Saxe, S. Raymond de Pennafort, le Vénérable Jean de Wildeshausen, plus connu sous le nom de Jean le Teutonique. Selon l'opinion du P. Mandonnet ([16]), Jean le Teutonique se trouvait justement à Sainte-Sabine quand le novice napolitain y arriva. Immédiatement, il décida d'emmener Thomas avec lui à Bologne, où le chapitre de l'ordre avait été convoqué pour le 22 mai 1244 ([17]). De là le novice aurait été envoyé à Paris pour y poursuivre ses études, *Parisius ad proficiendum (in studiis),* disent les très anciennes *Vitae Fratrum* ([18]). Mais ce plan allait échouer.

En effet, apprenant que son fils était entré chez les Frères Prêcheurs, Théodora d'Aquin, accompagnée de quelques pa-

---

([13]) MANDONNET, *S. Thomas d'Aquin novice...*, pp. 52 sq.; CASTAGNOLI, *Regesta* (1927), p. 715; WALZ, *Wege des Aquinaten,* in *Historisches Jahrbuch,* 77 (1958), p. 222.

([14]) *BOP,* I, p. 15, n. 29; SCHEEBEN, *Der hl. Dominikus,* pp. 293, 448.

([15]) BERTHIER, *Le couvent de Sainte-Sabine à Rome,* pp. 162, 23, 283-289; A. MUNOZ, *Il restauro della basilica di Santa Sabina* (Rome, 1938).

([16]) MANDONNET, *Thomas d'Aquin novice...,* p. 7.

([17]) MANDONNET, *Thomas d'Aquin novice...,* 6, 15. L'opinion de Cantimpré, selon lequel Thomas serait entré chez les dominicains à Bologne, est peut-être en relation avec ce voyage à Bologne. Cf. MANDONNET, *Thomas d'Aquin novice...,* pp. 14 sq.

([18]) *MOPH,* I, p. 201.

rents, courut à Naples pour obtenir que Thomas revînt sur sa
décision et ne fût pas définitivement perdu pour la famille.
Pourquoi le père ne se chargea-t-il pas de l'affaire ? A partir de
cette époque, les documents anciens ne parlent plus de lui: il
semble donc qu'il était alors malade ou, plus probablement
même, décédé. Sa mort aurait d'ailleurs facilité l'admission de
son fils chez les dominicains ([19]). A Naples, la mère apprit que
Thomas était parti pour Rome. Elle s'y précipita. Mais, là encore, nouvelle déception. Elle appela ses autres fils à l'aide.
Elle leur demandait, dit Guillaume de Tocco, «de chercher à
reprendre possession de leur frère et de le lui amener sous
bonne escorte, car les Prêcheurs l'avaient revêtu de leur habit,
puis éloigné du royaume» ([20]).

   Ces fils de Théodora se trouvaient alors en Toscane, près
d'Acquapendente, à l'ouest d'Orvieto, où ils servaient dans
l'armée impériale ([21]). En août 1243, Frédéric II était venu faire
la guerre aux villes pontificales de Toscane. Obéissant à l'ordre
de leur mère, les chevaliers conçurent un projet audacieux,
qu'ils soumirent au jugement de l'empereur. Forts de son approbation et de sa permission, ils envoyèrent des groupes de
soldats sur les différentes routes de cette partie de la Toscane
méridionale. Ils réussirent à découvrir frère Thomas, «qui se
reposait près d'une fontaine avec quatre confrères». Les *Vitae
Fratrum* et Ptolémée de Lucques attestent la présence du maître général au moment de la capture du jeune frère ([22]). Tocco
n'en parle pas. Les fils de Théodora essayèrent d'abord par tous
les moyens de détourner leur frère de son projet; ils auraient
même cherché, selon Tocco ([23]), à lui arracher son habit. Devant
la résistance du novice, ils renoncèrent: ils laissèrent partir les
religieux qui l'accompagnaient et envoyèrent à leur mère frère
Thomas, vêtu de son habit de Prêcheur. Ils l'avaient, en vérité,

---

([19]) MANDONNET, *Thomas d'Aquin novice...*, pp. 43 sq.; LECCISOTTI, *Il Dottore Angelico,* p. 545: Landolphe mourut probablement le 24 décembre 1243;
cf. p. 533.

   ([20]) Tocco, chap. 8; MANDONNET, *Thomas d'Aquin novice...*, pp. 60 sq.

   ([21]) Tocco, chap. 8; SCANDONE, *La vita...*, pp. 54 sq.

   ([22]) *MOPH,* I, p. 201; PTOLÉMÉE, *Histoire ecclésiastique,* XXII, 20.

   ([23]) Tocco, chap. 8.

plutôt arrêté que retrouvé. Ces événements eurent lieu probablement dans la première moitié du mois de mai 1244 (²⁴).

Thomas fut conduit, sous bonne garde, au château de Montesangiovanni, jusqu'au retour de ses frères (²⁵). Montesangiovanni, situé sur une colline calcaire entre Frosinone et l'abbaye cistercienne de Casamari, au nord de Roccasecca, domine la vallée de l'Amaseno (²⁶).

Pendant ce temps l'ordre dominicain et son maître général
ne restaient pas inactifs. L'agression à main armée perpétrée
contre un de ses membres avec le consentement impérial fut
dénoncée à l'empereur soit directement, soit par l'intermédiaire du pape Innocent IV, élu le 25 juillet 1243. Satisfaction
fut demandée à Frédéric. L'empereur ne voulait ni s'aliéner les
gens d'église, ni se séparer des d'Aquin. Il fit venir les aînés de
Thomas, qui l'avaient arrêté. Il donnait ainsi aux Frères Prêcheurs le moyen d'intenter un procès contre eux, s'ils le dési-
raient. Mais les différends entre les partisans de l'empereur et
ceux du pape devenaient toujours plus profonds. Afin d'éviter
des scandales et des violences contre eux-mêmes, les Prêcheurs
jugèrent prudent de renoncer à ce procès. D'ailleurs ils consta-
taient que le novice témoignait, pour sa vocation, d'une fermeté
et d'une fidélité à toute épreuve (²⁷).

Les *Vitae Fratrum* disent seulement que les membres de sa
famille employèrent tous les moyens pour amener Thomas à
quitter l'ordre (²⁸). Cantimpré est plus explicite quand il raconte que quelques femmes furent introduites dans le lieu où le
jeune religieux était interné (²⁹). Quant à Guillaume de Tocco,
il divise la détention en deux périodes, avant le retour des aî-

(²⁴) MANDONNET, *Thomas d'Aquin novice...*, p. 13; CASTAGNOLI, *Regesta*
(1927), pp. 717 sq.

(²⁵) TOCCO, chap. 8; MANDONNET, *Thomas d'Aquin novice...*, pp. 87 sq.; WALZ,
Wege des Aquinaten, p. 222; PRÜMMER, *De Chronologia*, p. 5.

(²⁶) MARTINORI, *Lazio turrito*, II, pp. 77 sq.

(²⁷) TOCCO, chap. 8; MANDONNET, *Thomas d'Aquin novice...*, pp. 7-9, 54 sq.,
75 sq., 32; PELSTER, *Kritische Studien...*, pp. 78 sq.; PRÜMMER, *De chronologia...*, p. 5.

(²⁸) *MOPH*, I, p. 201; MANDONNET, *Thomas d'Aquin novice...*, pp. 93-99.

(²⁹) *Bonum universale*, I, 20.

nés puis après, avec une intervention féminine dans chaque
période.

Pendant la première période, Théodora éprouva de plusieurs
manières l'attachement de son fils pour l'ordre des Prêcheurs,
ainsi que la vérité de la prophétie de l'ermite Bono ([30]). Ce fut
pourtant plus qu'une simple épreuve, le jour où elle lui envoya
une de ses filles, la jeune Marotta, pour le mieux persuader.
Mais l'entretien prit un tour imprévu: par ses paroles et son
exemple, Thomas enflamma sa sœur d'amour pour Dieu et de
mépris pour le monde ([31]).

Des tourments plus pénibles attendaient Thomas après le
retour de ses frères. Ils déchirèrent son habit de Prêcheur, es-
pérant qu'il n'aurait pas le courage de le porter en cet état;
mais il supporta cet affront avec patience, se réjouissant de
revêtir, dans cet habit déchiré, l'opprobre du Christ. Puis ils se
proposèrent de briser sa fermeté, en s'attaquant à sa chasteté.
Ils pensaient que les caresses d'une femme parviendraient,
mieux que tout le reste, à ramener dans le monde un jeune
homme qui n'avait pas encore vingt ans. Mais les tentateurs
avaient compté sans l'intervention de la grâce divine. A peine
la fille qui devait le séduire était-elle entrée dans la chambre
de Thomas que, surpris et troublé par cette apparition inattendue, il saisit un tison dans la cheminée et, plein d'indigna-
tion, la mit en fuite. Puis, dans un angle de la chambre, il tra-
ça une croix sur le mur, avec le tison qui avait été l'instrument
de sa victoire, et, prosterné à terre, il s'abîma dans la prière ([32]).

Un auteur récent ([33]) voudrait mettre ce récit au nombre des
légendes. Il en voit l'origine dans le fait de la visite de Marotta,
retouché puis exposé de manière plus rude. D'autre part, il ne
lui paraît pas vraisemblable que les aînés de Thomas, «hommes

---

([30]) Tocco, chap. 9.

([31]) Tocco, *ibid.*

([32]) Tocco, *ibid.* Le fait qu'on avait allumé du feu dans la chambre de
Thomas est-il d'un grand secours pour déterminer la date de l'événement?
Les avis différent, car «ces murailles de forteresses, qui restent fraîches en-
core sous les feux de l'été, sont presque glacées au printemps»: MANDONNET,
Thomas d'Aquin novice..., p. 97; CASTAGNOLI, *Regesta* (1927), pp. 718 sq.

([33]) ENDRES, *Thomas von Aquin*, p. 20; MANDONNET, *Thomas d'Aquin novice...*, pp. 92 sq.

d'une probité rare», dit Tocco ([34]), aient été capables de recourir à des moyens aussi infames. En réalité, la première partie de l'objection recèle peut-être un fond de vérité, en ce sens que Guillaume de Tocco, qui a le premier raconté cette scène, possède un certain penchant pour les légendes: il amplifie et colore volontiers les faits les plus simples. Quant à la seconde partie, il ne fait aucun doute que les frères de Thomas, «lorsqu'ils combattaient dans les armées de Frédéric II, menaient une vie peu ordonnée comme la plupart de ses soldats». Plus tard, «ils abandonnèrent le parti de l'empereur, reprirent le droit chemin et souffrirent persécution pour leur foi et pour leur fidélité au Souverain Pontife». Il n'est donc pas étonnant qu'un écrivain ecclésiastique les ait appelés «vertueux» ([35]).

Le jeune novice, après sa victoire, se trouva épuisé par la violence de la lutte et s'assoupit. Pendant son sommeil il fut consolé par une merveilleuse vision: deux anges descendirent du ciel et lui ceignirent les reins en disant: «de la part de Dieu nous venons te ceindre du cordon de la chasteté, cordon qu'aucune tentation ne pourra plus dénouer». C'est ainsi que Thomas acquit un premier titre, bien mérité, à ce surnom d'*Angélique* ([36]) qu'on lui donna plus tard quand parut sa merveilleuse œuvre scientifique, d'une lucidité digne d'un esprit céleste. Les historiens s'accordent avec le P. Mandonnet quand il écrit: «La narration de Tocco et de Gui n'implique pas que le *cingulum castitatis* soit une réalité matérielle en dehors de sa signification morale. L'expression toutefois est tellement soulignée que l'on comprend aisément que l'on donne un cordon de lin aux membres de la milice angélique, instituée sous le patronage de S. Thomas d'Aquin» ([37]). La chambre de Thomas a été transformée en chapelle depuis longtemps ([38]).

([34]) Tocco, chap. 37, 44; Ptolémée, *Hist. eccl.*, XXII, 20.

([35]) Prümmer, in *Fontes*, p. 23.

([36]) Tocco, chap. 10; C. Pera, *Il sacro cingolo di S. Tommaso d'Aquino*, *XTh*, III, pp. 459-515, surtout pp. 484 sq.

([37]) Mandonnet, *Thomas d'Aquin novice...*, pp. 99 sq.

([38]) M. Mancini a déterminé, dans une monographie, la situation de la chambre de S. Thomas dans le château de Montesangiovanni et en a donné une description détaillée: cf. *S. Tommaso d'Aquino nel castello paterno*

Après sa détention à Montesangiovanni, Thomas fut peut-être transféré à Roccasecca, à une date qu'on ne peut préciser ([39]).

La surveillance exercée sur le jeune religieux ne fut jamais aussi étroite que dans une prison. Ses sœurs pouvaient s'entretenir familièrement avec lui et il leur donnait de sages conseils ([40]). Il recevait aussi la visite de Jean de San Giuliano qui, à Naples, l'avait orienté vers la vie dominicaine, et qui, à présent, l'y affermissait ([41]). En outre, il lui était possible de se livrer à la prière et à l'étude. Tocco écrit: «Il parcourut la Bible et étudia le texte des *Sentences*; il écrivit même un traité sur les *Sophismes* d'Aristote» ([42]). La date assignée par Tocco à cet ouvrage paraît invraisemblable. Le *De fallaciis* et le *De modalibus propositionibus* appartiennent à une autre période de la vie de l'Aquinate ([43]).

(Pistoie, 1934). Son neveu, le Dr L. Mancini, a restauré, en 1950, cette chapelle ainsi qu'une grande partie du château.

([39]) Le séjour de Thomas au château de Montesangiovanni fut bref, s'il faut en croire SCANDONE (*La vita...*, p. 107), Toso (*Tommaso d'Aquino*, pp. 145-153), et plus encore MANDONNET (*Thomas d'Aquin novice...*, pp. 89, 96), pour qui ce ne fut qu'une étape d'une nuit, au cours du voyage à Roccasecca. Ce disant, le P. Mandonnet semble oublier que la tentative de séduction n'eut lieu qu'après le retour des frères aînés de Thomas, et qu'ils n'avaient pas accompagné leur cadet d'Acquapendente à Montesangiovanni. Cf. encore l'étude de M. Mancini citée à la note précédente, ainsi que, du même, *S. Tommaso d'Aquino e Montesangiovanni Campano* (Frosinone, 1943). Également ment WALZ, *Il detenuto di Montesangiovanni: Memorie domenicane* 73 (1956), pp. 162-172. On en arrive à se demander si Montesangiovanni ne fut pas le seul lieu de détention du jeune novice dominicain, pendant les années 1244-1245.

([40]) TOCCO, chap. 9, qui n'en nomme d'ailleurs qu'une.

([41]) TOCCO, chap. 11; le logothète Barthélemy de Capoue a affirmé (*Procès de Naples*, chap. 76) que Jean de San Giuliano fut détenu, lui aussi, avec Thomas; cf. MANDONNET, *Thomas d'Aquin novice...*, pp. 42, 137.

([42]) TOCCO, chap. 9; cf. MANDONNET, *Thomas d'Aquin novice...*, pp. 124 sq., 171.

([43]) Cf. GRABMANN, *Die Werke des hl. Thomas von Aquin*, (3ᵉ édit., 1949), pp. 348-353 et 463. (Nos références à cet ouvrage renverront toujours à la 3ᵉ édition). Le P. PERRIER, in *Opuscula omnia necnon opera minora*, I (Paris, 1949), p. 428, range ces deux écrits dans la catégorie des opuscules «dubia vel spuria». Cf. également BACIC, *Introductio...*, pp. 111-112; CASTAGNOLI, *Re-*

En 1768, on découvrit à Modène, dans un manuscrit datant de 1347, un sonnet attribué au jeune Thomas. Ce seraient les seuls vers écrits par lui dans sa langue maternelle qui nous seraient parvenus. Mais leur authenticité est très problématique ([44]).

Au milieu de ces occupations, sa vocation de Prêcheur s'affermit, se nourrit et se développa. Il donna des signes si évidents de persévérance dans sa vocation, au cours de ces deux années de détention (1244-1245), qu'il finit par paraître vain et cruel de ne pas lui rendre la liberté. On le remit donc aux Frères Prêcheurs, «qui le reçurent avec joie et le conduisirent à Naples» ([45]). Les *Vitae Fratrum* rapportent le fait avec sobriété: «dimiserunt eum»; de même Cantimpré: «Fratres fratrem solverunt». Mais Ptolémée de Lucques raconte que Thomas s'enfuit pendant la nuit, au moyen d'une corde fournie par les dominicains, un peu comme S. Paul à Damas ([46]). Tocco écrit, dans sa *Vita,* que Thomas reçut de sa mère la permission de s'évader en cachette, en descendant d'une fenêtre avec une corde; mais dans sa déposition au procès de canonisation, il dit que ses

gesta (1927), pp. 720 sq.; I. M. BOCHENSKI, *S. Thomae Aquinatis De Modalibus opusculum et doctrina,* in *Angelicum* 17 (1940), pp. 180-218.

([44]) GRABMANN, *Die Werke...,* p. 413; SCANDONE, *La vita...,* p. 2. MANDONNET, dans *Thomas d'Aquin novice...,* pp. 100-109, écrit: «le sonnet me paraît véritablement authentique»; puis il en propose la traduction française suivante:

> Autant a de vertu chacun, qu'il a d'intelligence:
> Et de valeur que sa vertu va loin;
> Et tant a-t-il de bien alors que sa vertu s'accroît,
> Et qu'a d'honneur une noble dilection.
>
> Et la noble dilection, tant elle se réalise,
> Adorne la belle joie qui au cœur descend;
> Elle l'adorne tant, quand elle resplendit,
> Par ressemblance avec son propre sujet.
>
> Donc, celui qui veut voir et de combien d'honneur
> Un autre est digne et de louange parfaite,
> Qu'il regarde au désir, où l'amant a son cœur.
>
> Et puisqu'à être heureux tout homme aspire,
> C'est celui surtout qui pour l'honneur
> Véritable travaille, qui la couronne attend.

([45]) TOCCO, chap. 11; MANDONNET, *Thomas d'Aquin novice...,* pp. 114 sq.

([46]) *MOPH,* I, p. 201; CANTIMPRÉ, *Bonum universale,* I, 20; PTOLÉMÉE, *Hist. Eccl.,* XXIII, 21. (*Actes des Apôtres,* IX, 25).

parents et ses frères le rendirent à l'ordre. Si l'on ne veut pas
refuser tout crédit à Ptolomée et au Tocco de la *Vita*, il faut,
avec De Groot et Toso, penser à une libération par manière de
fuite, ou, comme dit Toso, à une fuite simulée ([47]), qui sauve-
gardait l'orgueil de la famille. Pourquoi, alors, ne pas accepter
tout simplement l'explication réaliste obvie, naturelle, et donc
vraisemblable: sa famille, constatant l'inutilité de la réclusion
de Thomas, lui rendit la liberté.

Les circonstances politiques facilitèrent la décision familiale.
En effet, Innocent IV, après avoir séjourné quelque temps en
Italie, était allé en France et y avait convoqué le concile de
Lyon. Le 17 juillet 1245, il avait proclamé Frédéric II déchu
du pouvoir impérial ([48]). A partir de ce moment la fortune du
Souabe avait commencé à décliner et beaucoup de ceux qui
jusque là avaient suivi son parti décidèrent de l'abandonner.
Parmi eux, il faut compter quelques d'Aquin ([49]). Plusieurs d'en-
tre eux prirent part à la conjuration de Capaccio ourdie sans
succès, en 1246, contre la vie de Frédéric. Le comte Thomas de
San Severino et son fils aîné Guillaume, qui avait épousé Marie,
sœur de S. Thomas, furent pris et exécutés. Un frère cadet de
Guillaume, Roger de San Severino, réussit à s'enfuir dans les
États Pontificaux ([50]). Raynaud d'Aquin, le propre frère de S.
Thomas, fut également mis à mort par ordre de Frédéric, au
plus tard en 1250: Thomas aurait dit alors que cette exécution
était «contre toute justice» ([51]).

Ayant donc recouvré sa liberté au cours de l'année 1245 ([52]),
Thomas put se livrer pleinement à la vie religieuse et y faire
des progrès étonnants. Il ne resta pas longtemps à Naples, où
ses confrères l'avaient conduit à sa sortie de Roccasecca. De
l'avis de ses supérieurs, il n'était pas prudent de laisser sur sa

---

([47]) DE GROOT, *Het leven...*, p. 43; TOSO, *Tommaso d'Aquino*, pp. 152 sq.

([48]) HEFELE-LECLERC, *Histoire des Conciles*, V, pp. 1642, 1678 sq.; FLICHE-
THOUZELLIER-AZAIS, *La chrétienté romaine*, pp. 238-247.

([49]) SCANDONE, *La vita...*, p. 64; KANTOROWICZ, *Kaiser Friedrich II*, pp. 575 sq.;
vol. complém., pp. 235 sq., 298-302.

([50]) SCANDONE, *La vita...*, pp. 64, 57; TOSO, *Tommaso d'Aquino*, p. 60 (1).

([51]) *Procès de Naples*, chap. 78; TOCCO, chap. 44; SCANDONE, *La vita...*, p. 80.

([52]) MANDONNET, *Thomas d'Aquin novice...*, pp. 114, 171; CASTAGNOLI, *Regesta*, (1927), p. 722.

terre natale un jeune homme de si haute naissance, bien que
ses parents eussent cessé de le tourmenter. Ils le firent partir
pour Rome ([53]).

La question de l'interruption du noviciat se résout facilement. Dans le couvent où il allait séjourner, il pourrait satis-
faire à ce temps de probation. La fermeté et la constance dont
il avait témoigné donnaient les plus sûres garanties de succès.
Si d'ailleurs il l'avait fallu, on n'aurait pas manqué de demander pour frère Thomas une autorisation spéciale, même au
Pape; d'autant que le maître général avait coutume de traiter
personnellement beaucoup d'affaires à la Curie romaine.

([53]) Tocco, chap. 12.

CHAPITRE V

ÉLÈVE DE SAINT ALBERT A COLOGNE

La chronologie des années d'études de S. Thomas pose des problèmes non moins délicats que celle des années précédentes. A ces difficultés s'ajoutent des questions encore plus complexes: celles qui concernent les différents lieux où le jeune religieux a séjourné pour y recevoir sa formation théologique dans les écoles de l'ordre des Prêcheurs (¹).

Pour procéder avec le plus possible de prudence et de sûreté, il est utile de retenir la remarque suivante du P. Denifle (²): les anciens biographes du Saint, impressionnés par la précocité et l'étendue de son savoir, n'ont pas songé à parler de ses premières études dans l'ordre, pas plus que du noviciat qu'il devait faire et qu'il a certainement fait.

Les auteurs anciens disent donc que Thomas fut envoyé dans un *studium generale,* sans mentionner les écoles conventuelles ou provinciales où il fallait avoir bien réussi pour aborder les études supérieures. Sans doute rapportent-ils qu'avant sa vêture il étudia à la faculté des arts de l'université de Naples. Mais, dans l'ordre même, il suivit également des cours, soit au couvent de Naples, soit dans ceux où il résida avant d'aller à Cologne.

Les écoles conventuelles pouvaient être très importantes, bien qu'elles n'aient pas toujours été appréciées à leur juste valeur, en raison de la splendeur des *studia generalia,* celui de Paris en particulier. Chaque couvent dominicain devait posséder son

(¹) DENIFLE, *Zum Kölner Studienaufenthalt des Aquinaten,* pp. 46 sq.; *RHE,* 22 (1926), p. 906.

(²) *Ibid.,* p. 54.

école de théologie. Outre le prieur de la communauté, un *doc-teur* ([3]) était indispensable pour donner aux Frères un enseignement ininterrompu des sciences ecclésiastiques. On enseignait, dans une école conventuelle, les questions de dogme, de morale, d'exégèse et d'homilétique. On sélectionnait les meilleurs sujets et on les envoyait dans des centres scolaires plus renommés, pour y recevoir une formation technique plus poussée. Cette manière de faire était en vigueur dès les débuts de l'ordre. Elle est énoncée par le maître général Humbert de Romans dans son ouvrage *De officiis Ordinis,* au chapitre XII, qui est consacré au rôle du maître des étudiants ([4]).

L'Italie possédait naturellement des écoles théologiques réputées, par exemple l'école de théologie de Bologne, ou encore le *studium* théologique du couvent dominicain de la même ville ([5]). Mais les écoles théologiques les plus célèbres se trouvaient, depuis le 12ᵉ siècle, au delà des Alpes. Les écoles cathédrales de Chartres, Laon et surtout Paris ([6]) se distinguaient par l'intensité de la vie scientifique, le progrès des méthodes, le nombre et la compétence des maîtres qui attiraient les élèves de toutes les parties de l'Europe. Albert le Grand donne à Paris le titre de *civitas philosophorum* en raison de son *studium,* et Armand de Bellevue l'appelle «la capitale de la science

([3]) SCHEEBEN, *Die Konstitutionen...,* p. 75: «Conventus... sine priore et doctore non mittatur».

([4]) HUMBERT DE ROMANS, *Opera de vita regulari,* II, pp. 262 sq.: «Cum autem fuerint aliqui in conventu, de quorum profectu in studio multum speretur, et sunt bene morigerati, (magister studentium) debet laborare ut detur eis occasio et adjutorium ad proficiendum in studio, juvando eos ad hoc in quibus potest per se, et innotescendo hoc majoribus; et intercedendo pro eis ut provideatur eis in libris, ut mittantur ad studia meliora... et similia, quae possunt ad promotionem valere praedictam». Le mot latin *profectus* dans le texte ci-dessus, ne désigne ni un changement de lieu (ALTANER, *Die Briefe Jordans,* p. 51; MOPH, III, pp. 4, 47, 65, 99; XXIII, p. 57), ni un changement moral (PELSTER, *Theol. Revue,* 25 (1926), p. 436), mais seulement un progrès intellectuel conduisant à des études supérieures, de préférence universitaires, c'est-à-dire en vue d'obtenir le lectorat ou les grades académiques. C'est donc à tort, semble-t-il, que le P. Mandonnet voit dans le noviciat un *profectus*: *Thomas d'Aquin novice...,* pp. 141 sq.

([5]) WALZ, *Studi domenicani,* pp. 51-58.

([6]) GRABMANN, *Storia della Teologia,* p. 45.

théologique». Les principales écoles anglaises se trouvaient à Oxford ([7]); en Allemagne, l'école cathédrale de Cologne, sur le Rhin, brillait d'un éclat particulier ([8]).

Tocco rapporte laconiquement ([9]): «Jean le Teutonique, maître de l'Ordre, reçut Thomas comme un fils très cher. Il le conduisit à Paris, puis à Cologne, où florissait un *studium* général sous la direction de frère Albert, maître en théologie, et savant réputé en tous les domaines du savoir». Ces quelques lignes trop brèves posent aux biographes de S. Thomas bien des questions. Les réponses qu'ils y donnent ne sont pas toujours concordantes. Nous ne retiendrons ici que les trois problèmes suivants: Le maître général a-t-il accompagné Thomas ? En quittant l'Italie, Thomas est-il allé à Paris ? Où Thomas a-t-il fait ses études ?

Au sujet du premier point, la critique moderne compare les différents témoignages des sources anciennes et des premiers biographes. Les *Vitae Fratrum* et Ptolémée de Lucques signalent la présence de Jean le Teutonique au cours du premier voyage, celui de 1244, qui se termina pour Thomas à Acquapendente ([10]). Tocco, Gui et Calo ignorent la participation du maître général au premier voyage, mais la mentionnent pour le second, celui qui mena effectivement le jeune étudiant dans les pays du nord ([11]). Ces divers témoignages ne sont pas inconciliables. Il se peut que Thomas ait fait son second voyage, au moins pendant un certain temps, en compagnie du maître de l'ordre, par exemple depuis la côte méditerranéenne jusqu'à la Seine.

Le deuxième point est plus compliqué. Tocco raconte que Tho-

([7]) K. BIHLMEYER, *Kirchengeschichte* (10ᵉ et 11ᵉ édit., Paderborn, 1940), paragr. 121; D'IRSAY, *Histoire des Universités,* I, pp. 55-56 (pour la France), pp. 121 sq. (pour Oxford); RASHDALL, *The Universities...,* passim; GRABMANN, *Storia della Teologia,* pp. 50-67; PARÉ-BRUNET-TREMBLAY, *La Renaissance...,* passim.

([8]) LThK, VI, 91. Sur l'histoire de la scolastique, de ses problèmes, des centres d'enseignement, on consultera avant tous les travaux de Denifle, Rashdall, Ehrle, Mandonnet, Gilson, Grabmann, Geyer, Pelster, Masnovo, d'Irsay, De Wulf, Van Steenberghen, de Ghellinck et Chenu. Voir également l'article suggestif de F. VAN STEENBERGHEN, *L'interprétation de la pensée médiévale au cours du siècle écoulé,* in RPL, février 1951, pp. 108-119.

([9]) TOCCO, chap. 12; MORTIER, *Histoire des Maîtres Généraux...,* I, pp. 317, 406-408, 368; TAURISANO, *I discepoli,* p. 121 (3).

([10]) MOPH, I, p. 201; PELSTER, *Kritische Studien...,* p. 63.

([11]) TOCCO, chap. 12; GUI, chap. 9; CALO, chap. 4.

mas, parti de Rome, se rendit à Paris et de là à Cologne, où il
fit ses études sous la direction d'Albert le Grand. Cantimpré,
contemporain de Thomas, dit seulement qu'il se rendit d'Italie
à Cologne d'Agrippa ([12]). L'important témoignage de Ptolémée
de Lucques rapporte que, de Rome, il alla à Cologne auprès
d'Albert, «où il resta pendant longtemps» ([13]). La nièce de S.
Thomas, Catherine de San Severino, raconta à Guillaume de
Tocco en février 1318 — il en a fait déposition le 4 août 1319 —
ce que lui avait dit la propre mère de Thomas: après son entrée
dans l'ordre des Prêcheurs il avait passé quelque temps dans
sa famille, puis avait été envoyé d'Italie à Cologne, pour y faire ses études ([14]). Bernard Gui rapporte que l'Aquinate fut conduit à Paris par le maître général, puis envoyé à Cologne ([15]).
De même Pierre Calo écrit que Jean le Teutonique emmena
avec lui frère Thomas, qui fut ensuite envoyé à Cologne ([16]).
Jean Flaminio ([17]) et Antoine de Sienne ([18]) répéteront plus tard
la même chose. En outre, selon Jean Colonna ([19]) et Henri de
Herford ([20]), Thomas fut l'élève d'Albert à Cologne quand Albert eut quitté sa chaire de Paris. Tout compte fait, le voyage
à Paris, sans être certain, peut être considéré comme probable.

Reste la troisième question. Tous les témoignages rapportés
précédemment donnent à penser que Cologne est le seul lieu
où Thomas ait fait des études théologiques supérieures dans
l'ordre dominicain. Aucun des auteurs cités, ni la fameuse lettre des professeurs de philosophie de l'université de Paris, écrite après la mort de l'Aquinate, ni la bulle de canonisation, ne
disent qu'il a été «étudiant à Paris», et moins encore «élève
d'Albert à Paris». Il ne faut pas sous-estimer ce fait. Bien plus,
si l'on pense aux sentiments pro-angevins des promoteurs de

([12]) *Bonum universale*, I, 20; PELSTER, *Kritische Studien...*, p. 66.
([13]) *Hist. eccl.*, XXIII, 20-21.
([14]) *Procès de Naples*, chap. 62; *XTh*, III, pp. 124 sq.
([15]) GUI, chap. 9.
([16]) CALO, chap. 8.
([17]) *Vitae Patrum inclyti Ord. Praed.* (Bologne, 1529), f. CXXVII.
([18]) *Vitae sanctorum Patrum Ord. Praed.* (Louvain, 1575), f. 134.
([19]) In DE RUBEIS, *Dissertationes*, II, chap. 1.
([20]) *Liber de memorabilibus sive chronicon* (POTTHAST) (Göttingen, 1859),
p. 201.

la cause de canonisation de S. Thomas, le contenu négatif des témoignages possède une signification très claire. Seul Cantimpré fait allusion à un transfert d'Albert, de Cologne à Paris; et, de ce transfert, on pourrait conjecturer que son élève Thomas passa, lui aussi, du *studium* rhénan au *studium* parisien. Cependant Cantimpré ne l'affirme pas directement; en outre, on ne peut lui accorder toute confiance, car, en général, ses témoignages au sujet de Thomas sont très vagues; et, dans le cas particulier des études que Thomas a certainement faites à Cologne avec Albert pendant un temps très long, il ne s'exprime pas avec la précision désirable ([21]).

Aux siècles suivants, les biographes du Saint affirmèrent tous que Thomas se rendit d'Italie à Cologne, sans faire explicitement mention d'études ou de séjour à Paris. Ainsi, en 1488, Rodolphe de Nimègue ([22]), en 1497 Pizamano ([23]), en 1555 Claude de Rota dans la vie de S. Thomas imprimée à Lyon ([24]), le compilateur de la vie de S. Thomas dans l'édition *Piana* ([25]), publiée en 1570, Ferdinand Castillo en 1584 ([26]), Séraphin Razzi en 1588 ([27]). En 1690, l'éditeur de la chronique des maîtres généraux ([28]) s'éleva avec vigueur contre ceux qui admettaient encore au 17e siècle que Thomas ait étudié à Paris.

Mais plus tard Echard ([29]), et à sa suite presque tous les historiens jusqu'en 1885, date où le P. Denifle publia son histoire des universités, admirent que Thomas avait d'abord été étudiant à Cologne vers 1245, puis de 1245 à 1248 à Paris, puis de nouveau à Cologne.

Le P. Denifle a ruiné le deuxième point de l'hypothèse

([21]) PELSTER, *Kritische Studien...*, pp. 79 sq.; DENIFLE, *Zum Kölner Studienaufenthalt*, p. 52.

([22]) *Legenda b. Alberti Magni* (Cologne, 1928), chap. 4, p. 6.

([23]) *Opuscula s. Thomae* (Venise, 1497), fol. a, a. 3.

([24]) Fol. 171 v.

([25]) *Vita ex pluribus auctoribus recenter collecta*, I, (Rome, 1570).

([26]) *Historia general de Santo Domingo*, I (Madrid, 1584), 388 a., 389 a.

([27]) *Vite de' Santi, Beati e Venerabili del S. Ord. dei Predicatori* (Florence, 1588), 124.

([28]) In *Regula S. Augustini et Constitutiones FF. Ord. Praed.* (Rome, 1690).

([29]) *Scriptores Ord. Praed.*, I, pp. 275 sq.

d'Echard ([30]). Son opinion est suivie par De Groot, Pelster, Toso ([31]). Pelster a démontré, pour sa part, qu'il est impossible de
fournir la preuve historique que Thomas ait été étudiant à Paris. Quant à la durée du séjour à Cologne, le P. Denifle le réduit à quatre années environ, temps suffisant pour que Thomas ait pu obtenir le doctorat ([32]). Au contraire, De Groot, Pelster et Toso croient à un séjour plus long; Pelster, par exemple,
pense qu'Albert a été le professeur de Thomas à Cologne en
1245, puis de 1248 à 1252 ([33]).

Les sources historiques ne fournissent donc pas la preuve
que Thomas ait été étudiant à Paris. Malgré tout, certains historiens prétendent qu'il n'y avait pas de raison de faire accomplir au jeune novice le voyage de Paris, si ce n'était en vue de
ses études. C'est le cas de Mandonnet ([34]), Grabmann ([35]), Castagnoli ([36]), Glorieux ([37]). Mais y a-t-il là plus qu'une hypothèse ([38]) ?

<hr>

([30]) PUCCETTI, S. Alberto Magno, I, p. 131 (1).

([31]) DE GROOT, Het leven..., pp. 45-47; PRÜMMER, XTh, III, p. 6; TOSO, pp.
152 sq.

([32]) DENIFLE, Zum Kölner Studienaufenthalt..., pp. 49, 52; DENIFLE, Die
Entstehung..., 388 sq.: Thomas serait venu à Cologne vers 1248.

([33]) LThK, I, 214; PELSTER, Kritische Studien..., pp. 79-81. Dans l'église dominicaine de Cologne, on a élevé en 1401 un autel en l'honneur de S.
Thomas, qui avait prié en ce lieu (cf. LÖHR, Beiträge zur Geschichte des
Kölner Dominikanerklosters im Mittelalter, I, QF, 15, Leipzig, 1920, pp. 4 sq.).
F. STEILL, dans Ephemerides dominicanosacrae (Dilingen, 1692), I, p. 401,
fait remarquer que de nombreux souvenirs du séjour du Saint à Cologne ont
été détruits par l'incendie de 1659, comme par exemple la planche où il
s'agenouillait.

([34]) Thomas d'Aquin novice..., p. 169.

([35]) S. Tommaso d'Aquino, pp. 4 sq.

([36]) Regesta..., (1927), p. 722; (1928), pp. 110-112.

([37]) Répertoire..., I, p. 85.

([38]) Au cas où Thomas aurait été, à Paris, l'élève d'Albert à l'école des
«étrangers», il aurait eu la possibilité d'approcher divers savants de cette
époque: ainsi, le P. Guillaume d'Etampes, professeur à l'école dominicaine
pour la province de France, les franscicains Jean de la Rochelle et Odon
Rigaud, l'évêque de Paris Guillaume d'Auvergne (1228-1249), les maîtres
séculiers Aimeric de Vaires, Pierre de Lamballe de Château-Thierry, Pierre
l'Archevêque, Etienne de Poligny, Rodolphe de Mondidier, Jean Pagus, Pierre
Petit et d'autres personnalités, comme le cardinal Odon de Châteauroux. Ce

On aimerait naturellement connaître la date exacte du voyage à Cologne. Mais il n'est pas possible de se prononcer avec certitude, même en considérant comme indiscutable le choix de 1245 pour la mise en liberté de Thomas. En effet, s'il est probable que le jeune religieux a fait en Italie son noviciat et un certain temps d'école conventuelle, il n'est pas inconcevable qu'il en ait été dispensé, au moins partiellement, puisqu'il avait déjà fréquenté l'université.

Puisque Jean le Teutonique a pu profiter d'un chapitre général pour emmener avec lui le jeune Thomas, voici la liste des chapitres généraux auxquels il prit part à cette époque: en 1245 à Cologne, en 1246 à Paris, en 1247 à Montpellier, en 1248 à Paris et en 1249 à Trèves.

Choisir l'année 1248 pour le voyage à Paris puis en Allemagne n'entraîne aucune difficulté puisqu'à cette date, selon tous les historiens, Albert se trouvait à Cologne ([39]) et que le *studium* général y était définitivement établi. Les obstacles que présente le choix de 1246 ne sont pas insurmontables. Si Cologne n'eut pas de *studium* général avant 1248, le projet de le fonder exista dès 1246, et le général de l'ordre put fort bien vouloir donner, dès cette date, un élève très doué au futur *studium* général. L'absence d'Albert pendant les années 1245-1248 ne va pas contre le choix de 1246. Si Thomas a étudié à Cologne pendant 6 ans (1246-1252), le fait d'en avoir passé les deux tiers (1248-1252) sous la direction d'Albert permet aux documents anciens de ne retenir qu'un seul professeur.

Il est probable que le jeune religieux accomplit une partie du trajet par mer. Tocco écrit ([40]): «Alors que Thomas se rendait à Paris, une tempête horrible éclata, qui remplit de terreur les marins eux-mêmes. Lui seul demeura imperturbable». Sans

---

dernier intervint, ainsi que l'évêque de Paris, dans l'affaire des professeurs Raymond et Jean de Brescain, puis, l'année suivante, dans la condamnation du Talmud. Ce même cardinal préparait, par ses prédications, la croisade que saint Louis entreprit en 1248.

([39]) Scheeben, *Albert der Grosse*, pp. 24-35; Denifle, *Die Entstehung...*, p. 388 (705).

([40]) Tocco, chap. 38; Mandonnet, *Thomas d'Aquin novice...*, p. 170; Castagnoli, *Regesta* (1927), pp. 723 sq.

doute ce trait peut se rapporter au second voyage de Thomas.
Mais les voyages par mer n'étaient pas insolites. Ainsi, en 1229,
Jourdain de Saxe, qui voulait aller à Paris, se rendit de Lombardie à Gênes, où il prit un navire jusqu'à Montpellier, puis
reprit la route jusque sur les bords de la Seine ([41]).

Voici donc Thomas parvenant enfin à Cologne. C'était alors
la plus grande ville d'Allemagne. On y admirait de splendides
églises romanes, où le jeune étudiant a vraisemblablement prié
quelquefois: les Saints Apôtres (1219), Saint-Georges (1067),
Saint-Géréon (1227), Sainte-Marie-au-Capitole (11e - 12e siècle), Saint-Martin-le-Grand (10e siècle). Mais le climat ne convenait guère à un napolitain: au milieu des brumes de l'automn-
ne ou des froids de l'hiver, comment n'aurait-il pas soupiré
après sa patrie ensoleillée ([42]) ?

Le *studium* des Prêcheurs était installé dans le célèbre couvent de Sainte-Croix ([43]). Un document conservé aux archives
publiques de Cologne atteste qu'en 1248 une maison voisine de
ce couvent fut acquise dans la rue dite *Stolkgasse* ([44]): le nombre
croissant des étudiants admis dans ce *studium* général entraînait l'obligation d'accroître l'espace habitable du couvent. Les
étudiants, clercs ou prêtres, qui, comme Thomas, poursuivaient
leur formation à Cologne, provenaient de toutes les régions de
la province dominicaine de Germanie, qui s'étendait des Alpes
à la Mer du Nord et à la Baltique, de l'Autriche aux Flandres.
Il s'y ajoutait probablement, dès cette époque, d'autres étudiants
de la province de Scandinavie, de Hongrie et d'Angleterre, tandis que Thomas y représentait la province romaine ([45]). A
Montpellier, à Paris, à Oxford, à Bologne, le *studium* général
des Prêcheurs se juxtaposait à une université déjà établie. Cologne, au contraire, devait toute sa gloire à l'autorité scienti-

---

([41]) ALTANER, *Die Briefe...*, p. 118; SCHEEBEN, *Beiträge...*, p. 60; WALZ, *Wege des Aquinaten*, pp. 222-223.

([42]) Thomas n'a-t-il pas appris au moins un peu l'allemand pendant son long séjour à Cologne ?

([43]) SCHEEBEN, *Albert der Grosse*, pp. 24-35; LÖHR, *Beiträge...*, I, pp. 9, 57-60.

([44]) LÖHR, *Beiträge...*, II, p. 13.

([45]) WALZ, *Albert der Grosse als lector Coloniensis*, in *Angelicum* 9 (1932), pp. 147-167.

fique d'Albert, le «Docteur universel» ([46]), qui jouissait d'un rayonnement personnel et doctrinal tout à fait exceptionnel.

Ses contemporains, comme le Pape Alexandre IV ([47]), les savants Roger Bacon ([48]) et Ulrich de Strasbourg ([49]), l'historien Ptolémée de Lucques et les biographes de S. Thomas, l'ont comblé d'éloges extraordinaires. A leurs yeux, S. Augustin était le premier docteur des temps anciens et Albert le premier des temps modernes ([50]). Le mot de Ptolémée de Lucques en témoigne: «Albert fut un homme d'une vie très sainte, qui jouit d'une primauté indiscutée sur tous les docteurs, pour sa science universelle et ses talents de professeur ([51]).

Ces derniers temps, la hiérarchie catholique a repris l'éloge d'Albert: Léon XIII dans l'encyclique *Aeterni Patris* ([52]); Pie XI en canonisant le grand scolastique ([53]), et en lui conférant le titre de docteur de l'Église; Pie XII en le donnant comme patron à ceux qui s'adonnent aux sciences de la nature ([54]). On retiendra ces paroles du panégyrique que le cardinal Pacelli prononça, le 10 avril 1932, dans la basilique de la Minerve à Rome: «L'arbre géant de la *Somme théologique,* que l'Aquinate a planté dans le jardin de l'Église, touche au ciel; mais il s'enracine profondément dans le terrain fécond de l'école d'Albert le Grand» ([55]).

([46]) GRABMANN, *Der Einfluss...*, 345-360; RASHDALL, *The Universities...*, II, pp. 254 sq.

([47]) *BOP*, I, p. 387.

([48]) *Opus minus,* édit. BREWER (Londres, 1859), pp. 14, 30 sq., 327.

([49]) *Summa de bono,* livre 4, tr. 3, chap. 9.

([50]) SCHEEBEN, *De Alberti Magni discipulis,* pp. 200 sq.

([51]) *Hist. Eccl.,* XXIII, 18.

([52]) L'encyclique nomme Thomas, Albert le Grand et Bonaventure.

([53]) En 1931; sa fête se célèbre le 15 novembre.

([54]) En 1941; cf. *Serta Albertina,* in *Angelicum,* 21 (1944), passim.

([55]) Cf. *Nella luce di S. Alberto Magno,* in *Angelicum,* 9 (1932), 143; on trouve le texte français de ce discours dans une brochure éditée chez Flammarion et intitulée: S.S. PIE XII, *Triptyque: Lourdes, suivi de S. Dominique et S. Albert-le-Grand.* Sur l'œuvre scientifique d'Albert le Grand, on consultera avec fruit H. BALSS, *Albertus Magnus als Biologe,* Stuttgart, 1947. Une édition critique de l'œuvre entier du saint docteur est sur le chantier en Allemagne: on trouvera des renseignements sur cette entreprise par ex. dans *RPL,* novembre 1957, pp. 548-549.

Le *studium* général de Cologne allait réunir un maître et un élève qui porteraient aux plus hauts sommets les conquêtes de l'esprit humain, grâce à la méthode scolastique ([56]). L'Alighieri égalait déjà leur grandeur quand il faisait dire à Thomas, au sein du paradis: «Celui qui est le plus rapproché de ma droite fut mon frère et mon maître; c'est Albert de Cologne, et je suis Thomas d'Aquin» ([57]). De même Fra Angelico, qui a peint «L'école d'Albert le Grand», tableau où Thomas est représenté assis aux pieds du maître ([58]).

Nous ne quittons pas tout à fait le domaine des œuvres de l'imagination quand nous ouvrons Tocco ([59]): «A peine Thomas eut-il entendu maître Albert enseigner avec sa science d'une profondeur étonnante, qu'il se réjouit d'avoir trouvé si vite ce qu'il cherchait: quelqu'un qui pourrait étancher sa soif ardente. Ce qui montre l'intensité de son effort, c'est qu'il commença à devenir extraordinairement taciturne, appliqué à l'étude et à la prière, recueillant dans sa mémoire ce qu'il aurait plus tard à transmettre par son enseignement. Le voile de sa simplicité et de sa taciturnité cachait tout ce que son maître lui apprenait et que la miséricorde divine lui inspirait. Ses confrères se mirent alors à l'appeler *bœuf muet*; ils ne pouvaient deviner qu'il deviendrait un maître en doctrine».

Ptolémée de Lucques se contente de dire que, dès cette époque, il dépassait tous ses condisciples ([60]). Tocco et Calo ([61]) rapportent trois indices des progrès intellectuels réalisés par Thomas à Cologne.

Le premier est celui qu'il fournit un jour où maître Albert expliquait le livre du Pseudo-Denys *De divinis nominibus* ([62]). Un étudiant, qui ignorait la puissance intellectuelle de Thomas, s'offrit charitablement à lui servir de répétiteur. Dans son hu-

---

([56]) Cf. UEBERWEG-GEYER, GRABMANN, MANDONNET, GORCE.

([57]) DANTE, *Paradis,* X, 97-99.

([58]) WALZ-SCHEEBEN, *Iconographia albertina* (Fribourg en Brisgau, 1932), p. 39, n° 7.

([59]) TOCCO, chap. 9.

([60]) *Hist. Eccl.,* XXIII, 21.

([61]) TOCCO, chap. 9; CALO, chap. 8.

([62]) MEERSSEMAN, *Introductio...,* pp. 103-104; GRABMANN, *Die Werke...,* pp. 436 sq.; CHENU, *Introduction...,* pp. 192-193.

milité, l'Aquinate accepta avec gratitude. La répétition à peine commencée, le répétiteur s'embrouilla. Frère Thomas, comme si Dieu lui avait soudain délié la langue, répéta la leçon point par point, y ajoutant même beaucoup de précisions que le professeur n'avait pas données. Alors l'étudiant, plein de confusion, demanda à son élève de prendre désormais le rôle de répétiteur. Thomas y consentit volontiers, à la condition que son confrère n'en parlerait à personne. Mais, comme il fallait s'y attendre, Albert fut rapidement mis au courant.

Une autre fois, Thomas avait jeté sur le papier, pour son usage personnel, quelques notes concernant une question que le professeur était en train de traiter. Par distraction, il laissa tomber ce texte devant sa porte. Un confrère le trouva et le porta à Albert, qui découvrit, dans ces lignes, la force et l'acuité de l'esprit de son élève. Pour s'éclairer davantage, il décida de le mettre à l'épreuve d'une manière spéciale.

Il invita donc Thomas à préparer le premier acte scolaire, qui consistait, pour l'étudiant, à défendre une thèse contre le maître lui-même. Thomas le fit avec tant de bonheur qu'Albert, rempli d'admiration, s'écria d'une manière prophétique: «nous l'appelons *bœuf muet,* mais un jour il poussera de tels mugissements, par son enseignement, que le monde entier en retentira». Depuis ce moment, Albert confia toujours à Thomas la discussion des questions les plus difficiles. Scheeben voudrait voir dans cette dispute solennelle en présence d'un auditoire choisi, un exercice scolaire d'une importance particulière, peut-être celui qui marquait la fin de la période d'études et le commencement de la charge de *lecteur* ou de *bachelier* [63].

Le séjour de Thomas à Cologne lui permit, non seulement d'enrichir son esprit, mais encore de commencer à produire quelques fruits. Guillaume de Tocco rapporte en effet: «Plus tard maître Albert se mit à expliquer le livre de l'*Ethique,* y ajoutant quelques questions nouvelles. Frère Thomas recueillit avec soin les leçons du maître. Il en fit un écrit d'un style élégant et d'une grande profondeur. Il ne pouvait en être autre-

[63] SCHEEBEN, *Albert der Grosse und Thomas von Aquino in Köln*, DTF 9 (1931), pp. 28-34, surtout 32 sq.

ment quand on puisait à la source d'un docteur qui dépassait en science tous les hommes de son temps» ([64]). L'autographe de cet écrit nous est parvenu; on le conserve à la Bibliothèque nationale de Naples. Tocco a raison d'en parler comme d'un ouvrage assez personnel. Si la ressemblance et l'accord des doctrines morales du maître et de son élève ont été constatés plusieurs fois et de plusieurs manières, depuis Jean de Fribourg († 1314) jusqu'à nos jours ([65]), ces dernières années, A. Pelzer et le P. Meersseman ont étudié plus à fond les commentaires d'Albert sur l'*Ethique à Nicomaque* et les notes recueillies à ce sujet par frère Thomas ([66]). On y a remarqué que, contrairement à son habitude, Albert y enseigne que l'âme n'est pas un composé, mais une forme simple. Cette affirmation, qui se trouve en désaccord avec le reste de l'œuvre d'Albert, est au contraire tout à fait cohérente avec celle de Thomas. On en conclut que cette opinion est plutôt celle de l'élève que celle du maître» ([67]). Dans le *De ente et essentia,* Thomas reprendra la même argumentation, en lui donnant un souffle plus large. Peut-être le *De ente et essentia,* publié entre 1250 et 1256, n'est-il que la clarification d'une pensée originale adoptée malgré l'autorité du maître ?

L'occasion nous est ainsi donnée de faire une remarque importante. On ne cesse de présenter Albert comme *maître* de Thomas. Un certain sentiment, peut-être inconscient, explique partiellement cette tradition: on veut que le *Doctor communis* ait été façonné par le *Doctor universalis,* qui était plus âgé et très célèbre. Et malheureusement nous ne possédons aucun

---

([64]) Tocco, chap. 12; Bacic, *Introductio...,* p. 25; Mandonnet, *Des écrits authentiques...,* pp. 31, 104.

([65]) Grabmann, *Drei ungedruckte Teile der Summa de creaturis Alberts des Grossen,* QF 13 (Leipzig), 1919, p. 83.

([66]) Pelzer, *Le cours inédit d'Albert le Grand sur la Morale à Nicomaque...,* passim; Meersseman, *Introductio...,* pp. 75 sq.; Idem, *Les manuscrits du cours inédit d'Albert le Grand sur la Morale à Nicomaque,* RNSP, 38 (1935), pp. 64-83; Van Steenberghen, *Siger...,* II, p. 468; Lottin, *Psychologie et Morale aux 12e et 13e siècles,* I, pp. 126 sq.; *Scholastik,* 12 (1937), pp. 124 sq. (Pelster).

([67]) T. S. Centi, *La spiritualità dell'anima in S. Tommaso d'Aquino* (Dissert. dattilogr. Angelicum, Rome, 1943), pp. 13 sq., 191.

écrit certainement authentique du disciple datant de la période antérieure à 1248, qui nous permettrait de mesurer l'influence d'Albert. Mais si l'on pense à la précocité de Thomas et aux nombreuses oppositions doctrinales entre Albert et lui, on inclinera à juger que l'orientation intellectuelle de l'Aquinate ne s'est pas faite à Cologne, mais à Naples. Les quatre années qu'il a passées dans cette université l'ont attaché une fois pour toutes à Aristote. L'influence que le Maître de Cologne a pu exercer sur lui n'a pu que renforcer cette tendance. Cependant Thomas doit à Albert d'avoir connu, par Denys, l'univers de Platon. De cette manière, le mérite d'Albert n'est pas nié et il s'accorde avec ce que l'histoire nous révèle. Le rapport entre Albert et Thomas réédite, à bien des égards, le rapport entre Platon et Aristote: les deux *élèves* s'écartent notablement de leur maître et le dépassent ([68]).

Se fondant sur le fait de la *dispute* mentionnée plus haut, sur la grande activité scientifique et littéraire de Thomas et sur la longueur de son séjour à Cologne, quelques auteurs récents, comme De Groot, Berthier ([69]), Pelster ([70]), considèrent comme probable que l'Aquinate a été *lecteur* au *studium* rhénan. Scandone va même jusqu'à dire, par suite d'une confusion évidente, qu'il aurait été *régent,* sous la direction d'Albert ([71]). Scheeben admettrait, avec plus de vraisemblance, que Thomas a été le bachelier d'Albert ([72]). Dans ses notes, Denifle rejette ces opinions, en raison des témoignages de Bernard Gui et autres biographes qui rapportent seulement qu'à Cologne Thomas a été élève, *audiendo magistrum,* et non professeur ([73]). Cependant sur ce point on peut ne pas suivre Denifle.

On peut aussi conjecturer, avec de bonnes raisons, que Thomas a reçu l'ordination sacerdotale pendant son séjour à Colo-

([68]) CALLUS, S. *Tommaso d'Aquino e S. Alberto Magno,* in *Angelicum* 37 (1960), pp. 133-161.

([69]) DE GROOT, *Het leven...,* p. 65; BERTHIER, *Le couvent de Sainte-Sabine,* p. 304.

([70]) *Kritische Studien...,* p. 81.

([71]) *La vita...,* p. 16.

([72]) *Albert der Grosse u. Thomas von Aquino,* p. 34.

([73]) *Zum Kölner Studienaufenthalt...,* p. 55.

gne. Un témoignage historique fournit quelques renseignements sur ce point: la bulle de canonisation de l'Aquinate contient la phrase suivante: «après avoir émis sa profession religieuse, il fit, en science et en vertu, des progrès si considérables et si rapides, qu'il fut promu assez jeune au sacerdoce» ([74]). Or c'est précisément à Cologne que se révélèrent avec éclat ses progrès dans l'étude.

Peut-être Thomas séjournait-il déjà sur les bords du Rhin lorsqu'eut lieu, le 15 août 1248, la pose de la première pierre de la nouvelle cathédrale de Cologne. Cet édifice célèbre avait été détruit déjà deux fois par l'incendie. Le chapitre de Cologne décida de le reconstruire d'une manière somptueuse. Pour exciter les fidèles à prêter leur concours, le pape Innocent IV avait concédé des indulgences, le 21 mai 1248 ([75]). Les travaux marchèrent rapidement. Thomas vit ainsi naître sous ses yeux la maison de Dieu, pendant que lui-même se préparait, par le travail et la prière, à édifier un splendide monument de doctrine.

Le 1ᵉʳ novembre de la même année, à Aix-la-Chapelle, l'archevêque Conrad de Hochstaden, qui dirigeait ces travaux, couronna Guillaume de Hollande comme roi des Romains ([76]). Le jour de la fête de l'Épiphanie 1249, le roi Guillaume passa par Cologne et fut reçu par maître Albert au Couvent de Sainte-Croix comme hôte et commensal ([77]). On peut supposer que Thomas et ses confrères le virent et prirent part aux cérémonies organisées en son honneur.

Cantimpré et Ptolémée de Lucques écrivent que le Souverain Pontife offrit à Thomas, qui résidait alors à Cologne, la dignité abbatiale du Mont-Cassin ([78]). Cette charge fut vacante à deux reprises entre 1240 et 1254. La première fois par suite de la mort d'Étienne II, le 21 janvier 1248; la seconde fois après

---

([74]) *Fontes*, p. 520.
([75]) POTTHAST, *Regesta Romanorum Pontificum*, II, p. 1089, n. 12939.
([76]) R. KNIPPING, *Die Regesten der Erzbischöfe von Köln im Mittelalter*, III, 1 (Bonn, 1909), pp. 199, 201.
([77]) SCHEEBEN, *Albert der Grosse*, p. 24.
([78]) CANTIMPRÉ, *Bonum universale*, I, 20; PTOLÉMÉE, *Hist. Eccl.*, XXIII, 21; LECCISOTTI, *Il Dottore Angelico*, p. 546; CASTAGNOLI, *Regesta...* (1928), p. 115.

le gouvernement éphémère d'un certain Nicolas, en 1251, suivi, semble-t-il, d'un interrègne de trois ans ([79]): en effet, remarque Inguanez, les documents cassiniens, entre 1251 et 1254,
sont faits au nom de quelque officier de l'abbaye, sans mention
de l'abbé. Le 24 décembre 1254, on retrouve la trace d'un abbé
au Mont-Cassin ([80]). C'était un certain Richard, créé cardinal,
non par Innocent IV, comme quelqu'un l'a cru, mais par Alexandre IV. Ce Richard fut d'ailleurs déposé par le même Alexandre IV en 1259 ([81]). D'après Ptolémée, ce serait Alexandre IV
(1254-1261) qui aurait offert à Thomas la dignité abbatiale. Mais
à cette époque, il ne se trouvait plus à Cologne. Le texte de
Ptolémée comporte une contradiction. Si nous suivons Cantimpré, Thomas fut invité à la cour pontificale, où le pape Innocent IV (1243-1254) lui offrit l'abbaye.

Le geste du pape ne visait pas seulement Thomas d'Aquin,
mais aussi sa famille. En effet, certains de ses membres, qui
s'étaient révoltés contre Frédéric, avaient eu à souffrir mort,
persécution ou exil. Chassés du royaume de Naples, ces d'Aquin
se sont sans doute réfugiés à Montesangiovanni, en Campagne
Romaine, sans y trouver cependant des ressources suffisantes
pour leur entretien. Dans ces conditions, on comprend qu'ils
aient fait des démarches pour qu'un bénéfice ecclésiastique fût
attribué à un membre de leur famille, qui pourrait subvenir
aux besoins de ses parents ([82]). Ptolémée le déclare expressément. Mais Thomas refusa toute dignité ecclésiastique. Il les
refusera d'ailleurs pendant toute sa vie, ne voulant jamais renoncer à son état de frère mendiant ([83]). En 1254, Innocent IV
promulguera une ordonnance où il appelle Aimon d'Aquin
«serviteur fidèle du Pape et de l'Église», et où il nomme sa
sœur Marotta abbesse des bénédictines de Sainte-Marie de Capoue. Ce fait est une autre preuve de la reconnaissance de ce

([79]) INGUANEZ, *Cronologia degli abati...*, pp. 424-425.
([80]) *Ibidem*, p. 427.
([81]) *Ibidem*, p. 429.
([82]) Tocco, chap. 42; MANDONNET, *Thomas d'Aquin novice...*, pp. 172-180.
Sur la rébellion, voir KANTOROWICZ, *Kaiser Friedrich II*, pp. 577-581; vol.
compl., pp. 235 sq., 298 sq.
([83]) Tocco, chap. 32, 63; Procès de Naples, chap. 78.

pape pour les services que lui avaient rendus les d'Aquin de
Roccasecca [84].

D'ailleurs le persécuteur lui-même mourut, le 13 décembre
1250, à Castel Fiorentino, réconcilié, semble-t-il, avec l'Église
puisque, sur son lit de mort, il portait l'habit cistercien [85].
Cette nouvelle du décès de l'empereur Frédéric II, *stupor mundi
et immutator saeculi* [86], raviva bien des souvenirs chez Thomas:
la bienveillance que le prince, en des temps meilleurs, avait
témoignée pour sa famille et pour de nombreux dominicains [87];
les tourments qu'à plusieurs reprises il avait infligés à ses frères
comme à ses confrères, et qu'il pardonnait. Un autre décès
l'affecta vivement pendant son séjour à Cologne: celui de son
homonyme, le célèbre Thomas d'Aquin, comte d'Acerra, qui, représentant de Frédéric II en Orient, mourut en 1251, au delà
des mers, poursuivi par les foudres d'Innocent IV [88].

[84] *Doc.* 10 (*Fontes*, 541 sq.).

[85] KANTOROWICZ, *Kaiser Friedrich II*, p. 627; vol. compl., pp. 158, 249;
d'IRSAY, *Histoire des Universités*, I, p. 96.

[86] KANTOROWICZ, *Kaiser Friedrich II*, p. 627; vol. compl., pp. 243, 249.

[87] *Ibid.*, p. 564; vol. compl., p. 232.

[88] MACCARONE, in *Riv. di Storia della Chiesa in Italia* 10 (1956), pp. 167,
192.

CHAPITRE VI

BACHELIER EN THÉOLOGIE À PARIS

Paris brillait alors d'un vif éclat. C'était la capitale politique du royaume de France. La splendide façade de Notre-Dame avait été achevée en 1250. Mais ce qui faisait connaître la ville dans le monde entier, c'était son université. La célèbre lettre du 4 février 1254, adressée par l'université de Paris aux dignitaires de l'Eglise et à tous les étudiants, contient de nombreux renseignements relatifs à l'histoire de ce centre universitaire, le plus grand du moyen âge. «C'est la droite même du Très-Haut, dit-elle, qui a fixé à Paris ce vénérable *Studium*. La sagesse y prend sa source; puis, grâce aux quatre facultés de théologie, de droit, de médecine et de philosophie (rationnelle, naturelle et morale), semblables aux quatre fleuves du Paradis, elle s'écoule dans les quatre parties du monde, arrosant et fécondant toute la terre. Les bienfaits spirituels et temporels qu'elle apporte à la vie des chrétiens sont évidents et multiples» (¹).

Paris était vraiment un centre universitaire international, où l'enseignement principal était celui de la théologie et de la philosophie. Le fondateur de l'ordre des Prêcheurs, S. Dominique, y avait envoyé ses fils, qui y étaient arrivés le 12 septembre 1217 (²). Au début, ils avaient résidé à l'hôpital Sainte-

---

(¹) *Chartularium...*, I, pp. 252-258, n. 230; Denifle, *Archiv*, I, pp. 67 sq. Voir encore: Chenu, *Introduction à l'étude de S. Thomas d'Aquin*, pp. 14-22; Idem, *S. Thomas d'Aquin et la théologie*, pp. 27-31.

(²) *MOPH XVI*, p. 50; Mandonnet, *S. Dominique*, I, p. 62; Scheeben, *Der hl. Dominikus*, pp. 265 sq.; F. Card. Ehrle, *San Domenico, le origini del primo studio generale del suo Ordine a Parigi e la Somma teologica del primo maestro Rolando da Cremona*, extrait des *Miscellanea Domenicana* (Rome, 1923), p. 5.

Marie, devant le palais épiscopal. Puis l'empressement de leur.
protecteur, maître Jean de Barastre, doyen de Saint-Quentin,
leur avait fait obtenir, dès l'année suivante, une maison près
de l'église Saint-Jacques. Le 6 août 1218, jour où les Frères Prêcheurs prirent possession de la nouvelle résidence, peut en
toute vérité être appelé le jour natal de ce célèbre couvent et
du premier *studium generale* des fils de S. Dominique.

A Paris, Jean de Barastre avait toujours mis au service des
Prêcheurs le poids de son autorité et de sa doctrine. L'université elle-même leur avait offert un appui très précieux (³), quand
ils s'étaient mis «activement et humblement à l'étude de la
théologie» (⁴). Ils s'étaient rapidement acquis une excellente réputation de science et de vertu. Elle était méritée, puisqu'ils
avaient obtenu les grades académiques grâce auxquels ils allaient illustrer leur ordre. Le premier qui avait conquis le titre
de professeur ou de *maître* avait été, vers 1229, Roland de Cré-
mone (⁵), qui, après une brève période d'enseignement, avait
été envoyé à Toulouse; il avait laissé sa chaire universitaire à
son confrère Hugues de Saint-Cher (⁶). L'ordre des Prêcheurs
avait obtenu une seconde chaire lorsque l'Anglais Jean de Saint-
Gilles (⁷), maître en théologie et en médecine, avait pris l'habit
dominicain, en 1230 d'après Mandonnet, vers 1232 d'après
Ehrle (⁸). Ayant obtenu deux chaires incorporées à l'université
de Paris, l'ordre avait voulu être en mesure de les munir toujours de professeurs dominicains. On y avait donc envoyé en
temps opportun des bacheliers, qui, après avoir conquis la maîtrise et satisfait à ses obligations, avaient été mutés ailleurs en

---

(³) EHRLE, *San Domenico...*, pp. 6 sq.

(⁴) *Chartularium...*, I, p. 253.

(⁵) EHRLE, *San Domenico*, p. 8; E. FILTHAUT, *Roland von Cremona und die
Anfänge der Scholastik im Predigerorden* (Vechta i. O., 1936); GLORIEUX,
Répertoire..., I, p. 42, n. 1; A. MASNOVO, *Guglielmo d'Auvergne e l'univer-
sità di Parigi dal 1229 al 1231*, in *Mélanges Mandonnet*, II, pp. 191-232; VAN
STEENBERGHEN, *Siger...*, II, pp. 404-408.

(⁶) GLORIEUX, *Répertoire...*, I, p. 43, n. 2; EHRLE, *San Domenico*, p. 9.

(⁷) GLORIEUX, *Répertoire...*, I, p. 42; SCHEEBEN, *Beiträge zur Geschichte
Jordans*, pp. 115 sq., 120 sq.

(⁸) EHRLE, *San Domenico*, pp. 9 sq.; MANDONNET, *Thomas d'Aquin novice...*,
p. 154.

qualité de professeurs, pour le plus grand bien de l'Église et de l'ordre. Ainsi les dominicains en étaient arrivés peu à peu à représenter une puissance scientifique considérable, aussi bien à Paris, l'*alma mater studiorum,* qu'à l'extérieur. Cette volonté de conserver pour l'ordre deux chaires d'enseignement entraînait l'obligation de former les sujets les plus aptes à l'étude. Le règlement de la faculté de théologie, contenu dans les statuts fondamentaux promulgués par le cardinal-légat Robert de Courçon en 1215, édictait ceci: «Pour pouvoir enseigner publiquement à Paris il faut être âgé de 35 ans au moins et avoir étudié au moins pendant 8 ans. Il faut avoir suivi régulièrement, dans les écoles, l'explication des livres théologiques, et avoir suivi les cours de théologie pendant cinq ans» [9]. Les huit années d'études comprenaient, selon les uns, trois années pour les arts et cinq pour la théologie [10]; selon d'autres, huit années de théologie [11]. Au bout de ce temps, on pouvait être inscrit au baccalauréat et se trouver ainsi dans un état intermédiaire, n'étant plus étudiant et n'étant pas encore maître [12]. Dans le *Cartulaire* de l'université de Paris, les bacheliers apparaissent pour la première fois en 1231 [13]. Mais le Bienheureux Jourdain de Saxe, qui était bachelier parisien en 1220, mentionne dans ses lettres la présence de bacheliers à Paris et à Verceil [14]

La charge de bachelier en théologie, spécialement dans la première moitié du 13ᵉ siècle, consistait à expliquer l'Écriture Sainte ou les *Historiae* de Pierre le Mangeur, c'est-à-dire l'histoire biblique. Vers le milieu du même siècle, on ajouta à sa

---

[9] *Chartularium...,* I, p. 79, n. 20; GLORIEUX, *Répertoire...,* I, p. 23; M. et Ch. Dickson, *Le cardinal Robert de Courson,* in *Archives d'histoire doctrinale et littéraire du Moyen Age,* 9 (1934), pp. 53-142.

[10] DENIFLE, *Die Entstehung...,* pp. 100 sq.; GLORIEUX, *Répertoire...,* I, pp. 21 sq.

[11] MAGIST. ALEX. HALENSIS, *Glossa in 4 libros Sententiarum Petri Lombardi,* I, (Quaracchi, 1951), p. 64.

[12] D'IRSAY, *Histoire des Universités,* p. 151, cite le mot de Jean de Salisbury (*Metal.,* I, 25): «hier élèves, aujourd'hui maîtres».

[13] *Chartularium...,* I, pp. 137 sq.

[14] SCHEEBEN, *Beiträge...,* p. 55; ALTANER, *Die Briefe...,* p. 36 (Paris): (le mot «diotelarii» est un lapsus pour «bacheliers»); p. 50 (Verceil); *MOPH,* XXIII, pp. 39, 57.

charge l'explication des *Sentences* de Pierre Lombard ([15]). Pour
admettre quelqu'un au baccalauréat, au moins pendant un certain temps, on n'exigeait pas un véritable examen. Le maître
choisissait un de ses étudiants ([16]), se formait un jugement sur
les capacités intellectuelles de son candidat et sur ses aptitudes
à l'enseignement, et en prenait la responsabilité ([17]). Dans les
ordres mendiants, les bacheliers pouvaient être également pro-
posés par le supérieur général. Ainsi Jean de Parme, ministre
général des Frères Mineurs, confia à Frère Bonaventure la charge d'enseigner à Paris ([18]). De même, on trouve dans les documents que Jean le Teutonique, maître général des Frères Prêcheurs, pourvut, en 1251 ou 1252, à l'établissement d'un bachelier en théologie pour le *studium* de Paris.

Il existe, en effet, un témoignage explicite selon lequel Jean
chargea maître Albert alors à Cologne, de choisir un frère qui
fût capable de remplir la charge de bachelier au *Studium* de
Paris. Albert n'eut aucune hésitation sur le candidat à choisir
et il écrivit à son supérieur général «pour le persuader de confier la charge de bachelier à Thomas d'Aquin, dont il décri-
vait la science et la vertu» ([19]). Ces deux qualités étaient celles
que les statuts du cardinal de Courçon exigeaient pour les professeurs parisiens ([20]). Mais le maître de l'ordre ne jugea pas
bon d'acccpter aussitôt ce candidat, bien qu'il eût été recom-
mandé par un homme d'une aussi grande valeur; il n'avait pas
encore une connaissance personnelle des mérites de Thomas ([21]),
suggère Tocco. Cette remarque nous surprend vivement, puisque l'Aquinate avait accompagné déjà deux fois le maître général dans ses voyages. Thomas avait-il su cacher à ce point ses

([15]) FELDER, *Storia degli studi scientifici...*, pp. 510, 537.

([16]) *Chartularium...*, I, p. 79: «Nullus sit scolaris Parisius, qui certum
magistrum non haberet»; *ibidem*, p. 137; GLORIEUX, *Répertoire...*, I, p. 21.

([17]) GLORIEUX, (*Répertoire...*, I, p. 22) parle d'un examen subi par l'étudiant en présence de sept maîtres.

([18]) L. LEMMENS, *S. Bonaventura*, p. 305; GLORIEUX, *Répertoire...*, II, pp. 37-
51, n. 305.

([19]) TOCCO, chap. 14; WALZ, *De Alberti Magni et S. Thomae de Aquino
personali ad invicem relatione*, in *Angelicum* 2 (1925), p. 305.

([20]) *Chartularium...*, I, p. 79; CASTAGNOLI, *Regesta...* (1928), p. 115.

([21]) TOCCO, chap. 14; SCHEEBEN, *Albert der Grosse*, p. 28.

talents ? Ou plutôt sa jeunesse ne semblait-elle pas constituer un obstacle ? Ou encore le supérieur considérait-il l'élève d'Albert comme un homme trop pacifique pour faire face à la situation tendue qui régnait alors à Paris ?

Malgré les réserves exprimées par le maître général à l'égard de Thomas, Albert le Grand ne renonça pas à son sentiment et revint à la charge. Il trouva un appui inespéré dans la personne du cardinal Hugues de Saint-Cher, autrefois régent à Paris ([22]). Celui-ci avait été, en effet, désigné par Innocent IV comme légat pontifical pour les affaires de l'empire germanique. Au cours de l'été 1251, il partit de Bourgogne pour gagner la métropole rhénane, en passant par l'Alsace et la Hesse ([23]). Il semble que Jean le Teutonique ait rencontré deux fois le cardinal-légat: la première, au milieu du mois d'août, près de Rüdesheim, dans le camp du roi de Germanie, Guillaume de Hollande; la seconde en 1252, à Soest en Westphalie ([24]). Au cours de ces deux rencontres, le cardinal Hugues, pressé par des lettres de maître Albert, recommanda si chaleureusement Thomas que le supérieur général consentit à le désigner comme bachelier à Paris. «Il lui écrivit de se rendre aussitôt à Paris et de se préparer à expliquer les *Sentences*» ([25]).

Pour frère Thomas commence alors la vie publique. Jusqu'alors il avait parcouru les voies de la vie religieuse dans l'obscurité de la maison de Dieu, soit au Mont-Cassin, soit à Naples et à Cologne. A présent la Providence lui donne la possibilité de se frayer à lui-même sa route, en restant toutefois dans la dépendance de ses supérieurs et dans la plus étroite collaboration avec ses confrères. Cette pensée lui rendit certainement moins pénible la séparation qui allait le priver de tout contact personnel avec Albert, son maître de prédilection. Il garda toujours un dévoûment filial pour ce savant qui avait provoqué sa nomination à Paris.

Quant à l'itinéraire suivi par Thomas des bords du Rhin à

([22]) J. H. H. SASSEN, *Hugo von St Cher, Seine Tätigkeit als Kardinal* (Bonn, 1908), p. 5; WALZ, *I cardinali domenicani*, p. 15, n. 1.

([23]) SASSEN, *Hugo von St Cher*, pp. 26-38.

([24]) SASSEN, *Hugo von St. Cher*, p. 62.

([25]) TOCCO, chap. 14.

ceux de la Seine, les historiens en sont réduits aux conjectures.
Certains disent ([26]) qu'il serait passé par Aix-la-Chapelle, Maestricht, Louvain et le duché de Brabant: plus tard, en effet, il dé-
diera des opuscules à un prévôt de Louvain et à une duchesse
de Brabant.

On ne peut rien avancer de précis sur la date de son
arrivée à Paris. Mais il s'y trouvait certainement pour la rentrée
scolaire de septembre 1252. Pour sa leçon inaugurale, appelée alors *principium,* il choisit le texte du prophète Baruch
(IV, 1): «Hic est liber mandatorum Dei et lex quae est in aeternum» ([27]). Dès ce moment, l'enseignement public absorba toutes
ses énergies: son application au travail, sa profondeur et sa
clarté firent de lui le modèle le plus parfait des professeurs
d'université.

L'année scolaire durait, à Paris, depuis le mois de septembre
jusqu'à la fête des SS. Pierre et Paul. Les jours n'étaient cependant pas tous *«legibiles»,* on comptait au total 42 semaines de
cours. Les *maîtres* enseignaient le matin, entre prime et tierce;
les *bacheliers* ensuite, entre tierce et sexte ([28]). Les dominicains
possédaient à Paris, nous le savons, deux chaires magistrales, et
donc deux écoles. Thomas, qui n'était pas français, enseigna
toujours à l'*école des étrangers,* ou *scola externa.* Elle fut dirigée, de 1248 à 1256, par le maître dominicain Elie Brunet.

Selon les règlements bien connus de l'université de Paris, le
bachelier était d'abord bachelier biblique pendant une année,
durant laquelle il expliquait un ou peut-être deux livres de la
Bible. Guillaume de Tocco ne parle pas explicitement des sujets
traités par Thomas au début de son enseignement parisien. Le
cours scripturaire donné par Thomas en qualité de bachelier
biblique en 1252-1253, ou selon d'autres en 1252-1254 ([29]), sem-

([26]) DE GROOT, *Het leven...,* p. 95 (ainsi que les auteurs qu'il cite).

([27]) CASTAGNOLI, *Regesta...* (1928), pp. 116 sq.; GRABMANN, *Die Werke...,*
pp. 393-395; BACIC, *Introductio...,* p. 104; GLORIEUX, *Répertoire...,* I, p. 22.

([28]) GLORIEUX, *Répertoire...,* I, p. 21 (1.9.-29.6.); D'IRSAY, *Histoire des Universités,* I, p. 150 (9.10.-29.6.)

([29]) CASTAGNOLI, *Regesta...* (1928), pp. 123-125; GRABMANN, *Die Werke...,*
pp. 286-288, 462; BACIC, *Introductio...,* pp. 30 sq.; PELSTER, in *Scholastik,* 15
(1940), p. 109, propose les années 1253-1255; LEMMENS, *S. Bonaventura,* p. 53,
pense qu'il a commenté les *Sentences* à Paris depuis 1252, mais qu'il avait

ble perdu. Toutefois Pelster estimait qu'il est conservé dans les *expositions* sur Isaïe, Jérémie et les *Lamentations* ([30]).

Au moment où Thomas commença son enseignement, une période d'agitation extrême s'ouvrit pour les frères mendiants à l'université de Paris. En effet, l'année même de son arrivée à Paris, c'est-à-dire en 1252, une grande querelle s'éleva dans l'université entre les professeurs de théologie qui appartenaient au clergé séculier et ceux des ordres mendiants. Cette querelle allait durer une bonne vingtaine d'années et l'Aquinate lui-même s'y trouvera mêlé plus d'une fois.

Les motifs du conflit étaient de divers ordres. Les professeurs séculiers éprouvaient une antipathie pour les mendiants en raison du succès que l'enseignement de ces derniers avait obtenu au cours des quinze années précédentes. Denifle fait aussi remarquer que les coutumes de l'université avaient subi quelques entorses de la part des ordres mendiants, probablement même de la part d'Albert et de Thomas ([31]). Halphen ajoute que les séculiers voyaient dans les mendiants les instruments de la politique pontificale au sein de l'université ([32]). On ne saurait dire que cette observation ne repose sur rien. Il suffit de lire l'ouvrage de d'Irsay pour comprendre comment le Saint-Siège sut s'imposer aux universités européennes avec une logique inflexible et un succès toujours croissant ([33]). Le séjour de S. Louis en Orient, de 1248 à 1254 ([34]), parut aux ennemis des mendiants une occasion particulièrement favorable pour tenter d'arrêter leur influence dans la vie universitaire.

Dans un décret promulgué en février 1252, la faculté de théologie limita l'accès des réguliers à la maîtrise et décida que les instituts religieux devraient se contenter d'un seul maître ré-

---

déjà expliqué l'Ecriture Sainte à Cologne. Du reste, ce n'était pas encore une règle absolue, au milieu du 13e siècle, que le bachelier fût «biblique» avant d'être «sententiaire».

([30]) D'après une confidence personnelle.

([31]) *Zum Kölner Studienaufenthalt*, p. 49.

([32]) RSPT 23 (1934), p. 483; HALPHEN, *L'essor de l'Europe*, pp. 326, 331, 540; COULTON, *Five Centuries*, II, XV: «Les religieux, milice papale», p. 195.

([33]) D'IRSAY, *Histoire des Universités*, I, pp. 69 sq., 95, 118, 126.

([34]) HOTZELT, *Kirchengeschichte Palästinas*, pp. 210-212.

gent et d'une seule école ([35]). Il semble que les ordres mendiants ne tinrent aucun compte de ce règlement, qui avait été élaboré sans leur participation. En mars 1253, attendu que les privilèges universitaires étaient violés par les agents de la sûreté publique, la plupart des maîtres résolurent de suspendre leurs cours. Au contraire les trois professeurs mendiants refusèrent de s'associer à cette protestation ([36]); mais il est certain que les Prêcheurs auraient suivi l'ordre de grève, si leurs deux écoles avaient été reconnues. Irrités, les séculiers décidèrent de ne plus accepter dans la corporation des maîtres ceux qui refuseraient de prêter le serment d'observer, non seulement les ordonnances papales relatives à l'université de Paris, mais encore les statuts de la corporation. C'était une manière indirecte de chasser les mendiants du corps enseignant. Ils en appelèrent à la Régente du Royaume et au Pape. Innocent IV s'occupa activement de l'affaire. D'abord, il ordonna, à plusieurs reprises, de réhabiliter les maîtres mendiants ([37]). Puis il changea d'avis. Guillaume de Saint-Amour, professeur de théologie à Paris et animateur de l'opposition aux mendiants ([38]), essaya, par toutes sortes de «raisons» et d'artifices, de discréditer les religieux. D'ailleurs, un franciscain de la province de Sicile, frère Gérard de Borgo San Donnino, lecteur à Paris, publia en 1254 un ouvrage malheureux intitulé *Introductorius in evangelium aeternum*. Dans cette «introduction» aux trois principaux écrits de Joachim de Flore, les professeurs séculiers relevèrent trente et une erreurs ([39]). Guillaume de Saint-Amour, délégué par ses collègues, courut à la cour pontificale pour faire condamner le livre de frère Gérard. Ainsi, Guillaume développait ses accusations. Il ne s'agissait

---

([35]) *Chartularium...*, I, p. 226, n. 200; cf. p. 254; GLORIEUX, *Le «Contra impugnantes» de S. Thomas*, in *Mélanges Mandonnet*, I, pp. 55 sq.; IDEM, *Répertoire...*, I, p. 343, n. 160.

([36]) *Chartularium...*, I, pp. 242 sq., n. 319; HALPHEN, *L'essor de l'Europe...*, pp. 540-549.

([37]) *Chartularium...*, I, pp. 247-251, n. 222-228; CASTAGNOLI, *Regesta...*, (1928), pp. 251 sq.

([38]) GLORIEUX, *Répertoire...*, I, p. 343, n. 160.

([39]) DENIFLE, *Das Evangelium aeternum u. die Commission zu Anagni*, *ALKM*, I, pp. 49-142, surtout p. 70: 31 erreurs; *LThK*, IV, 416.

plus seulement des chaires universitaires des mendiants, mais encore de leur idéal de pauvreté et de la légitimité même de leur ministère pastoral ([40]). Innocent IV, qui avait déjà restreint, au mois de mai, certains droits des réguliers, annula leurs privilèges, le 21 novembre 1254, par la bulle *Etsi animarum* ([41]). Mais il mourut à Naples, le 7 décembre, et sa mort rendit l'espoir aux religieux.

Son successeur, Alexandre IV (1254-1261), révoqua, par la bulle *Quasi lignum vitae* du 14 avril 1255, la dernière décision d'Innocent IV ([42]). Il rétablit les réguliers dans leurs droits antérieurs et réorganisa d'une manière juste et compréhensive les affaires universitaires. Furieux, Guillaume de Saint-Amour, qui avait écrit, en mars 1255, le petit traité *De periculis novissimorum temporum* ([43]), suggéra à ses collègues, en juin, de donner individuellement leur démission, afin d'éviter les sanctions pontificales et, à l'automne, de suspendre les cours universitaires ([44]). Alexandre IV allait se prononcer sur l'*Introductorius* de Gérard de Borgo San Donnino. Une commission cardinalice examina en 1255 les écrits du lecteur franciscain et de l'abbé Joachim: l'*Introductorius* fut condamné par le Pape le 23 octobre 1255, à Anagni, et l'auteur fut puni de prison perpétuelle en sa province ([45]). Mais Alexandre IV resta favorable aux mendiants. C'est pourquoi les factieux parisiens continuèrent à employer tous les moyens pour entraver l'activité apostolique et scientifique des fils de S. Dominique, et pour les dénigrer. Leurs attaques en arrivèrent à ce point que les religieux, «qui vivaient exclusivement d'aumônes, osaient à peine sortir de leur couvent pour acheter quelque nourriture, tant ils avaient peur des sécu-

([40]) *LThK*, X, 888.

([41]) *Chartularium...*, I, pp. 267-270, n. 240; p. 263, n. 236. — En 1254, il y avait, dans la faculté de théologie, 14 chaires, dont 3 tenues par les chanoines de Notre-Dame, 6 par d'autres membres du clergé séculier, 3 par des mendiants, 1 par un chanoine régulier de Saint-Victor, et une autre encore.

([42]) *Chartularium...*, I, pp. 279-285, n. 247.

([43]) GLORIEUX, *Répertoire...*, I, pp. 343-345.

([44]) *Chartularium...*, I, p. 292, n. 256; CASTAGNOLI, *Regesta...* (1928), pp. 252, 262.

([45]) *Chartularium...*, I, p. 297; *LThK*, V, 448 sq. (Joachim); IV, 416 (Gérard de Borgo San Donnino).

liers» (⁴⁶). Ceux-ci, dans leurs prédications, excitaient le peuple
contre les frères. Ces vexations atteignirent leur point culmi-
nant en décembre 1255 et en janvier 1256. Au début de 1256,
le roi S. Louis dut placer une garde aux portes de Saint-Jacques, pour assurer la protection des frères (⁴⁷).

Le maître général des Prêcheurs, Humbert de Romans, écrivit alors une lettre mémorable, qui montre tout le souci que lui
causait le conflit parisien. Il y invitait tous les membres de
l'ordre à se serrer autour de leur chef et à implorer le secours
du ciel pour le succès de leur cause. Il leur disait: «Beaucoup
de maîtres en théologie, jaloux du nombre de nos professeurs
et de nos élèves, jaloux du succès de notre enseignement, ont
fait un jour un conventicule à Paris. Ne trouvant rien de mal à
nous reprocher, ils ont lancé contre nous et contre tous les religieux en général une accusation énorme et calomnieuse». Il
concluait ainsi: «Nous avons voulu vous décrire à grands traits
ces événements pour les recommander à votre charité. Les con-
naissant dans une certaine mesure, vous serez pris de compassion surnaturelle. Et puisque, à l'instigation du démon, on trame
la ruine de l'ordre tout entier, vos prières multipliées monteront
vers le Christ, vers la Vierge sa Mère et l'avocate de notre ordre,
vers notre Bienheureux Père Dominique, vers notre saint et glorieux martyr Pierre, dont le sang versé récemment (⁴⁸) crie devant Dieu pour le salut de son ordre. Enfin, partout où vous en
verrez la nécessité, vous prendrez notre défense et proclamerez
notre innocence (⁴⁹)».

Frère Thomas fut témoin de toute cette agitation. Il en com-
prit les causes et en suivit attentivement le développement. En
temps opportun, il rendra son jugement dans son écrit *Contra
impugnantes Dei cultum et religionem* (⁵⁰).

(⁴⁶) *Chartularium...*, I, p. 309, n. 272.
(⁴⁷) Glorieux, *Le «Contra impugnantes»...*, p. 75; *Mon. Germ. Hist.; Script.*
XXVIII, pp. 363, 365.
(⁴⁸) On sait qu'il fut mis à mort en 1251.
(⁴⁹) *MOPH*, V, pp. 32-38.
(⁵⁰) Grabmann, *Die Werke...*, pp. 329-330, 462; Bacic, *Introductio...*, pp.
86 sq.; Castagnoli, *Regesta* (1928), p. 260; Chenu, *Introduction...*, pp. 291-294,
avec la bibliographie indiquée p. 294; Idem, *S. Thomas et la théologie*, pp.
96-102. — Thomas fut également témoin d'un autre événement universitaire,

Cependant il avait continué de remplir avec soin sa charge de bachelier. Au bout d'un an, le bachelier biblique devenait bachelier sententiaire pour deux années ([51]). Le commentaire de Thomas sur les *Sentences* de Pierre Lombard remonterait ainsi à des années de tempête, sans en garder aucune trace. L'ensemble constitue, à côté de la *Somme théologique*, l'œuvre la plus étendue de l'Aquinate: environ 5.000 pages de format grand in-octavo ([52]). Nous avons la chance de posséder encore, à la Bibliothèque Vaticane, cod. Vat. Lat. 9851, le texte autographe du III⁰ livre, avec de nombreuses corrections de la main de l'auteur ([53]). Un ouvrage d'une pareille ampleur et d'une telle densité doctrinale ne se rédige pas en deux ans. Thomas s'y employa donc encore après sa promotion à la maîtrise, c'est-à-dire après 1256 ([54]).

dont il suivit attentivement le déroulement entre 1252 et 1255: l'introduction de tous les textes d'Aristote dans l'enseignement de la faculté des arts.

([51]) D'IRSAY, *Histoire des universités*, I, p. 70; GLORIEUX, *Répertoire...*, I, p. 22.

([52]) GRABMANN, *Die Werke...*, pp. 286-289; CHENU, *Introduction...*, pp. 226-237 et 239-240; BACIC, *Introductio...*, pp. 30-31.

([53]) GRABMANN, *Die Werke...*, pp. 434-436; A. PELZER, *Note sur les autographes de S. Thomas d'Aquin à la Bibliothèque Vaticane*, in RPL, août 1955, pp. 321-327, surtout 324-325; DONDAINE, *Secrétaires de S. Thomas*, (Rome, 1956), pp. 41-53.

([54]) Thomas devait, en effet, trouver du temps pour ses cours, pour ses prières de règle (messe et office en particulier), pour ses études personnelles préparatoires à la maîtrise et pour la composition de plusieurs écrits. Nous sommes donc tout disposé à accepter l'hypothèse, déjà signalée, de LEMMENS *(S. Bonaventura, cardinale e dottore della Chiesa*, trad. ital. G. DI FABIO, 1921, p. 305), qui étale la composition du *Commentaire sur les Sentences* sur un espace de cinq années, de 1252 à 1257. Cela représente encore une moyenne de trois pages par jour, à écrire de sa propre main, puisqu'il n'avait pas de secrétaire à cette époque. D'ailleurs Tocco ne dit-il pas expressément (chap. 14): «le maître général lui écrivit de se rendre immédiatement à Paris pour *lire* les *Sentences*»? Thomas serait donc resté bachelier sententiaire au moins pendant quatre ans, de 1252 à 1256. Cette prolongation s'explique fort bien à la fois par le fait qu'il n'avait pas l'âge prescrit par les statuts et par le conflit entre les séculiers et les mendiants: ce qui entraînait peut-être d'assez longues interruptions de ses cours, mais, par contre, lui donnait des loisirs supplémentaires. On a d'ailleurs tenté une autre hypothèse: Thomas n'aurait-il pas rédigé deux fois son *Commentaire sur les Sentences*? La rédaction que nous possédons serait la seconde, composée à Rome en 1265-1267. Mais cette hypothèse rencontre peu de faveur (cf. l'étu-

Le Lombard y est étudié d'une manière tellement personnelle que les contemporains parlaient déjà de cet ouvrage de Thomas comme d'un *Scriptum,* non d'un *Commentum.* Il comprend 182 *distinctions,* chaque distinction est divisée en *questions,* chaque question en *articles.* Il traite l'ensemble de la théologie spéculative, y mêlant de profondes considérations philosophiques, quelquefois aussi des remarques inspirées d'une physique aujourd'hui périmée, par exemple à propos de la création du monde. La théologie dogmatique et la théologie morale, la morale générale et la morale spéciale n'y sont pas étudiées séparément comme aujourd'hui. Voici le plan: Dieu un et trine, les anges, la création, l'homme et sa fin, la Rédemption et le Rédempteur, la vie et la passion du Christ, les vertus et les vices, la grâce avec les vertus infuses et les dons du Saint-Esprit, les sacrements et les fins dernières.

Un exemple montrera le caractère personnel du travail de Thomas. Dans le III° livre, distinction 33, à un texte de deux pages chez Pierre Lombard correspondent 90 pages chez l'Aquinate. Il y traite 41 questions, quand, pour le même texte, Odon Rigaud se contente de 5, Albert de 4 et Bonaventure de 6. Ce bachelier de 30 ans a créé ainsi «le premier traité de théologie morale», esquisse de la seconde partie de sa Somme théologique. L'*Éthique* d'Aristote y pénètre d'une manière saisissante: alors qu'Albert, dans les mêmes circonstances, l'avait citée une douzaine de fois, Bonaventure trois fois, Thomas s'y réfère 125 fois [55]. Pourtant la morale y a une orientation tout à fait surnaturelle: *moral* ne signifie pas, pour l'Aquinate, *bienséant,* mais *rapporté à Dieu, motus rationalis creaturae ad Deum.*

Outre l'influence d'Aristote, on remarque assez souvent, surtout au début du *Commentaire sur les Sentences,* celle de l'Arabe Avicenne († 1037), ainsi que celle de l'école augustino-franciscaine, dont Albert le Grand s'inspirait largement. Si Thomas a commencé à commenter les *Sentences* aussitôt après son

de de GRABMANN, *Die Werke...,* pp. 286-289); elle a toutefois été reprise récemment par VANIER, *Théologie trinitaire chez S. Thomas d'Aquin,* Montréal et Paris, 1954; cf. *RPL,* mai 1955, pp. 254-256; GILS, *Les premières rédactions du Scriptum super tertio Sententiarum,* in *RSPT* 45 (1961), pp. 201-218.

[55] CHENU, *Introduction...,* p. 233, note 1.

séjour à Cologne — ce qui semble parfaitement concevable d'après l'ordre de son supérieur général — un reliquat de l'influence d'Albert est parfaitement compréhensible. Au cours de l'ouvrage, ces réminiscences disparaissent de plus en plus, en raison d'une attitude fermement aristotélicienne.

Le bachelier de 30 ans ouvre ainsi des voies nouvelles. Il ne craint pas non plus de contredire. Dans un article du IV⁰ livre, qui traite des sacrements, «les neuf objections où sont fixées les données du problème sont les neuf arguments que Bonaventure expose à la même époque dans l'école franciscaine» (⁵⁶).

Cette volonté de fuir la routine n'échappa naturellement pas aux contemporains. Un texte célèbre de Guillaume de Tocco en témoigne éloquemment, même s'il exagère la précocité de la gloire de l'Aquinate (⁵⁷): «Quand Frère Thomas commença, à titre de bachelier, à exposer dans son enseignement les réflexions que durant l'époque de sa taciturnité il avait accumulées en son âme, on le vit exceller par dessus tous les maîtres de Paris, et, plus que les autres, attirer les étudiants à l'amour de l'étude. Dans ses leçons, il introduisait de *nouveaux* articles, résolvait les questions d'une manière *nouvelle* et plus claire, avec de *nouveaux* arguments. En conséquence, ceux qui l'entendaient enseigner des thèses *nouvelles* et les traiter selon une méthode *nouvelle,* ne pouvaient douter que Dieu ne l'eût éclairé des rayons d'une lumière *nouvelle*: en effet, peut-on enseigner ou écrire des opinions *nouvelles,* si l'on n'a pas reçu de Dieu une inspiration *nouvelle* ?» (⁵⁸). Et Tocco de citer aussitôt, à l'appui de cet éloge enthousiaste, le *Commentaire sur les Sentences.* Mais la présentation discrète et irénique que Thomas donna à sa doctrine voila, au début, l'étendue de ses innovations. Jusqu'à la fin de sa vie, il restera fidèle à ses premières options, sur toutes les questions capitales du moins. Chez lui rien de sembla-

---

(⁵⁶) CHENU, *Introduction...*, p. 235.

(⁵⁷) Tocco, chap. 14.

(⁵⁸) Si Tocco a bien souligné la nouveauté de la méthode, il a omis d'indiquer les innovations thématiques. Mentionnons donc, entre autres: la construction d'une morale, la démonstration que la charité est amitié, l'importance de la causalité instrumentale dans les traités du Christ et des sacrements.

ble à l'évolution considérable qu'ont connue certains hommes, comme Augustin.

Par contre, Thomas n'innove pas dans la composition de ses écrits. Il s'en tient habituellement aux procédés de son temps: la construction par syllogismes et le jeu des questions et des réponses. Ces procédés nous paraissent bien secs aujourd'hui et rendent difficile, surtout aux débutants, l'accès à son univers intellectuel. Chaque article commence par présenter quelques objections, introduites par les mots *Videtur quod*. Un texte patristique ou scripturaire, ou une maxime généralement admise, forme la trame du *Sed contra,* qui arrête vigoureusement les opposants. Vient ensuite la partie principale, la *Responsio,* où l'auteur développe sa pensée. La fin donne la solution des difficultés initiales, *Ad primum dicendum,* et ainsi de suite, tout en clarifiant souvent l'opinion personnelle de l'auteur.

Sans doute, quinze ans plus tard, la *Somme théologique* surpassera de beaucoup le *Commentaire sur les Sentences,* au point de vue de la composition. A devoir suivre le Lombard, Thomas se sentait un peu bridé. La *Somme* s'exprime dans un style plus concis et plus coulant. L'Aquinate y abandonne un petit nombre des positions qu'il défendait dans le *Commentaire.* Mais aucune des œuvres de Thomas n'est plus accessible, plus alerte, plus personnelle, parfois même plus exacte. Si l'on veut saisir Thomas, c'est là qu'il faut aller. Le *Commentaire sur les Sentences* est sans doute une œuvre de jeunesse, mais elle est sortie de la plume d'un **maître.**

Les mêmes remarques valent, toutes proportions gardées, pour deux opuscules philosophiques qui datent de cette époque, 1253-1255 environ: le *De principiis naturae,* sorte de répertoire des notions philosophiques [59]; le célèbre *De ente et essentia,* dont on reprend sans cesse l'édition et l'explication pour présenter la synthèse des conceptions philosophiques de Thomas [60].

[59] BACIC, *Introductio...,* pp. 95 sq.; GRABMANN, *Die Werke...,* pp. 343-344, 463; J. PAUSON, *Saint Thomas Aquinas. De principiis naturae. Introduction and Critical Text,* (Fribourg et Louvain, 1950): cet auteur date l'ouvrage de 1252 ou 1253.

[60] GRABMANN, *Die Werke...,* pp. 342-343, 462; IDEM, *Mittelalterliches Geistesleben,* I, pp. 667 sq.; IDEM, *De commentariis in opusculum S. Thomae Aquinatis De ente et essentia,* in *Acta Pont. Acad. Romanae S. Thomae Aq.*

Outre ses leçons sur les *Sentences,* Thomas dut, comme tout bachelier, prendre de temps en temps, dans les *disputes,* la défense des thèses proposées par le maître dont il dépendait et résoudre les objections soulevées par les contradicteurs.

Quand un bachelier avait fait ses preuves pendant quatre ans, il était présenté au chancelier de l'université pour recevoir la *licence,* c'est-à-dire la permission de prêcher et d'enseigner en public ([61]). Avant l'octroi de la licence, un certain temps s'écoulait, durant lequel le chancelier devait recueillir, auprès des maîtres et d'autres personnes éminentes, des renseignements sur le candidat, sur ses aptitudes et les espoirs qu'il donnait ([62]). Quelques enquêtes étaient donc nécessaires. Alors, selon le jugement qu'il portait, le chancelier accordait ou refusait la licence ([63]).

Dans le cas de Thomas, il ne pouvait y avoir le moindre doute sur ses aptitudes. Le chancelier Aimeric de Vaires ([64]) conféra la licence à Thomas et reçut, pour ce fait, les félicitations du pape Alexandre IV dans une lettre spéciale datée du 3 mars 1256. Donc si le chancelier n'avait pas donné spontanément la licence à Thomas, le pape l'y aurait sans doute obligé. Il l'obligea d'ailleurs à faire en sorte que le nouveau licencié prononçât aussitôt sa leçon inaugurale ([65]). Thomas avait désormais le droit de prêcher et d'enseigner en public, d'accomplir les différents actes de la *maîtrise,* et de demander son agrégation à la corporation des maîtres.

Pour y être admis, le licencié devait avant tout jurer qu'il observerait les statuts que le collège des maîtres avait rédigés ([66]). Puis il devait donner une leçon inaugurale solennelle,

et Religionis catholicae, V (1938), pp. 7-20; BACIC, *Introductio...,* p. 95; CHENU, *Introduction...,* pp. 280-283; ROLAND-GOSSELIN, *Le «De ente et essentia» de S. Thomas d'Aquin,* 2ᵉ éd., Paris, 1948; L. BAUR, *De ente et essentia opusculum,* Munster, 1926; R. ALLERS, *Thomas von Aquin über das Sein und das Wesen,* Vienne, 1936; PERRIER, *Opuscula omnia,* I, pp. 24-50.

([61]) D'IRSAY, *Histoire des universités,* I, p. 70.

([62]) *Chartularium...,* I, pp. 136-137, n. 79.

([63]) GLORIEUX, *Répertoire...,* I, pp. 21-23.

([64]) *Ibid.,* I, p. 332, n. 149.

([65]) *Chartularium...,* I, p. 307, n. 270; FELDER, *Storia degli studi scientifici nell'Ordine francescano,* pp. 218, 235, 531.

([66]) GLORIEUX, *Répertoire...,* I, p. 22.

appelée *principium* ([67]). Le chancelier demanda donc au prieur
du couvent dominicain de Paris «de donner en son nom à
frère Thomas l'ordre de se préparer à recevoir la maîtrise en
théologie, sans faire de difficultés pour accepter» ([68]). Alors
on fixa la date du *principium* de Thomas. Quand fut-il prononcé ? Naturellement avant la lettre papale du 17 juin 1256 dont
il est question ci-après. Peut-être à l'occasion du chapitre général des Prêcheurs, tenu à Paris vers la Pentecôte (7 juin) ([69]).

Mais la paix ne régnait toujours pas au centre universitaire
parisien. Si le Pape ne s'y était opposé, les Frères Prêcheurs
auraient même renoncé à leur seconde chaire, pour le bien de
la paix. Il n'est donc pas étonnant que certains factieux aient
accumulé toutes sortes d'obstacles devant ceux qui avaient
voulu assister au discours solennel de Thomas d'Aquin. Nous
le savons par une lettre d'Alexandre IV, écrite le 17 juin 1256,
dans laquelle on peut lire entre autres choses: «Les maîtres et
étudiants susdits n'ont pas cherché à maintenir la concorde.
Ils se sont opposés, d'une manière indigne, à ceux qui voulaient écouter les leçons, les disputes et les sermons des mendiants, et à ceux qui voulaient assister à la leçon inaugurale de
notre cher fils Thomas d'Aquin» ([70]). Du moins ne serait-il plus
possible, désormais, de lui interdire l'entrée dans la carrière
magistrale.

La nouvelle de la promotion de l'Aquinate à la maîtrise dans
le plus célèbre *studium* de la chrétienté apporta une grande joie
dans la province dominicaine de Rome. Elle était dirigée à cette époque soit par le P. Thomas Agni, soit par son successeur ([71]).

([67]) *Ibid.*, I, p. 19; CHENU, *Maîtres et bacheliers de l'Université de Paris vers
1240*, in *Études d'hist. litt. et doctrinale du XIIIᵉ siècle*, I (Paris-Ottawa, 1932),
pp. 28-30; D'IRSAY, *Histoire des universités*, I, p. 151.

([68]) TOCCO, chap. 16.

([69]) A ce chapitre, le maître général demanda à Albert le Grand, présent
comme provincial de Germanie, de prendre la défense des mendiants auprès
du Pape. Cf. FOREST-VAN STEENBERGHEN-DE GANDILLAC, *Le mouvement doctrinal...*, p. 242.

([70]) *Chartularium...*, I, p. 321, n. 280.

([71]) MASETTI, *Monumenta...*, I, p. 224.

CHAPITRE VII

MAÎTRE EN THÉOLOGIE Λ L'UNIVERSITÉ
DE PARIS

Thomas avait été choisi pour la maîtrise de préférence à d'autres candidats plus anciens que lui, *non servato ordine secundum anticipationem temporis consueto*, écrit Tocco ([1]). Il n'avait pas les trente-cinq ans d'âge requis par les règlements universitaires. Les documents rapportent qu'il se récusa d'abord, puis, sur l'ordre de ses supérieurs, donna son acceptation. Au pied de l'autel selon les uns ([2]), dans sa cellule selon d'autres([3]), il demanda en pleurant au Seigneur d'être rempli par lui de science et de grâce pour pouvoir commencer et accomplir dignement sa nouvelle fonction. Un psaume se présenta spontanément dans sa prière, le onzième, qui débute par ce verset: *Sauve-moi, Seigneur ! Il n'y a plus de saints, la vérité a disparu parmi les hommes.* Alors un envoyé du ciel lui apparut, en habit de frère Prêcheur, et lui suggéra le texte à commenter dans sa leçon inaugurale ([4]). C'était le verset 13 du psaume 103, *Rigans montes de superioribus suis: De tes chambres hautes tu abreuves les montagnes, la terre se rassasie du fruit de ton ciel.* «Ces paroles ne fournissaient pas seulement le thème du *prin-*

([1]) Tocco, chap. 16; *XTh*, III, p. 175; CASTAGNOLI, *Regesta...* (1928), p. 249.

([2]) *Procès de Naples*, chap. 49.

([3]) *Procès de Naples*, chap. 92.

([4]) F. SALVATORE, *Due sermoni inediti di S. Tommaso d'Aquino*, (Rome, 1912), pp. 17-20; CASTAGNOLI, *Regesta...* (1928), pp. 250 sq.; GRABMANN, *Die Werke...*, pp. 394-395; BACIC, *Introductio...*, pp. 103 sq.; CHENU, *S. Thomas d'Aquin et la théologie*, pp. 83-84.

cipium, mais encore un présage de tout ce qu'il allait faire» ([5]).

Cet épisode a déjà trouvé place dans le recueil des *Vitae Fratrum,* dont la première édition remonte à 1259 ou 1260 ([6]). Le 13 août 1319, le dominicain Pierre Capotto de Bénévent raconta qu'il avait entendu lire ce récit pendant qu'il était étudiant parisien ; et, ajouta-t-il, on pensait communément à Paris que le messager céleste n'était autre que S. Dominique lui-même ([7]). Quoi qu'il en soit des précisions données par Capotto, elles confirment le témoignage plus sobre des *Vitae Fratrum* et d'autres sources ([8]).

Quand Thomas eut prononcé son *principium,* on lui attribua une chaire magistrale; il devint *magister actu regens* ([9]). En raison de la querelle entre séculiers et réguliers, on n'accorda pas au nouveau docteur la participation aux droits de la corporation universitaire des maîtres, contrairement à la coutume ([10]). Thomas dut attendre, comme Bonaventure, qui, promu à la maîtrise en 1253, n'avait pas encore été admis dans le collège magistral ([11]). Cette attitude des maîtres parisiens à l'égard

---

([5]) Tocco, chap. 16; *Procès de Naples,* chap. 49: «quidam frater predicator canus et antiquus»; chap. 60: «frater quidam de Caputio senex».

([6]) *MOPH,* I, p. 216: «quidam dabat ei librum».

([7]) *Procès de Naples,* chap. 92; sur Capotto, voir *MOPH,* XX, pp. 87, 101, 107.

([8]) *Procès de Naples,* chap. 49.

([9]) Au titre de *magister in sacra pagina,* qui désignait les professeurs de théologie, s'est substitué, depuis le 13ᵉ siècle, celui de *maître en théologie.* C'est la conséquence d'un progrès scientifique en doctrine et en méthode théologiques, dans lequel S. Thomas joue un rôle essentiel. «La théologie, même dans ses fonctions «scientifiques» les plus poussées, est héritière de cette sagesse augustinienne toute qualifiée par la vie bienheureuse vers laquelle elle tend... L'épistémologie aristotélicienne fut le précieux instrument de cette synthèse; l'esprit reste d'Augustin. Les augustiniens, plus mystiques apparemment, n'avaient pas su réaliser l'unité d'une âme, dont l'acte premier de religion serait l'exercice même de sa raison: avec S. Thomas, l'immense curiosité de l'intelligence humaine devient acte religieux, bien mieux, exercice de foi. La théologie est, plus intégralement que ne l'avait pensé Augustin, «scientia... qua fides saluberrima gignitur, nutritur, defenditur, roboratur». Cf. CHENU, *La théologie comme science au 13ᵉ siècle,* 3ᵉ édit., Paris, 1957, pp. 99-100; IDEM, *S. Thomas d'Aquin et la théologie,* pp. 33-49.

([10]) FELDER, *Storia...,* pp. 235, 533 sq.

([11]) LEMMENS, *S. Bonaventura,* pp. 85, 226; *Chartularium...,* I, p. 187; GLORIEUX, *Répertoire...,* II, p. 37, n. 305.

de leurs collègues mendiants ne fait évidemment pas honneur à leur corporation. Alexandre IV dut faire usage de son autorité souveraine. Dans une ordonnance du 23 octobre 1256, il imposa aux maîtres séculiers parisiens «de recevoir expressément et nommément dans leur société frère Thomas d'Aquin, de l'ordre des Prêcheurs, et frère Bonaventure, de l'ordre des Mineurs» ([12]). Les maîtres Odon de Douai et Chrétien de Beauvais jurèrent, en présence du cardinal Hugues de Saint-Cher et de Jean Gaétan Orsini, d'accomplir la volonté du Pape. C'est pourquoi, le 12 août de l'année 1257, «le dimanche avant la fête de l'Assomption, une assemblée plénière se réunit dans le couvent des Frères Mineurs de Paris. Le maître Chrétien de Beauvais ([13]), en présence d'un délégué de Renaud Mignon, évêque de Paris (1250-1268) ([14]), notifia l'admission de Frère Thomas et de Frère Bonaventure dans la corporation et dans l'université de Paris» ([15]). Bonaventure était déjà supérieur général de son ordre depuis le 2 février de cette année. Thomas continua seul sa mission magistrale ([16]).

Malgré ce retard injuste dans la reconnaissance officielle de la plénitude de leurs droits, Thomas ni Bonaventure ne s'étaient jamais vu retirer ni limiter leurs pouvoirs d'enseigner ([17]). Dès le moment de leur promotion, donc dès 1253 pour Bonaventure, et dès 1256 pour Thomas, l'un et l'autre avaient enseigné en public, sans dépendre de personne. C'est aussi à ce moment qu'avait pris fin la période où «la très illustre ville de Paris, mère de toutes les études, avait nourri et élevé Thomas»; désormais c'est elle «qui allait recevoir de

([12]) *Chartularium...*, I, pp. 338-340, n. 293.

([13]) GLORIEUX, *Répertoire...*, I, p. 348, n. 163: Chrétien de Beauvais, originaire de Verdun.

([14]) EUBEL, *Hierarchia...*, I, p. 391.

([15]) *Chartularium...*, I, p. 360, n. 312 et p. 366, n. 317; LEMMENS, *S. Bonaventura*, p. 85.

([16]) On fait habituellement remonter à cette époque la fondation du Collège de Sorbonne (1257-1258), grâce à des dons successifs de Robert de Sorbon et d'autres personnages. Robert de Sorbon était maître dès avant 1250; il le resta jusqu'en 1274. Chapelain de S. Louis, il fut mêlé à plusieurs affaires publiques de son temps.

([17]) FELDER, *Storia...*, pp. 234 sq.

lui une nourriture ineffable» ([18]). Mandonnet et d'autres voient dans ce passage de la fameuse lettre de la faculté parisienne des arts une preuve que Thomas a été étudiant à Paris ([19]).

Denifle croit pouvoir l'accorder avec l'hypothèse où il n'aurait séjourné à Paris que comme bachelier et maître ([20]). En effet, si le bachelier enseignait déjà, sa dépendance vis-à-vis d'un maître le maintenait dans la condition d'étudiant.

On sait déjà que les Prêcheurs possédaient deux écoles à Paris. L'une, la *scola interna,* était réservée aux dominicains de la province de France. L'autre, la *scola externa,* était confiée aux maîtres des provinces étrangères. Maître Thomas prit naturellement possession de la chaire des étrangers ([21]).

Dès la rentrée scolaire de 1256, il se consacra donc aux tâches propres du maître: l'enseignement, la dispute, la prédication: *legere, disputare, praedicare. Legere* désignait l'enseignement ordinaire; *disputare,* un exercice très spécial; quant à la prédication, elle était considérée comme partie intégrante de l'enseignement ([22]).

La tâche principale d'un professeur de théologie était alors l'explication de la Bible. «Le maître enseignant était à la lettre, selon son nom officiel, un *magister in sacra pagina*» ([23]). Le P. Mandonnet suppose que Thomas donnait, à Paris, deux cours d'Écriture Sainte par semaine; plus tard, à Naples, il en aurait donné un par jour. La chronologie des écrits scripturaires de S. Thomas est encore plus difficile à établir que celle de la plupart de ses autres œuvres. En outre, les leçons de Tho-

---

([18]) *Doc.* 31 (*Fontes,* 585); *Chartularium...,* I, p. 504.

([19]) *La Ciencia Tomista,* (1926), pp. 359 sq.

([20]) *Zum Kölner Studienaufenthalt...,* p. 52.

([21]) Mothon, *Vie du Bx Innocent V,* p. 18; Mandonnet, *S. Thomas d'Aquin lecteur...,* p. 21.

([22]) Glorieux, *Répertoire...,* I, pp. 15-20.

([23]) Cf. *Bulle de canonisation,* in *XTh,* III, p. 175. Sur l'expression «in sacra pagina», voir: Denifle, *Quel livre servait de base à l'enseignement des Maîtres en Théologie dans l'université de Paris,* in *RTh* 2 (1892), p. 152; Felder, *Storia...,* pp. 218, 489-495, 527; Glorieux, *Répertoire...,* I, p. 15; Vosté, *S. Thomas Aquinas epistularum s. Pauli interpres,* pp. 258-260; Chenu, *Introduction...,* pp. 199-212. Mais n'oublions pas que, depuis 1215, le titre de «maître en théologie» se substituait de plus en plus à celui de «magister in sacra pagina».

mas ne nous sont souvent parvenues que grâce aux notes prises par ses auditeurs; ou bien elles ont été plus tard revues et corrigées par l'auteur lui-même ([24]). Les ouvrages composés directement par lui s'appellent *expositiones,* les notes prises par les élèves portent le nom de *reportationes* ou *lecturae.*

Nous allons donner ici, une fois pour toutes, la liste complète des travaux scripturaires de Thomas, avec quelques renseignements sur chacun, quitte à rappeler par la suite, à leur place chronologique, les travaux dont on connaît la date avec probabilité ([25]).

En ce qui concerne l'Ancien Testament, nous avons d'abord l'*exposition* sur Isaïe ([26]). Nous possédons encore une partie du manuscrit autographe, les chapitres 34 à 49 (Vat. lat. 9850, fol. 105-114) ([27]). Les éditions modernes reproduisent le texte que Jacobin d'Asti transcrivit, vers 1274-1278, d'après l'original. C'est probablement le même Jacobin qui inséra dans le texte 126 *collationes,* sortes de canevas pour petits discours, en les faisant précéder de la mention: *nota super illo verbo.* Cet exemple montre ce que peut devenir un texte original, même quand il s'agit d'un grand écrivain. On a parfois cherché à faciliter l'utilisation pratique d'un texte plutôt qu'à assurer la pureté de sa transmission.

Les *expositions* sur Jérémie et les *Lamentations* sont incomplètes ([28]).

Les *reportations* sur les 54 premiers psaumes sont dues à Ré-

---

([24]) BACIC, *Introductio...,* p. 5; CHENU, *Maîtres et bacheliers...,* pp. 24-27; VOSTÉ, *S. Thomas Aquinas...,* p. 261.

([25]) *Chronologie des écrits scripturaires de S. Thomas d'Aquin,* in *RTh.* 33 (1928), pp. 116-130, 130-134; VOSTÉ, *S. Thomas Aquinas...,* pp. 261-263; GRABMANN, *Die Werke...,* pp. 257-260, 263-264, 461; CASTAGNOLI, *Regesta...* (1928), p. 329; (1929), pp. 57-61; BACIC, *Introductio...,* pp. 57, 59 sq.; selon TOCCO, chap. 31 et le *Procès de Naples,* chap. 59, le commentaire sur Isaïe aurait été dicté à Réginald.

([26]) GRABMANN, *Die Werke...,* pp. 257-260; CHENU, *Introduction...,* p. 209. Cette exposition paraît bien dater du premier séjour parisien.

([27]) GRABMANN, *Die Werke...,* pp. 428-433; PELZER, *Note sur les autographes de S. Thomas à la Bibliothèque Vaticane,* in *RPL,* août 1955, pp. 321-327, surtout 325-327; A. DONDAINE, *Secrétaires de S. Thomas* (Rome, 1956).

([28]) GRABMANN, *Die Werke...,* pp. 260-261; CHENU, *Introduction...,* p. 210.

ginald de Piperno, qui fut, pendant de longues années, l'ami et le compagnon de Thomas ([29]).

L'*exposition* sur le livre de Job est remarquable: contrairement à la coutume ancienne, elle s'attache au sens littéral ([30]).

En ce qui concerne le Nouveau Testament, nous possédons d'abord la *reportation* sur S. Matthieu due à Pierre d'Andria pour les 14 premiers chapitres, et à un prêtre séculier, Ligier de Besançon ([31]), pour les chapitres 15 à 28. Cette reportation, faite à Paris, est un travail défectueux.

Au contraire, la *reportation* sur S. Jean, due à Réginald de Piperno, est excellente ([32]). Elle a d'ailleurs été revue par Thomas lui-même. Elle date peut-être du deuxième séjour parisien (1269-1272).

Sur S. Paul, nous avons deux sortes d'écrits de S. Thomas. Une *reportation,* due à Réginald de Piperno, qui renferme l'étude de toutes les épîtres. Puis une *exposition,* composée sans doute pendant le dernier séjour à Naples, qui s'arrête au chapitre 10 de la *Première aux Corinthiens* ([33]).

Il faut mettre tout à fait à part la *Chaîne d'or* (*Catena aurea*) ([34]), nommée par son auteur, d'une manière plus prosaïque mais plus exacte, *Exposition continue* des quatre évangiles (*expositio continua*). Une suite ininterrompue de textes patristiques éclaire les versets de l'évangile. Cet ouvrage n'est pas le fruit d'un enseignement. C'est le pape Urbain IV qui, en 1263, le demanda à S. Thomas, afin de faciliter le rapprochement avec les chrétiens orientaux séparés. «Cette *Expositio continua* tient une place de premier plan dans l'histoire de l'exégèse médiévale, à côté de la *Glossa ordinaria* et de la

---

([29]) GRABMANN, *Die Werke...*, pp. 253-254; CHENU, *Introduction...*, p. 210.

([30]) GRABMANN, *Die Werke...*, pp. 251-253; CHENU, *Introduction...*, p. 210.

([31]) GRABMANN, *Die Werke...*, pp. 263-264; CHENU, *Introduction...*, pp. 210-211. Plusieurs historiens récents retardent la composition du commentaire sur S. Matthieu jusqu'à la fin du second enseignement parisien: cf. *RSPT*, janvier 1960, pp. 145-146.

([32]) GRABMANN, *Die Werke...*, pp. 265-266; CHENU, *Introduction...*, p. 211.

([33]) GRABMANN, *Die Werke...*, pp. 266-271; CHENU, *Introduction...*, pp. 211-212; BACIC, *Introductio...*, pp. 68-69.

([34]) GRABMANN, *Die Werke...*, pp. 261-262; CHENU, *Introduction...*, p. 212; BACIC, *Introductio...*, pp. 61-63.

Glossa interlinearis d'Anselme de Laon, et des *Gloses* de Pierre Lombard. Le moyen âge avait surtout glosé le Psautier pour la liturgie, et S. Paul pour la doctrine; les évangiles les plus simples étaient surtout commentés par les homélies, et l'on se bornait le plus souvent à l'exposition patristique de S. Matthieu. S. Thomas, en glosant d'une manière continue les quatre évangiles, comblait donc une lacune, dont il avait dû ressentir la gêne comme bibliste ordinaire à Saint-Jacques en commentant la Bible au moyen des gloses. Ce répertoire infiniment précieux d'interprétations qualifiées du texte évangélique constituait, par sa richesse même, une mine pour les exégètes, les théologiens et les prédicateurs. Par cet ouvrage S. Thomas, qui est avant tout un métaphysicien et un théologien spéculatif, tient une place de premier ordre dans l'histoire de la théologie positive et patristique» [35].

En quoi consiste l'originalité de l'ensemble de cette œuvre exégétique ? Elle est très éloignée de la manière d'un S. Grégoire le Grand ou d'un S. Bernard, lesquels recherchent presque uniquement le sens spirituel et les applications pastorales. Pourtant, on le comprendra facilement, elle est aussi très éloignée de la manière contemporaine, avec ses exigences en matière historique, géographique et sociologique, et son désir de connaître la personne même de l'écrivain sacré, son tempérament, son milieu et les destinataires de son œuvre. Thomas a suivi la voie ouverte peu auparavant par Hugues de Saint-Cher, et continuée par Albert et Bonaventure: on cherche avant tout le sens littéral et l'intention véritable des paroles divines, ce qui est un grand progrès. Mais on attribue au Seigneur et à l'écrivain sacré une mentalité méthodique à la manière d'Aristote, ce qui mène à considérer chaque livre de la Bible comme un recueil de leçons magistrales. Les phrases et les mots sont décortiqués isolément; divisions et subdivisions sont multipliées partout; on recherche à tout instant la cause de tel événement ou de telle parole. «Toute la technique des grammairiens anciens vient peser ici, comme jadis chez S. Augus-

---

[35] Spicq, *Esquisse d'une histoire de l'exégèse latine au moyen âge* (Paris, 1944), pp. 307-310.

tin, avec l'atomisme qui parfois passe la mesure et aboutit à une interprétation plus littérale que littéraire. Tel Servius expliquant Virgile» ([36]).

Ainsi, parvenu au chapitre 5 du *Commentaire sur S. Matthieu,* le lecteur peut lire ceci: «*Videns autem Jesus turbas.* Ici le Seigneur va proposer sa doctrine. Le texte se divise en trois parties: la première développe la doctrine du Christ, la seconde (au chapitre 13) sa puissance, la troisième (au chapitre 17) la fin où elle conduit. La première se divise à son tour en trois parties: la première (au chapitre 5) concerne la doctrine; la seconde (au chapitre 10) concerne les prédicateurs de la doctrine; la troisième (au chapitre 11), les adversaires de la doctrine; quant à la première, elle se subdivise en deux: la première section contenant l'exposé de la doctrine, la seconde (au chapitre 8), sa confirmation par les miracles. La première section renferme à son tour deux parties. La première est une sorte d'avant-propos; la seconde, qui commence à *Beati pauperes spiritu,* est l'énoncé même de la doctrine. Dans la première, on découvre trois points: d'abord la description du lieu, puis la mention des auditeurs, enfin l'indication de la méthode».

Les quatorze épîtres de S. Paul sont considérées comme les chapitres d'un même traité, non comme des écrits de circonstance.

Tout est expliqué comme si les écrivains sacrés étaient des penseurs grecs ou des scolastiques rigoureux, non des orientaux dotés d'une manière de penser et d'écrire très différente de la nôtre.

Dans ce cadre rigide figurent pourtant d'excellentes explications théologiques, empruntées d'ailleurs à la tradition plus souvent qu'au texte sacré. Dans ces conditions, Thomas ne peut pas être appelé le prince des exégètes, alors qu'il est le prince des théologiens. Sa valeur durable ne réside donc pas dans ce qui fut autrefois sa charge principale. Sa méthode exé-

---

([36]) CHENU, *Introduction...,* pp. 214-215.

gétique doit être complétée par celle des Pères et des exégètes modernes; la réciproque est d'ailleurs souhaitable [37].

La seconde tâche du maître était la *dispute* [38]. Nous possédons actuellement des renseignements valables sur la chronologie des *questions disputées* de Thomas. Nous pourrons donc traiter de chacune au moment convenable. Voici d'abord un aperçu historique sur la *dispute*, au temps où Thomas enseignait à Paris [39].

Les jours où l'on ne *lisait* pas la Bible, la leçon portait sur un des *auteurs* reconnus. Cette lecture des textes, ou *lectio*, était, dans toutes les facultés, la base de l'enseignement. C'en était souvent aussi la fin, car malheureusement on en vint rapidement à prendre les textes écrits pour la réalité elle-même. «Savoir la médecine, ce fut connaître le *Canon* d'Avicenne, et non le corps de l'homme; savoir la grammaire, ce fut connaître Priscien, et non le langage effectif des hommes» [40]. A la faculté de théologie, on considérait comme *auteurs* avant tout le Pseudo-Denys, Augustin et les Pères en général, surtout les latins; puis Boèce, Anselme, Bernard; enfin Hugues de Saint-Victor.

De la *lectio* naquit tout naturellement la *quaestio*, discussion à propos d'un point obscur et difficile. La *quaestio* conduisit, par un processus également normal, à la *disputatio*. A l'époque qui nous intéresse, la *dispute* publique et scientifique était, à Paris, incorporée au programme des études. Elle contribuait indubitablement dans une grande mesure à développer la sagacité des auditeurs, à susciter leur intérêt pour une question et à provoquer son approfondissement.

La *lecture* d'un auteur ancien se faisait chaque jour; par

---

[37] Sur l'exégèse de S. Thomas on consultera: CHENU, *Introduction...*, pp. 217-223; SPICQ, *S. Thomas exégète,* dans l'article *Thomas d'Aquin* du *DTC,* col. 694-738. On retiendra aussi cette phrase du P. Chenu (*Introduction...,* p. 209): «Malgré divers essais d'identification, nous n'avons pas le commentaire sur le *Cantique des cantiques,* dont les meilleurs catalogues lui attribuent la composition».

[38] GLORIEUX, *Répertoire...,* I, pp. 17-19; GRABMANN, *Storia...,* pp. 109-11; BACIC, *Introductio...,* pp. 31-33; CASTAGNOLI, *Regesta...* (1928), pp. 256-260.

[39] CHENU, *Introduction...,* pp. 66-81.

[40] *Ibid.,* p. 69.

contre le nombre des *disputes* publiques n'était pas déterminé avec précision. Avant Thomas, elles étaient plutôt rares, comme il ressort de la remarque d'Humbert de Romans: *interdum expedit disputare*. Les talents de Thomas étaient si remarquables que, pendant ses deux séjours parisiens, il tint deux disputes par semaine; en Italie, il se contenta probablement d'une par quinzaine.

Le maître choisissait lui-même le sujet, ce qui lui donnait le temps d'une préparation suffisante. Le plus souvent, il s'agissait de questions qui étaient dans l'air. Le jour et le sujet étaient annoncés publiquement. Toutes les écoles d'une même faculté suspendaient leurs cours ce matin-là, pour que tous les étudiants puissent assister à la dispute. Souvent des étudiants d'autres facultés et des étrangers y venaient aussi, plus ou moins nombreux selon la réputation du maître; des prélats et des ecclésiastiques de passage pouvaient s'y trouver. Ce n'était pourtant pas le maître, mais son bachelier, qui essuyait le feu des objections et avait à y répondre. Le maître n'intervenait qu'en cas de besoin. La situation du maître était-elle toujours aussi digne d'envie que celle d'Elie Brunet quand son bachelier avait été Thomas d'Aquin ? Les objections étaient formulées d'abord par les maîtres présents, puis leurs bacheliers, et, s'il y avait lieu, par d'autres étudiants.

Après cette dispute, souvent très animée, venait, au premier *jour lisible*, la *determinatio*, par le maître lui-même, également en public. Il avait eu le temps d'ordonner les objections, dont le nombre atteignait fréquemment ou dépassait la vingtaine. Il leur opposait un ou plusieurs textes patristiques, comme nous l'avons déjà vu en traitant du *Commentaire sur les Sentences*. Il exposait ensuite la thèse «magistralement» et résolvait à cette lumière les différentes difficultés. Dans les *Quaestiones disputatae* de S. Thomas, nous possédons non pas les *disputes* mais les *déterminations* rédigées par le maître ou par un auditeur.

Nous avons ainsi 510 déterminations, rassemblées sous les titres suivants: *De veritate, De potentia, De malo, De spiritualibus creaturis, De anima, De virtutibus, De unione* Verbi *incarnati*. Les 253 déterminations rangées sous le titre *De veritate* datent en grande partie du premier séjour de Thomas à Paris,

1256-1259 ([41]). Par la suite, on a classé ces 253 déterminations, appelées *articles,* en 29 catégories, appelées *questions*, selon les différents sujets traités. Le titre général donné à la collection *De veritate* est le titre de la première question.

On avait cru «pouvoir, sans trop d'arbitraire, les dater à une semaine près» ([42]). Actuellement, on préfère penser que «les questions *De veritate* ont été disputées en 29 séances, sans qu'il soit possible de préciser leur date avec rigueur, car rien n'oblige à penser qu'il y ait eu dans leur soutenance une régularité quelconque» ([43]). C'est là qu'il faut chercher la clé pour l'intelligence des deux *Sommes,* dont la rédaction est beaucoup plus concise. «Il avait raison, ce vieux commentateur vénitien du 17e siècle, qui, voué depuis toujours à l'étude de S. Thomas, déclarait avoir tiré plus de profit, dans sa vieillesse, des *Questions disputées,* que de tout le reste de ses travaux» ([44]).

Les *Questions quodlibétales* étaient très proches des *Questions disputées.* Mais le maître conduisait personnellement la dispute et ce n'était pas lui qui fixait le sujet, mais les assistants, par les questions qu'ils posaient. La plupart des maîtres concevaient de l'effroi pour ces joutes oratoires *de quolibet ad*

([41]) Jusqu'à la question XXII, art. 10. La rédaction définitive de la suite du *De veritate* n'aurait eu lieu qu'en Italie. Cf. A. DONDAINE, *Secrétaires de S. Thomas,* surtout pp. 185-186.

([42]) CHENU, *Introduction...,* p. 242, faisant allusion à un article du P. SYNAVE dans *Mélanges Mandonnet* (Paris, 1930), I, pp. 353-365. Sur le *De veritate,* on pourra consulter: GRABMANN, *Die Werke...,* pp. 301-308; DONDAINE, *Secrétaires...,* per totum.

([43]) GAUTHIER, in *S. Thomas d'Aquin, Contra Gentiles, livre premier* (1961), p. 31. Gauthier se réfère à DONDAINE, *Secrétaires...,* pp. 209-216. Selon ce dernier, la véritable unité, dans les questions disputées, serait non pas l'*article* (hypothèse du P. Mandonnet), mais la *question* (comprenant plusieurs articles de nos éditions). — Le même P. DONDAINE montre que les ff. 51 à 140 du *Cod. Vat. Lat. 781* contiennent l'original des questions II à XXII, art. 10 du *De veritate* de S. Thomas, mais écrit par la main de son secrétaire favori: S. Thomas a *dicté* presque toutes ses grandes œuvres, et tout au long de sa vie.

([44]) CHENU, *Introduction...,* p. 244. Pour le texte des questions disputées, on se reportera de préférence à l'édition publiée chez Marietti en 1949, par P. BAZZI, M. CALCATERRA, T. S. CENTI, E. ODETTO, P. M. PESSION, avec une bonne introduction générale du P. PESSION O.P.

voluntatem cujuslibet (Humbert de Romans). Elles avaient lieu deux fois par an, avant Noël et avant Pâques ([45]).

Les œuvres complètes de S. Thomas contiennent aujourd'hui 12 *quodlibeta* ([46]). Les *quodlibeta* 7 à 11 appartiennent à l'époque du premier séjour parisien, donc entre Noël 1256 et Pâques 1259 ([47]). Les sujets ne sont naturellement pas aussi logiquement enchaînés que dans les disputes ordinaires; ils reflètent parfois d'une manière curieuse les préoccupations de l'époque. Soit, par exemple, la série des neuf premières questions du 6ᵉ quodlibet, qui appartient à la fin du deuxième séjour parisien: 1. L'unité de nature en Dieu permet-elle de parler d'une trinité de personnes ? 2. L'activité totale d'un ange dépend-elle exclusivement de sa volonté ? 3. Un ange peut-il se tenir sur la voûte du ciel ? 4. Un enfant né dans le désert peut-il être sauvé, sans baptême, grâce à la foi de ses parents ? 5. L'adhésion ferme d'un hérétique ou d'un mauvais catholique à une vérité de foi est-elle un acte de la vertu de foi ? 6. Est-il permis de fêter la Conception de Notre-Dame ? (Thomas répond négativement, selon l'opinion la plus courante en son

([45]) GRABMANN, Storia..., p. 80; BACIC, Introductio..., pp. 40 sq., 32; CHENU, Introduction..., pp. 77-81; A. DONDAINE, Secrétaires..., pp. 81-82.

([46]) JANSSEN, Die Quodlibeta des hl. Thomas von Aquin (Bonn, 1912); GRABMANN, Die Werke..., pp. 309-313, 462; BACIC, Introductio..., pp. 40-48; CHENU, Introduction..., pp. 245-246. A la bibliographie donnée par ces auteurs, ajouter: AXTERS, Où en est l'état des manuscrits des questions quodlibétiques de S. Thomas d'Aquin, in RTh 41 (1936), pp. 505-530; DTP 41 (1938), pp. 293-301 (AXTERS) et 42 (1939), pp. 61-93 (GLORIEUX); F. STEGMÜLLER, in DTF 27 (1949), pp. 200-222. Le P. Mandonnet a voulu voir en S. Thomas le créateur de la dispute quodlibétique; mais d'autres historiens ont prouvé que des disputes de quolibet avaient déjà été tenues par Alexandre de Halès, Guerric de Saint-Quentin, Robert Grosseteste, Gauthier de Château-Thierry et Godefroy de Bléneau.

([47]) Certaines disputes ordinaires ont été rangées par erreur dans la liste des disputes quodlibétiques. C'est le cas de la dispute De opere manuali religiosorum, tenue en 1255 ou 1256, et contemporaine du Contra impugnantes. Cf. CASTAGNOLI, Regesta... (1928), pp. 253 sq. Pour le texte des questions quodlibétiques on se reportera de préférence à l'édition du P. SPIAZZI O.P., parue en 1949 chez Marietti, avec une bonne introduction générale due à ce religieux.

temps). 7. Le professeur ecclésiastique qui possède un bénéfice doit-il dire l'office des morts ? 8. Un évêque commet-il une faute quand il accorde un bénéfice à un ecclésiastique vertueux, alors qu'un plus vertueux ne reçoit rien ? 9. Un pauvre doit-il payer la dîme à un prêtre riche ? — On devine quelles ressources il fallait au maître pour répondre sans préparation à des questions aussi différentes.

Les quodlibets de S. Thomas ne sont guère inférieurs à ses questions disputées. Ainsi l'article 2 du 1er quodlibet — réplique achevée de l'article 4 du 9e quodlibet — contient ce qu'il a écrit de plus clair sur la filiation du Christ et constitue la perle de sa doctrine de la relation [48]

Il faut enfin mentionner, puisqu'ils datent également du premier séjour parisien, les deux commentaires sur Boèce, rédaction d'un enseignement effectif. Le premier traite brièvement du *De hebdomadibus* [49], le second, consacré au *De Trinitate,* est assez développé, mais il n'a pas été achevé [50]. Ces opuscules traitent principalement de questions philosophiques. On doit lire le premier si l'on désire connaître l'opinion de Thomas lui-même sur la distinction de l'essence et de l'existence. On y trouve d'ailleurs de précieux renseignements, comme celui-ci, où Thomas exprime son estime pour la solitude: *in contemplatione sapientiae tanto aliquis efficacius operatur quanto magis solitarius secum commoratur.* Le deuxième opuscule, composé très probablement en 1256, est encore plus important. Une partie de l'autographe est parvenue jusqu'à

---

[48] Cf. A. KREMPEL, *La doctrine de la relation chez S. Thomas, exposé historique et systématique* (Paris, 1956).

[49] Boèce avait écrit un ouvrage en *sept* chapitres (d'où son titre *De hebdomadibus*) sur la bonté des êtres. Un certain diacre Jean y trouvait des difficultés. Il demanda des explications à Boèce, qui lui répondit par une *expositio.* Le premier ouvrage s'étant ensuite perdu, les scolastiques transférèrent à l'*expositio* le titre *De hebdomadibus.*

[50] GRABMANN, *Storia...,* p. 117; IDEM, *Die Werke...,* pp. 358-360; CHENU, *Introduction...,* pp. 237-239; BACIC, *Introductio...,* pp. 99 sq.; CASTAGNOLI, *Regesta...* (1928), pp. 263-265; *Bull. thom.* 11 (1934), p. 46; *DTP* 42 (1939), pp. 397-399 (DEGL'INNOCENTI).

nous (⁵¹). Thomas procède comme dans le *Commentaire sur les Sentences,* ce qu'il ne fera plus dans la suite: il s'écarte loin du texte, pour suivre sa pensée personnelle. Et, en dépit du titre, le lecteur de l'ouvrage n'y apprendra pas grand'chose sur la Sainte Trinité. Viennent plutôt en discussion: la théorie de la connaissance, la division des sciences, leur méthode. Cette œuvre de jeunesse, au style vivant, nous fait connaître la pensée de Thomas mieux que la plupart de ses autres œuvres (⁵²).

Bernard Gui raconte le trait suivant à propos de la composition du commentaire sur le *De Trinitate*: «Thomas était un jour occupé, dans sa cellule, à dicter son commentaire sur le *De Trinitate* de Boèce. Il tenait une chandelle allumée. Il était tellement absorbé dans ses pensées, que la chandelle se consuma complètement dans ses doigts, sans qu'il s'en aperçût; il supporta la flamme sans remuer les doigts jusqu'à ce qu'elle s'éteignît. Il avait prévenu son secrétaire de ne le déranger en aucun cas !»

Cet exemple de la tension intellectuelle de l'Aquinate nous ramène de l'œuvre à l'homme. Son enseignement et ses disputes lui valaient un succès exceptionnel. Les étudiants affluaient à ses cours, comme en témoigne Guillaume de Tocco quand il écrit (⁵³): «Une si grande multitude d'étudiants se pressait pour l'entendre que la salle pouvait à peine les contenir». On n'en connaît pourtant que quelques-uns par leur nom. Ainsi, frère Nicolas de Marsillac (⁵⁴), qui, plus tard, fut conseiller et chapelain du roi de Chypre. Frère Nicolas a attesté en particulier l'esprit de pauvreté de Thomas (⁵⁵). Quand

(⁵¹) GRABMANN, *Die Werke...,* pp. 428-434; PELZER, *Note sur les autographes de S. Thomas à la Bibliothèque Vaticane,* in *RPL,* août 1955, pp. 321-327, surtout 325-327.

(⁵²) Cf. GRABMANN, *Die theologische Erkenntnis- und Einleitungslehre des hl. Thomas von Aquin, auf Grund seiner Schrift In Boethium de Trinitate,* (Fribourg, 1948). L'édition critique complète de l'*Expositio super librum Boethii de Trinitate* a été publiée par Bruno DECKER en 1955 à Leyde (Brill); en 1948, le P. WYSER O.P. avait donné une édition critique partielle: *In librum Boethii de Trinitate quaestiones quinta et sexta* (Fribourg et Louvain).

(⁵³) Tocco, *chap.* 17.

(⁵⁴) Marsillac, petit village du département actuel de la Haute-Loire.

(⁵⁵) *Procès de Naples,* chap. 66, 67; cf. *S. Thomae Opera,* XIII, p. 8 b. On il composait la *Somme contre les Gentils*, raconte-t-il, il se contentait de *schedulae minutae,* c'est-à-dire de feuilles de qualité médiocre, ou plutôt, de «petits morceaux» ou de «rognures» de parchemin. On peut mentionner aussi Guillaume d'Alton, Pierre d'Andria et Ligier de Besançon; les deux derniers, nous l'avons vu, ont assuré la *reportation* des commentaires bibliques.

Il faut citer encore le dominicain Annibal des Annibaldi, devenu plus tard cardinal, qui, de 1256 à 1258, ou de 1257 à 1259, fut probablement le bachelier de Thomas et compta parmi ses amis les plus fidèles. L'Aquinate lui dédia les trois derniers livres de la *Catena aurea,* après la mort d'Urbain IV. Le *Commentaire sur les Sentences* composé par ce même Annibal, le seul commentaire imprimé dû à un élève immédiat de Thomas (Grabmann), était déjà fort justement caractérisé par Ptolémée de Lucques comme un condensé de celui de l'Aquinate: *nihil aliud quam abbreviatio dictorum fratris Thomae* [56].

Parmi les compagnons de Thomas à Paris, Raymond Séveri doit nous retenir particulièrement. Il était entré dans l'ordre des Prêcheurs en 1250 et devait être un peu plus jeune que l'Aquinate. Pendant sept années (1252-1259), ils purent se rencontrer chaque jour. En 1267, nous trouvons Raymond lecteur de théologie au couvent de Béziers, dans sa province de Provence; en 1277, puis en 1302, on lui confia la tâche de prédicateur général. Il avait été également sous-prieur du couvent de Montpellier, et c'est là que l'avait connu Pierre Capotto, un des témoins au procès de canonisation de l'Aquinate [57]. Sa déposition confirme ce que nous pouvons lire dans Guillaume de Tocco: «Frère Raymond Séveri a affirmé plusieurs fois, avec

tend à croire aujourd'hui, à la suite de DONDAINE, *Secrétaires...,* que Nicolas de Marsillac confondait ses souvenirs: ce que Thomas écrivait ainsi n'était sans doute pas la *Somme contre les Gentils,* mais peut-être, le brouillon des questions *De veritate.*

[56] Sur cet Annibal, voir GLORIEUX, *Répertoire...,* I, p. 117, n. 19.

[57] *Procès de Naples,* chap. 92; *Fontes,* p. 398; C. DOUAIS, *Acta cap. prov. Ord. Frat. Praed.* (Toulouse, 1894), pp. 434, 124, 479; DOUAIS, *Essai sur l'organisation des études dans l'ordre des Frères Prêcheurs* (Toulouse, 1884), pp. 225, 230, 234; G. R. GALBRAITH, *The Constitution of the Dominican Order* (Manchester, 1925), p. 267; DONDAINE, *Secrétaires de S. Thomas,* pp. 199, 203.

serment, que Thomas ne s'est jamais accusé en confession d'une seule pensée impure volontaire, pendant toute la durée de son premier séjour parisien. Or Thomas et Raymond se confessaient l'un à l'autre et se servaient mutuellement la Sainte Messe[58]».

Parmi les relations parisiennes de Thomas figurent encore ses collègues français de la *scola interna*, Florent d'Hesdin, Barthélemy de Tours, Hugues de Metz [59]. Probablement aussi maître Pierre de Tarentaise, le futur pape Innocent V [60]. Il connut sans doute Vincent de Beauvais († 1264), précepteur puis bibliothécaire à la cour du roi S. Louis. Et naturellement, les supérieurs de la province de Paris, qui furent, après Humbert de Romans (1244-1254), Thierry d'Auxerre (1254-1258) et Guillaume de Séguin (1258-1261) [61].

On ne saurait omettre les liens qui l'unirent aux fils de S. François. D'autant que Mineurs et Prêcheurs s'étaient trouvés côte à côte dans la lutte que l'université de Paris avait entreprise contre les Mendiants. Ce n'est pas par hasard et sans un véritable avantage pour la chrétienté que les supérieurs généraux des deux ordres, Jean de Parme et Humbert de Romans, écrivirent ensemble, le 2 février 1255, une très belle lettre pour inviter leurs religieux à la paix et à la concorde [62]. S. Thomas connut surtout S. Bonaventure. Leurs noms sont parfois unis, nous l'avons vu, dans des bulles pontificales ou des documents officiels. Une certaine communauté d'idéal religieux et intellectuel créait entre ces deux hommes une véritable sympathie. Mais l'histoire n'a pas gardé la trace de rapports personnels entre eux. C'est la légende, entretenue par les peintres et les poètes, qui exalte la profondeur de leur amitié [63].

[58] Tocco, chap. 27.
[59] Glorieux, *Répertoire…*, I, pp. 84, n. 13, 104, n. 15, 105. n. 16.
[60] *Ibid.*, pp. 107-112, n. 17.
[61] *MOPH*, XVIII, p. 17; Mothon, *Vie du Bx Innocent V*, p. 37.
[62] *MOPH*, V, pp. 253 sq.
[63] Lemmens, *S. Bonaventura*, pp. 85 sq., 267; Grabmann, *Die persönlichen Beziehungen…*, p. 315; *AFH* 18 (1925), p. 387; E. Gilson, *La philosophie de S. Bonaventure* (2ᵉ édit. 1943) s'exprime ainsi page 27: «Rien, absolument, n'autorise à croire qu'une animosité personnelle ait séparé s. Bonaventure de s. Thomas, et le supposer serait faire une hypothèse purement gratuite; mais la tradition de leur amitié ne nous semble pas beaucoup mieux fon-

Dès son premier séjour parisien, Thomas fit vraisemblablement connaissance avec plusieurs professeurs de la faculté des arts. Les plus remarquables étaient alors Nicolas de Paris et Jean de Siccavilla, qui a laissé un traité *De principiis naturae,* titre identique à celui d'un opuscule de l'Aquinate ([64]).

Dès cette époque également, Thomas eut sans doute des entretiens familiers avec le très pieux et très noble roi de France, grand protecteur et ami des ordres mendiants. A propos de sa mère, la reine Blanche de Castille, le Bienheureux Jourdain de Saxe, alors maître général des dominicains, avait adressé à la Bienheureuse Diana, moniale à Sainte-Agnès de Bologne, les lignes suivantes: «La reine elle-même aime tendrement les Frères et m'a souvent parlé de ses affaires avec une grande familiarité» ([65]). De même S. Louis, pour gouverner son royaume selon les préceptes du Seigneur, aimait à s'entourer des conseils d'hommes compétents. Plusieurs fois donc, au cours des deux séjours parisiens de Thomas, Louis IX eut recours à sa sagesse et à sa prudence. On mentionne en particulier qu'une fois, la veille d'un conseil important, il lui soumit un cas très difficile; il lui demanda d'y réfléchir toute la nuit et de lui rendre réponse le lendemain matin. Thomas s'exécuta de bonne grâce ([66]).

L'incident survenu à la table du roi est encore plus célèbre. La mention de la *Somme théologique* dans les récits le fait ordinairement attribuer au deuxième séjour parisien. Mais il semble à nombre d'auteurs ([67]), que les biographes ont confon-

dée et, s'il est possible que, cette fois encore, la légende exprime une vérité plus profonde que celle de l'histoire, il importe cependant qu'un simple historien ne confonde pas les deux ordres de vérité. Mais on peut aller plus loin. Si rien n'a prouvé jusqu'ici qu'une amitié personnelle ait uni s. Bonaventure et s. Thomas, on peut soutenir avec une extrême vraisemblance que, s'ils estimèrent réciproquement leurs personnes, cette estime ne s'étendit pas jusqu'à leurs idées». — En 1257, le Docteur Séraphique fut élevé au gouvernement général de son ordre et exempté de ses charges de professeur (LEMMENS, *S. Bonaventura,* pp. 161 sq.).

([64]) GRABMANN, *Die persönlichen Beziehungen...,* p. 315.

([65]) ALTANER, *Die Briefe Jordans...,* pp. 36, 117; *MOPH,* XXIII, p. 39.

([66]) TOCCO, chap. 35; DE GROOT, *Het leven...,* p. 390.

([67]) DIACCINI, *Vita di S. Tommaso d'Aquino* (Rome, 1934), p. 133.

du avec la *Somme contre les Gentils.* Car dans celle-ci, au livre
1, chapitres 4, 20, 42, etc..., Thomas est aux prises avec les Mani-
chéens. Ce trait daterait l'incident des derniers jours du premier
séjour à Paris; mais il vaut probablement mieux le considérer
comme une pieuse légende ([68]).

Voici comment Guillaume de Tocco a rapporté l'affaire:
«S. Louis avait invité un jour Thomas à sa table. Le maître s'é-
tait récusé humblement, en raison du travail intense que lui
donnait la *Summa in theologia* qu'il était en train de composer.
Mais, sur l'ordre exprès du Roi et du Prieur de Paris, il avait
quitté sa tâche et s'était rendu à la cour, l'esprit encore tout
occupé de son sujet. Il était assis à côté de S. Louis. Soudain
une sorte d'inspiration lui apporta la solution. Il frappa du
poing sur la table et s'écria: «cette fois c'en est fini de l'hérésie manichéenne». Le Prieur lui toucha le bras et lui dit: «Maître Thomas, songez que vous êtes à la table du Roi de France».
En même temps, il le tirait fortement par son manteau pour le
ramener à la réalité. Revenant à lui, Thomas s'inclina devant
le Roi et lui demanda pardon pour cette distraction monumen-
tale. Mais S. Louis fut profondément édifié de voir qu'un homme de race noble n'avait même pas pu être détourné de sa contemplation par l'honneur d'une invitation royale. Il ne voulut
pas que cette lumière se perdît. Il appela son secrétaire et lui
demanda de noter aussitôt ce que son hôte avait découvert» ([69]).
Ce trait honore les deux hommes.

C'est encore à cette époque que lui parvint la nouvelle du
décès de sa sœur Marotta, qui avait été abbesse de Sainte-Marie de Capoue jusqu'en 1257. Elle apparut à son frère dominicain et lui demanda de célébrer des messes pour obtenir sa
délivrance du purgatoire. Il le lui promit et demanda même
à ses étudiants des prières pour l'âme de sa sœur. Marotta fit
également savoir à Thomas que son autre frère — il s'agit pro-

---

([68]) GAUTHIER, *Contra Gentiles...,* p. 25: «Si cette légende, qui vise in-
contestablement la *Somme de théologie,* se révèle incompatible avec la
chronologie de celle-ci, c'est assurément une raison pour en mettre en
doute l'historicité, si dommage que cela puisse paraître; ce n'est pas une
raison pour l'appliquer à la *Somme contre les Gentils».*

([69]) TOCCO, chap. 43; GUI, chap. 25; CALO, chap. 24.

bablement de Raynaud — se trouvait au paradis. Ces renseignements d'ordre familial ont ceci de remarquable qu'ils se lisent
déjà dans les *Vitae Fratrum* ([70]). Tocco n'a pas manqué de les
raconter à son tour, en les embellissant.

Mais les rapports de Thomas avec ses collègues n'étaient
pas toujours pacifiques. Il nous faut revenir à la querelle entre séculiers et mendiants. Thomas acquit alors une grande
renommée par son opuscule *Contra impugnantes Dei cultum
et religionem*. Il l'avait composé pour répondre aux thèses et
accusations injustes publiées par Guillaume de Saint-Amour
dans son traité *Sur les périls des derniers temps* ([71]). Avant que
la nouvelle des dernières décisions d'Alexandre IV ([72]) fût parvenue à Paris, les Prêcheurs étaient arrivés, le 1ᵉʳ mars 1256,
à un accord avec leurs adversaires: les dominicains pouvaient
conserver leurs deux chaires, mais ils laissaient au jugement
des maîtres l'admission de leurs frères à la corporation magistrale ([73]). Une trêve suivit. Elle fut de courte durée, car les me-
nées des adversaires des Mendiants ne cessèrent pas. Malgré
l'accord du 1ᵉʳ mars, l'ordre des Prêcheurs gardait la crainte
de perdre un jour ses écoles parisiennes. On conserve encore
les lettres envoyées, les premiers jours d'avril, par le maître
général Humbert de Romans, au prieur et aux frères d'Orlé-
ans: il y parle de la manière dont on moleste les frères de l'université de Paris ([74]). Gérard de Frachet dit lui-même qu'«un
grand malheur menaçait l'ordre» ([75]). Le chapitre général dominicain, tenu à Paris en 1256, devait avoir de bonnes raisons
pour décider que «toutes les semaines, jusqu'à nouvel ordre, on
réciterait dans chaque couvent, pour obtenir le salut de la con-

---

([70]) *MOPH*, I, pp. 215 sq.; Tocco, chap. 44; Castagnoli, *Regesta...* (1929),
p. 64.

([71]) Grabmann, *Die Werke...*, pp. 329-330, 462; Bacic, *Introductio...*, pp. 86
sq.; Castagnoli, *Regesta...* (1928), p. 260; Glorieux, *Le «Contra impugnantes»...*, pp. 51-81 (dans *Mélanges Mandonnet*, tome I); Chenu, *Introduction...*, pp. 291-294.

([72]) On a vu plus haut que le Pape ordonna, le 23 octobre 1256, que
Thomas et Bonaventure eussent accès à la corporation des maîtres.

([73]) Koperska, *Die Stellung der religiösen Orden...*, p. 145.

([74]) *MOPH*, V, p. 31.

([75]) *MOPH*, I, p. 45.

grégation, les sept psaumes de la pénitence avec les litanies, l'oraison de la Sainte Vierge et de S. Dominique, et l'oraison *Ineffabilem* avec son verset [76]. Des personnes étrangères à l'ordre lui apportaient le secours de leurs prières; on en a une preuve dans les révélations de la Vénérable Mechtilde de Magdebourg, dont la direction spirituelle était confiée aux fils de S. Dominique. On lit en effet, dans *Lux divinitatis* [77]: «Certains faux docteurs et certains ecclésiastiques qui aiment l'argent ont déchaîné une grande persécution contre l'ordre des Prêcheurs, où resplendit la lumière de la vérité. Et moi, remplie jusqu'au fond de l'âme de compassion pour eux, j'ai prié le Seigneur de maintenir prospère cet ordre si nécessaire au bien de l'Eglise». Dieu donna à cette âme privilégiée la consolante réponse que l'ordre triompherait de ses ennemis.

Sur ces entrefaites, le libelle de Guillaume de Saint-Amour parvint à la cour pontificale. Le 17 juin, Alexandre IV annula l'accord passé entre les Frères Prêcheurs et les maîtres de théologie parisiens, priva Guillaume et ses partisans de leurs bénéfices et décréta leur expulsion hors de France [78]. Puis le libelle de Guillaume fut lu, examiné et jugé à la Curie par une commission nommée spécialement à cet effet. Le pape prononça lui-même la sentence de condamnation dans la bulle *Romanus Pontifex* du 5 octobre 1256 [79]. La commission d'Anagni ne pouvait avoir connaissance de l'opuscule que Thomas était en train d'écrire sur cette affaire. Ce que l'Aquinate faisait pour la défense des Prêcheurs, Bonaventure et Bertrand de Bayonne le firent pour celle des Mineurs. L'ensemble de ces opuscules constitue les premières monographies scientifiques sur la raison d'être des deux ordres mendiants [80].

Thomas a-t-il pris part aux délibérations tenues à Anagni contre les ennemis des Mendiants? On doit, semble-t-il, ré-

---

[76] *MOPH*, III, pp. 82 sq.; MORTIER, *Histoire...*, I, p. 465.

[77] *Revelationes Gertrudianae ac Mechtildianae*, II (Poitiers-Paris, 1877), p. 528; J. ANCELET-HUSTACHE, *Mechtilde de Magdebourg* (Paris, 1926), pp. 272-282.

[78] *Chartularium...*, I, pp 319-323, n. 280.

[79] *Ibid.*, I, pp. 331-333, n. 288.

[80] KOPERSKA, *Die Stellung...*, pp. 152-172.

pondre négativement. Sans doute, des historiens éminents ont incliné pour l'affirmative, mais les documents ne paraissent pas pouvoir l'autoriser ([81]). Les *Vitae Fratrum* limitent considérablement la participation de Thomas aux discussions d'Anagni: il aurait simplement eu un songe, à Paris, lui prédisant l'heureux succès des débats menés à la cour pontificale ([82]). En outre, le biographe de l'Aquinate ne fait pas clairement allusion à sa présence aux séances de la curie. Quand Guillaume de Tocco parle de la période qui s'étend de la promotion de Thomas à la maîtrise jusqu'à sa mort, c'est-à-dire de 1256 à 1274, il écrit: «il retourna deux fois en Italie»; il ne connaît donc pas de voyage de Thomas à Anagni en 1256. Bien plus, il écrit ailleurs qu'il réfuta et détruisit les erreurs de Guillaume de Saint-Amour au cours de son séjour à Paris ([83]). Quant au témoignage de Frère Conrad de Sessa Aurunca au procès de canonisation de 1319, dont on pourrait conclure à un séjour de l'Aquinate en Italie en 1257, il n'y a pas lieu de s'en préoccuper beaucoup ([84]). Dans la commission d'Anagni, le rôle principal appartint à Albert le Grand, venu exprès de la lointaine province d'Allemagne qu'il gouvernait. Pourtant il n'avait pas été mêlé directement aux derniers événements de la vie parisienne et son traité contenait moins de remarques éclairantes que le *Contra impugnantes* de Thomas ([85]). Mais Albert jouissait d'un prestige et d'une autorité personnelle considérables, qui s'accrurent encore en cette affaire. Cela détermina les membres de la curie à le retenir à la résidence papale pendant un certain temps, pour profiter de la sagesse de ses leçons et conseils ([86]).

([81]) DENIFLE, *Chartularium*..., I, p. 333 s'appuie sur Tocco; DE GROOT, *Het leven*..., p. 101; DE LOË, in *Ann. Boll.* 20 (1901), p. 285; SEPPELT, *Der Kampf der Bettelorden*, hésite à la page 127, mais, à la page 112, admet que Thomas a pu se trouver à Anagni; SCHEEBEN, *Albert der Grosse*, p. 44, nie la présence de Thomas; MORTIER, *Histoire*..., I, pp. 471 sq., l'affirme.

([82]) *MOPH*, I, p. 215.

([83]) Tocco, chap. 19.

([84]) *Procès de Naples*, chap. 47.

([85]) SCHEEBEN, *Albert der Grosse*..., pp. 13-47; PUCCETTI, *S. Alberto Magno*, I, pp. 182-188; KOPERSKA, *Die Stellung*..., p. 149; DENIFLE, *Zum Kölner Studienaufenthalt*..., p. 50.

([86]) SCHEEBEN, *Albert der Grosse*, pp. 46 sq.; DONDAINE, *Secrétaires*..., p. 207.

La sentence pontificale d'Anagni ne mit pas immédiatement fin au conflit. Au chapitre général de 1257, Humbert, maître général des Prêcheurs, parle encore des tribulations auxquelles l'ordre est exposé, spécialement à Paris; il exhorte tous les Frères à les supporter virilement. Finalement, grâce à la faveur du Pape et du Roi de France, l'épreuve tourna plus à l'avantage qu'au détriment de l'Ordre ([87]).

Le retour du calme au sein de l'université permit à Thomas, nous l'avons vu, d'être reçu dans le collège des maîtres parisiens. Le maître général des Prêcheurs put, en 1258, notifier à ses frères la fin des tourments dont ils avaient souffert en de nombreux pays du monde ([88]). Mais on n'aurait pu affirmer que toute agitation eût absolument cessé. En effet, on n'exécuta pas l'ordre papal de détruire le libelle de Guillaume de Saint-Amour. On en fit même de nouvelles éditions, traduites en français élégant et accompagnées de couplets ironiques et impertinents à l'adresse des mendiants.

Une épreuve amère attendait encore Thomas. Le dimanche des Rameaux 6 avril 1259, tandis qu'il prêchait, le bedeau de la nation de Picardie eut la hardiesse de se lever et de lire devant le clergé et le peuple réunis, un libelle contre l'évêque de Paris et les dominicains; libelle qui avait été précisément condamné par l'évêque avec peine d'excommunication contre ses auteurs, possesseurs et diffuseurs. Dans une lettre du 21 juin 1259, le Pape ordonna d'imposer une pénitence très sévère à ce bedeau et à ses complices ([89]). L'année scolaire allait s'achever; Thomas allait quitter Paris; une première période de luttes se terminait ainsi pour lui.

Le chapitre général des Prêcheurs s'était tenu à Valenciennes le 1er juin 1259. Thomas y avait pris part comme compagnon du délégué de la province romaine ([90]). L'assemblée avait constitué une commission de docteurs compétents, avec charge de déterminer le programme des études pour les maisons de l'or-

([87]) *Chartularium...*, I, pp. 358 sq., n. 311; *MOPH*, V, pp. 43 sq.
([88]) *MOPH*, V, pp. 46 sq.
([89]) *Chartularium...*, I, pp. 391 sq., n. 342; Castagnoli, *Regesta...* (1929), p. 64.
([90]) Quétif-Echard, *Scriptores...*, p. 280.

dre. Cinq maîtres en théologie, Bonhomme le Breton, Florent d'Hesdin, Albert le Grand, Thomas d'Aquin et Pierre de Tarentaise, formulèrent un certain nombre de propositions pour le progrès des études. Approuvées par le chapitre général, elles avaient été insérées dans les actes de cette assemblée [91].

La note dominante de ce statut scolaire, c'est qu'il reconnaissait la nécessité de la culture philosophique pour les Frères Prêcheurs; Albert le Grand avait obtenu ce résultat par sa sagesse, sa fermeté et sa persévérance [92]. Thomas avait appuyé son ancien professeur de toute son autorité.

La chaire de Thomas à Paris sera occupée, pendant l'année 1259-1260, par le dominicain Guillaume d'Alton; puis, pendant les années 1260-1262, par son compatriote et ami le dominicain Annibal des Annibaldi.

[91] *MOPH*, III, pp. 99 sq.; 174 sq.; CASTAGNOLI, *Regesta...* (1929), p. 65; SCHEEBEN, *Albert der Grosse*, pp. 48, 56; LAURENT, *Innocent V*, pp. 46-51. Sur *Bonhomme*, voir GLORIEUX, *Répertoire...*, I, p. 83, n. 11.

[92] KOPERSKA, *Die Stellung...*, pp. 128, 183.

CHAPITRE VIII

EN ITALIE

Dans son *Histoire Ecclésiastique*, sous le titre *De reditu fratris Thomae in Italiam tempore hujus Pontificis* (Urbain IV) *et qualia fecit suo mandato et scripsit*, Ptolémée de Lucques nous rapporte ceci: «Alors frère Thomas quitta Paris pour des motifs bien déterminés et, sur les instances d'Urbain, il fit et écrivit beaucoup de choses» ([1]). Il dit encore ailleurs avec plus de précision: «Après trois années de professorat, il retourna en Italie, au temps d'Urbain IV; et, durant ce pontificat, il écrivit beaucoup de choses utiles» ([2]).

Ces deux indications ne s'accordent qu'en apparence. Thomas a terminé son premier enseignement parisien à l'été 1259. Urbain IV n'est monté sur le trône de S. Pierre que deux ans plus tard, le 29 août 1261. Les biographes modernes de S. Thomas ont accordé plus de crédit à la seconde phrase de Ptolémée qu'à la première, au nom des règles de la critique. En conséquence, c'est en 1259 ([3]) selon eux que l'Aquinate, après avoir achevé ses trois années de maîtrise, aurait quitté Paris pour aller en Italie, alors qu'Alexandre IV était encore le pontife régnant. Que faut-il penser de cette opinion ?

Tout d'abord, quels ont pu être les «motifs bien déterminés» qui ont provoqué le départ de Thomas ? Peut-être l'hostilité des partisans de Guillaume de Saint-Amour à l'université de Pa-

([1]) *Hist. Eccl.*, XXIII, 24.
([2]) *Hist. Eccl.*, XXIII, 21; MANDONNET, *Thomas d'Aquin lecteur à la Curie Romaine*, pp. 9-10.
([3]) MANDONNET, *Thomas d'Aquin lecteur...*, p. 10; CASTAGNOLI, *Regesta...* (1929), pp. 65 sq.

ris (^{4}) ? Ou un ordre donné à Thomas par ses supérieurs en raison d'exigences particulières ? Ou le désir de la curie pontificale ? Ou le désir exprimé par la province romaine de recouvrer, pour sa gloire, ce sujet si brillant et si prometteur ? Masetti, en effet, appelle Thomas, avec raison, *provinciae romanae decus* (^{5}). Ou encore l'avantage de procurer à un autre sujet de la même province l'accès à la chaire de Paris ? Le Cardinal Hugues de Saint-Cher et d'autres n'ont-ils pas également suggéré au Pape que la noblesse de sa naissance et la profondeur de sa science désignaient Thomas pour un poste important à la curie, ou même pour la pourpre ? Il faut d'ailleurs noter à ce propos qu'Alexandre IV n'avait créé encore aucun cardinal et qu'il n'en créa pas davantage dans la suite; à sa mort, il n'en restait que huit (^{6}).

Si l'Aquinate s'est rendu immédiatement de Valenciennes au lieu de la résidence de la curie, c'est à Anagni, au sud de Rome, qu'il a passé les deux premières années qui ont suivi son enseignement parisien. Mais Masetti a publié, dans les *Monumenta et antiquitates... Ordinis Praedicatorum* (1864) cette note: «En 1260, le chapitre de la Province Romaine se tint à Naples... Plusieurs prédicateurs généraux y furent désignés, parmi lesquels frère Thomas d'Aquin, qui était revenu de Paris avec le titre de maître en théologie». Cette indication n'est pas mentionnée dans les *Monumenta Ordinis Praedicatorum Historica* (1941). Si néanmoins elle est authentique, comme on l'admet généralement aujourd'hui, il en résulte que, lors du chapitre provincial de l'année précédente (septembre 1259) (^{7}), ou bien Thomas était encore éloigné de sa province, ou bien on ne pensa pas à le nommer prédicateur général; mais cette dernière hypothèse paraît invraisemblable (^{8}).

Dans la première de ces deux hypothèses, où pouvait être alors l'Aquinate ? On ne peut actuellement fournir une répon-

(^{4}) *Chartularium...*, I, p. 404.
(^{5}) *Monumenta...*, I, p. 173.
(^{6}) Sassen, *Kardinal Hugo von St. Cher*, pp. 128 sq.; Castagnoli, *Regesta...* (1929), pp. 444 sq., qui n'admet pas la probabilité de cette hypothèse.
(^{7}) *Procès de Naples*, chap. 75; MOPH, XX, p. 43.
(^{8}) Masetti, *Monumenta...*, I, p. 40; MOPH, XX, pp. 23 sq.

se sûre à cette question. Peut-être, contrairement à l'opinion générale, a-t-il regagné Paris après le chapitre de Valenciennes.
Non plus pour y enseigner, puisque nous connaissons ses successeurs; mais pour y travailler à la *Somme contre les Gentils* ([9]). D'ailleurs toute trace d'un séjour de l'Aquinate à Anagni fait défaut ([10]). Sans oublier que ce n'est pas Urbain IV, mais
Alexandre IV, qui résidait en ce lieu: or Ptolémée de Lucques
met le retour de Thomas en relation avec Urbain IV. En conclusion, dans l'état actuel de la question il paraît probable que
Thomas a quitté la France à la fin de 1259 ou au début de 1260
et qu'il était en Italie avant le chapitre provincial de Naples
(29 septembre 1260) ([11]).

Un prédicateur général devait prendre part aux chapitres de
sa province, en compagnie des prieurs. Cela nous permet de
connaître quelques-uns des lieux où Thomas a pu se rendre
pendant cette période de sa vie. Les chapitres de la province
romaine se sont tenus ([12]): En 1261, à Orvieto, en la fête de
l'Exaltation de la Sainte-Croix, le 14 septembre.

([9]) La longue «introduction historique» que le P. Gauthier vient de donner dans le premier volume de la nouvelle traduction française du *Contra
Gentiles* (Paris, Lethielleux, 1961) examine minutieusement un grand nombre des problèmes que pose l'histoire de cet ouvrage. Mais elle n'étudie jamais expressément la date du départ de Thomas pour l'Italie, et la position de l'auteur, sur ce point, ne paraît pas encore arrêtée. Ainsi, il écrit
à la page 32: «Il semble à peu près certain que les 14 premiers folios de
l'autographe de la *Somme contre les Gentils* ont été écrits à Paris *avant* l'été
de 1259. Arrêté *à ce moment* dans son travail *par son départ* en Italie...».
Tandis que la page 41 s'exprime en ces termes: «Il est probable qu'au moment de son départ pour l'Italie, qui eut lieu *au plus tôt durant* l'été de
1259...».

([10]) Le P. Mandonnet pense que Régnier Maturo, originaire de Pise, et qui
vivait en 1274 au couvent d'Anagni, fut l'élève de Thomas à Anagni de
1259 à 1261. Cette opinion ne semble pas recevable. Tocco parle seulement
de la familiarité qui unit Régnier et Thomas durant leur vie. L'élève de Thomas à cette époque serait plutôt le romain Thomas des Fuscis, qui devint
prédicateur général en 1273. Cf. Tocco, chap. 64; Mandonnet, *Thomas
d'Aquin novice...*, p. 30; Taurisano, *I discepoli...*, p. 125 (3); MOPH, XX,
p. 43.

([11]) Le P. Denifle, *Chartularium...*, I, p. 505, se prononce pour 1260; le
P. A. Dondaine, *Secrétaires...*, p. 186, pour 1260 ou 1261.

([12]) MOPH, XX, pp. 25-35; Doc. 30 (*Fontes*, pp. 582 sq.).

En 1262, à Pérouse, en l'octave de la fête des SS. Pierre et Paul, le 6 juillet.

En 1263, à Rome, probablement en septembre.

En 1264, à Viterbe, en la fête de S. Michel, le 29 septembre.

En 1265, à Anagni, en la fête de la Nativité de la Sainte Vierge, le 8 septembre.

En 1266, à Todi, en la fête de S. Dominique, le 5 août.

En 1267, à Lucques, probablement en juillet.

En 1268, à Viterbe, le jour de la Pentecôte, 27 mai.

Cette énumération nous aide à comprendre certains témoignages du procès de canonisation. Ainsi le dominicain Conrad de Sessa Aurunca affirmait, dans sa déposition, qu'il avait vécu pendant plusieurs années avec Thomas, à Naples, à Rome et à Orvieto, au temps du pape Urbain d'heureuse mémoire [13]. Guillaume de Tocco s'exprimait ainsi: «Thomas, toujours absorbé dans la contemplation divine, n'aimait pas voyager. Mais il obéissait toujours avec promptitude quand on le lui ordonnait, car l'obéissance procède de l'humilité, qui est maîtresse de toutes les vertus [14]». Ajoutons plus prosaïquement que ces voyages ont dû lui être particulièrement pénibles en raison de sa corpulence.

Puisqu'il vient d'être question des chapitres provinciaux, voici les noms des prieurs dont Thomas fut le sujet jusqu'à sa mort: Trojan de Regno (1260-1262), Aldobrand de Cavalcanti (1262-1268), qui monta sur le siège épiscopal d'Orvieto en 1269, et Sinibald d'Alma (1268-1278) [15].

Pendant son séjour en Italie, où Thomas résidait-il habituellement? On cite d'ordinaire quatre villes: Anagni (1259-1261), Orvieto (1261-1265), Rome (1265-1267) et Viterbe (1267-1268). Nous avons dit qu'à notre avis il faut exclure Anagni. En faveur d'Orvieto, outre la déposition de Frère Conrad, les témoignages abondent.

Quant à Rome, nous connaissons une ordonnance des définiteurs du chapitre provincial d'Anagni selon laquelle Thomas a dû occuper une chaire au *studium* de Rome à partir de l'au-

[13] *Procès de Naples,* chap. 47.
[14] Tocco, chap. 25.
[15] Masetti, *Monumenta...,* I, pp. 224-230.

tomne 1265 ([16]). Cette nomination de Thomas à Rome est peut-être en relation avec le projet de Charles d'Anjou, qui voulait fonder à Rome un *studium* général, mais qui ne put y parvenir en raison de graves difficultés politiques et financières ([17]).

Enfin, en ce qui concerne Viterbe, nous savons que Thomas y prêcha au temps de Clément IV ([18]).

S. Thomas, à son retour dans sa patrie, ne cessa pas son ministère doctrinal. Il l'exerça toutefois d'une manière plus modeste qu'à Paris. Si l'on demande comment et où il donnait son enseignement, la meilleure réponse semble être celle que proposaient déjà, au 18° siècle, les historiens Quétif-Echard et De Rubeis: Thomas, sauf pendant son séjour à Rome (1265-1267), aurait résidé dans les différents lieux où s'installait la cour pontificale et y aurait enseigné soit comme *lector curiae,* soit, plus vraisemblablement, comme *lector* du couvent dominicain voisin ([19]). Nous avons déjà vu que chaque couvent devait posséder son propre lecteur. L'ordre avait naturellement veillé avec un grand soin à doter le couvent de la ville résidentielle du Pape, d'hommes de première valeur. C'est d'ailleurs pourquoi, lorsque Thomas, en 1265-1267, enseigna à Sainte-Sabine de Rome, loin de la curie, le chapitre général de Bologne, en juillet 1267, fut amené à faire la recommandation suivante: «Que le supérieur général de la province romaine veille avec soin à munir le couvent de la ville résidentielle du Pape de frères qui soient capables de faire face à toutes les demandes de la curie; cette recommandation concerne particulièrement le prieur et le lecteur de ce couvent» ([20]).

Ainsi Thomas n'a vraisemblablement pas enseigné dans le *studium* général fondé par Innocent IV en 1245 ([21]). Ce *studium*

([16]) *MOPH,* XX, p. 32; CASTAGNOLI, *Regesta...* (1929), p. 449.

([17]) DENIFLE, *Die Entstehung...,* p. 300; CASTAGNOLI, *Regesta...* (1929), p. 450.

([18]) DE GROOT, *Het leven...,* pp. 244, 136.

([19]) QUÉTIF-ECHARD, *Scriptores...,* I, p. 272; DE RUBEIS, *Dissertationes...,* II, chap. 2.

([20]) En conséquence, Thomas fut transféré, comme lecteur, dans le couvent de Viterbe, alors résidence du Pape. Cf. *MOPH,* III, p. 138; CASTAGNOLI, *Regesta...* (1929), pp. 453 sq.; ENDRES, *Thomas von Aquin,* p. 54.

([21]) L'université romaine proprement dite sera fondée en 1303 par Boniface VIII.

suivait la cour pontificale dans ses déplacements et comprenait les facultés de théologie, droit canonique, droit civil, plus tard médecine et arts libéraux [22]. Thomas enseignait dans un couvent dominicain [23]. Il reste que notre opinion n'est pas absolument certaine. Mais il est temps d'étudier l'activité doctrinale de l'Aquinate pendant cette période.

I. Orvieto (1261-1265) [24]

La vieille cité étrusque nous présente aujourd'hui son palais des Papes et sa splendide cathédrale en marbre blanc et noir, à la merveilleuse façade polychrome, commencée avant 1285. Les Pontifes romains résidaient volontiers en cette ville. Rome, en effet, offrait alors une triste image. Les luttes partisanes la déchiraient. En 1257, le peuple conduit par le sénateur Brancaleone d'Andalo, avait rasé 140 forteresses appartenant à la noblesse de la ville. Orvieto était plus calme. Sa situation la rendait presque imprenable ou, du moins, relativement facile à défendre. Dans cette «ville de silence» s'élève encore le vaste chœur de l'ancienne église dominicaine, où Thomas a prêché; un crucifix de cette époque y est encore suspendu.

Pendant les années d'Orvieto, un rapprochement s'amorça entre les églises orientale et occidentale. Michel VIII Paléologue reprit en 1261 la ville de Constantinople, chassa Baudouin II et rétablit l'empire grec. Mais, devant la menace des musulmans et celle de l'ancien empereur latin, il voulut affirmer son pouvoir et entreprit des pourparlers avec le Pape [25]. Pour faciliter

[22] DENIFLE, Die Entstehung..., pp. 301-311; RASHDALL, The Universities..., II, pp. 28-31: «Roman Court»; p. 38 sq.: «Studium Urbis».

[23] Peut-être d'ailleurs n'enseignait-il pas toujours, pas même en privé. Cf. Monumenta..., I, pp. 137, 151. Sur la nature et le fonctionnement de l'école du Sacré Palais, les études approfondies du P. Creytens ont fait récemment toute la lumière possible: elles n'établissent pas que Thomas aurait eu des rapports avec ce studium. Cf. R. CREYTENS, Le «Studium Romanae Curiae» et le Maître du Sacré Palais, in AFP 12 (1942), pp. 5-83, surtout 16 sq., 49 sq.

[24] Sur toute cette période consulter, d'une manière générale, WALZ, L'Aquinate a Orvieto, in Angelicum 35 (1958), pp. 176-190.

[25] HEFELE-LECLERCQ, Histoire des Conciles, VI, pp. 153 sq., 1457-1471; M. VILLER, L'union des Églises entre Grecs et Latins, RHE 17 (1921), p. 262.

aux Grecs le chemin du retour, Urbain IV, en 1263, chargea l'Aquinate de composer la *Catena aurea,* déjà nommée plus haut, où il devait transcrire de nombreux textes d'auteurs grecs. Thomas put dédier et offrir à Urbain IV la *catena* sur S. Matthieu ([26]). Mais l'exposition des trois autres évangiles ne fut achevée qu'après la mort de ce pape. Il la dédia à son ami le cardinal Annibal, qui avait cessé son enseignement à Paris et avait été élevé à la pourpre romaine en 1262: Urbain IV l'avait créé cardinal-prêtre du titre des Douze Apôtres ([27]).

A propos de cet ouvrage, Tocco a souligné l'étendue de la mémoire de Thomas: «Il allait d'un monastère à l'autre, y lisait les œuvres des différents Pères, et retenait par cœur une grande partie des commentaires, qu'il transcrivait plus tard» ([28]). Il convient de citer plutôt un extrait de sa dédicace au cardinal Annibal: «Afin que ce commentaire soit plus complet et plus continu, j'ai fait traduire en latin plusieurs œuvres des docteurs grecs et j'en ai joint des extraits aux commentaires des latins, ayant soin de faire précéder ces témoignages des noms de leurs auteurs ([29]).

A la même époque, Urbain IV reçut un *Libellus de fide Trinitatis,* recueil de textes anti-grecs. Selon Uccelli ([30]), suivi par Loenertz et A. Dondaine ([31]), l'auteur ou au moins le porteur de ce *Libellus* était l'évêque de Cotrone en Calabre, Nicolas de Durazzo, grec d'origine, mais instruit dans l'Eglise latine ([32]).

([26]) GRABMANN, *Die Werke...,* pp. 261-262, 461; BACIC, *Introductio...,* pp. 61 sq.; CHENU, *Introduction...,* p. 212; cf. également plus haut, p. 96-97.

([27]) GRABMANN, *Die Werke...,* p. 261; BACIC, *Introductio...,* 61 sq.; WALZ, *I cardinali domenicani,* p. 16, n. 2.

([28]) TOCCO, chap. 17.

([29]) CHENU, *Introduction...,* p. 212; BACIC, *Introductio...,* p. 62.

([30]) UCCELLI, *S. Thomae Aquinatis in Isaiam prophetam expositiones. Accedit anonymi liber De fide Sanctae Trinitatis a s. Thoma examinatus in opusculo Contra errores Graecorum una cum ipso opusculo,* Rome (1880), pp. 365 sq.

([31]) LOENERTZ, *Autour du traité de Fr. Barthélemy de Constantinople contre les Grecs,* in AFP 6 (1936), pp. 361-371; A. DONDAINE, *Nicolas de Cotrone et les sources du Contra errores Graecorum de S. Thomas,* in DTF 28 (1950), pp. 313-340.

([32]) EUBEL, *Hierarchia...,* I, p. 213.

Urbain IV voulut l'avis d'un théologien compétent et le remit
à Thomas pour examen. Celui-ci exécuta sa tâche avec beaucoup de soin et de précision, dans son opuscule *Contra errores
Graecorum* ([33]). Il commença par ces mots: *Libellum ab Excellentia Vestra mihi exhibitum, sanctissime Pater Urbane Papa, di-
ligenter perlegi, in quo inveni quam plurima ad nostrae fidei
assertionem utilia et expressa*. Dans l'introduction, il rappelle
la règle bien connue qui demande au traducteur de rechercher
l'exactitude du sens plutôt que les équivalences verbales et il
applique cette règle aux textes dogmatiques: *ad officium boni
translatoris pertinet ut, ea quae sunt catholicae fidei transfe-
rens, servet sententiam, mutet autem usum loquendi, secundum linguam in quam transfert*. L'opuscule expose la doctrine
catholique sur le Saint-Esprit, la primauté, l'Eucharistie et le
Purgatoire ([34]).

Un autre opuscule reprend, à la même époque, les controverses avec les orientaux. Il s'agit du *De rationibus fidei contra
Saracenos, Graecos et Armenos*, composé à la demande d'un
chantre d'Antioche. Peut-être cet ecclésiastique avait-il été
adressé à Thomas par son propre évêque, le dominicain Chris-

([33]) Tocco, chap. 22; Grabmann, *Die Werke...*, pp. 313-314, 462; Bacic, *Introductio...*, p. 111; B. Altaner, *Die Kenntnis des Griechischen in den Mis-
sionsorden des 13. Jahrhunderts*, in *Zeitschrift f. Kirchengeschichte* 53 (1934),
pp. 470-472; Loenertz, in *AFP* 5 (1935), pp. 389 sq.; A. Dondaine, in *AFP* 21
(1951), pp. 320-462; Chenu, *Introduction...*, pp. 294-295.

([34]) Uccelli est mort avant d'avoir eu le temps de publier l'édition du
Libellus et de l'opuscule de S. Thomas. C'est le P. Vincent Ligiez O. P. qui
fit paraître son manuscrit en 1880. Malheureusement l'édition du *Libellus*
est assez défectueuse. Il faut souhaiter de nouvelles études sur ces sujets;
elles sont d'autant plus urgentes que Reusch et d'autres ont contesté l'intention et la valeur du zèle déployé par S. Thomas en cette affaire. Cf.
Chenu, *Introduction...*, pp. 106-131. — Dans de savantes études, le P. A.
Dondaine et Mgr F. Stegmüller ont décrit les caractères de tous les *Contra
Graecos*, depuis le traité du dominicain de Constantinople (en 1252) jusqu'aux travaux semblables du 15e siècle. Cf. Stegmüller, *Bonacursius Contra Graecos, Ein Beitrag zur Kontroverstheologie*, in *Vitae et Veritati, Fest-
gabe f. K. Adam*, Düsseldorf (1958), pp. 57-82. — Mgr Glorieux a donné une
vue d'ensemble sur les documents qui ont précédé l'écrit de S. Thomas, en
même temps qu'il publiait le texte de l'opuscule: cf. Glorieux, *S. Thomas
d'Aquin, Contra errores Graecorum, texte et notes*, Tournai-Paris (1957).

tian Elia ([35]). L'ouvrage traite de la Trinité, de l'Incarnation, de l'Eucharistie, de l'état de l'âme après la mort et de la liberté humaine. Il nous faut rendre grâces à ce chantre inconnu, car le travail de Thomas contient des remarques importantes comme celle-ci: «On ne doit pas essayer de démontrer la foi aux incroyants; la défendre suffit» ([36]). Selon Grabmann, «cet opuscule donne, au chapitre 6, l'exposition la meilleure et la plus claire de l'union hypostatique qu'on trouve dans ses œuvres» ([37]) Cette opinion du maître historien n'est pas excessive. Chacun sait que certains opuscules de Thomas fournissent des éclaircissements qu'on ne trouve pas dans ses grandes œuvres.

A la demande de l'archevêque de Palerme, Léonard de Comitibus, l'Aquinate composa, à la même époque et dans le même ordre d'idées, l'opuscule *De articulis fidei et sacramentis Ecclesiae* ([38])

On le voit, maître Thomas était sollicité de partout, car il était déjà célèbre; mais il commençait à sentir le poids de la célébrité, puisque les consultations qu'on lui demandait l'obligeaient à interrompre fréquemment des travaux plus importants. Cependant, et c'est là qu'on reconnaît un saint, il répondait avec bienveillance non seulement aux grands: papes, évêques, rois, ducs ou abbés, — nous avons encore les opuscules qu'il leur adressa, — mais aussi aux petits. Ainsi, probablement en 1263, à un lecteur de Florence, le P. Jacques de Viterbe, à propos du commerce. *De emptione et venditione* ([39]); plus tard à un certain Jacques de Burgo (peut-être Bourg ?), sur l'usage des sorts, *De sortibus* ([40]); à un chevalier d'au delà des

([35]) GRABMANN, *Die Schrift «De rationibus fidei contra Saracenos, Graecos et Armenos ad cantorem Antiochenum»*, in *Scholastik*, 17 (1942), pp. 187-216; IDEM, *Die Werke...*, pp. 316, 464; BACIC, *Introductio...*, p. 73; EUBEL, *Hierarchia...*, p. 93; ALTANER, *Die Dominikanermissionen*, pp. 28, 37.

([36]) «In disputationibus contra infideles de articulis fidei, non ad hoc conari debes ut fidem rationibus necessariis probes... Non ut fidem (christianus disputator) probet, sed ut fidem defendat».

([37]) GRABMANN, *De rationibus fidei*, in *Scholastik*, 17 (1942), pp. 200-201.

([38]) GRABMANN, *Die Werke...*, pp. 321-322, 462; BACIC, *Introductio...*, pp. 75 sq.; EUBEL, *Hierarchia...*, I, p. 388.

([39]) GRABMANN, *Die Werke...*, pp. 357-358, 462; BACIC, *Introductio...*, p. 99.

([40]) GRABMANN, *Die Werke...*, p. 340; BACIC, *Introductio...*, pp. 92 sq. Cet

Alpes, sur les forces cachées de la nature, *De operationibus oc-cultis naturae* ([41]). Ces opuscules, et d'autres, n'ont d'ailleurs parfois que quelques pages, et n'atteignent pas toujours l'élé-vation de ceux qu'on a nommés plus haut.

Un autre opuscule, qui date de l'époque d'Orvieto, vit en-core dans toutes les mémoires. Il s'agit de l'Office de la Fête-Dieu.

On avait déjà célébré la fête du Saint-Sacrement en 1246 à Liège, où Urbain IV avait été autrefois archidiacre de la cathé-drale ([42]). Bientôt elle s'était introduite en Allemagne grâce aux efforts du cardinal dominicain Hugues de Saint-Cher. En 1262 ou 1263 ([43]), à Bolsène non loin d'Orvieto, un grand miracle eucharistique se produisit au cours d'une messe; ce fut peut-être ce qui poussa Urbain IV à étendre la fête du Saint-Sacre-ment à l'église universelle ([44]).

Selon Ptolémée de Lucques, Tocco et Gui, le pape confia la composition de l'office et de la messe propres à Thomas d'A-quin. Le *Pange lingua gloriosi corporis* s'inspire de l'hymne an-cienne à la Sainte-Croix *Pange lingua gloriosi praelium certa-minis*; le *Sacris solemniis* et le *Verbum supernum*, des textes du bréviaire cistercien; le *Lauda Sion,* d'une œuvre du *versi-ficator egregius*, Adam de Saint-Victor.

On a toujours admiré, dans ces hymnes, l'alliance entre la profondeur de la pensée, la propriété des termes et la limpidité de l'expression. Il y passe en plus un souffle de foi et de charité, qui révèle une âme. Le Pape Pie XI en félicitait ainsi S. Thomas dans son encyclique *Studiorum Ducem*: «Notre Docteur, par un don et un privilège particuliers, a traduit les préceptes de sa doctrine en prières et en hymnes liturgiques, et il est ainsi de-venu le poète et le héraut le plus grand de la divine Eucharistie. En effet, sur tous les points de la terre et dans toutes les na-

---

opuscule était peut-être adressé à Jacques de Tonengo, évêque élu de Ver-ceil: Cf. A. DONDAINE et J. PETERS in *AFP* 29 (1959), pp. 52-72.

([41]) GRABMANN, *Die Werke...*, pp. 346-347; BACIC, *Introductio...*, p. 97.

([42]) SASSEN, *Kardinal Hugo von St Cher,* pp. 41-45; HUF, *De Sacraments-hymnen,* pp. 8-14, 49.

([43]) Selon la tradition d'Orvieto. Cf. P. PERALI, *Orvieto* (Orvieto, 1919), p. 72.

([44]) POTTHAST, *Regesta...*, p. 1538, n. 18998, 18999.

tions où elle se trouve, l'Église catholique chante dans ses offices sacrés et chantera toujours les cantiques de Thomas: on y trouve à la fois l'effusion suprême et enflammée d'une âme suppliante et la plus parfaite expression de l'enseignement transmis par la tradition... A considérer cela, nul ne s'étonnera que Thomas ait reçu aussi le nom de *Docteur Eucharistique*» [45].

Une fresque d'Ugolino di Prete Ilario (1360), dans la chapelle du Saint-Sacrement à la cathédrale d'Orvieto, représente l'offrande de l'office de la Fête-Dieu par S. Thomas à Urbain IV. D'autres peintres ont, par la suite, célébré S. Thomas comme chantre et docteur du Divin Sacrement.

Les Bollandistes ont refusé de voir en S. Thomas l'auteur de l'office du *Corpus Domini*. Mais dès 1679 et 1680 les dominicains Jean Maison et Noël Alexandre ont défendu l'attribution traditionnelle [46]. Qu'en est-il exactement? De toute manière, l'œuvre n'est pas complètement originale, nous l'avons dit; et le lyrisme des hymnes est assez court [47]. Les recherches sur le miracle de Bolsène et sur la part prise par Thomas dans la rédaction de l'office demeurent toujours ouvertes et, selon des travaux récents, l'histoire de cet office est à reprendre [48].

On a la preuve que c'est à Orvieto que le Maître acheva, en

[45] *Acta Ap. Sedis*, 15 (1923), p. 320, (traduction du R. P. LAVAUD, parue dans son livre *S. Thomas Guide des études).

[46] MANDONNET-DESTREZ, *Bibliographie thomiste*, pp. 28 sq., n. 592-606. Sur Jean Maison, voir R. COULON, *Scriptores Ord. Praed.* (Rome, 1909), p. 51. Puis *Bulletin Thomiste*, 2 (1925), pp. (22)-(26) et 7 (1930), pp. (22)-(27); GALBRAIT, *The Constitution...*, p. 193; GRABMANN, *Die Werke...*, pp. 365-367, 464; BACIC, *Introductio...*, p. 98; O. HUF, *De Sacramentshymnen van den h. Thomas van Aquino* (Maestricht, 1924); *Deutsche Thomasausgabe*, 30 (Salzbourg, 1938), pp. (8)-(15); E. STAKEMEIER, *Fronleichnam, Theologie u. Glaube*, 34 (1942), pp. 133-145; GRABMANN, *La filosofia della cultura secondo Tommaso d'Aquino*, trad. I. MAREGA (Bologne, 1931), p. 136; CHENU, *Introduction...*, pp. 295-296; Sur *Pange lingua, Verbum supernum, Lauda Sion*, cf. LThK, VII, 915, X, 539, VI, 410.

[47] Exception faite pour l'*Adoro Te*, qui pose ainsi des problèmes particuliers. Cf. A. WILMART, *Auteurs spirituels et textes dévots du moyen âge* (Paris, 1932), pp. 360-414; AFP, 2 (1932), p. 37.

[48] L. M. J. DELAISSÉ, *A la recherche des origines de l'office du Corpus Domini dans les manuscrits liturgiques*, in *Scriptorium*, 4 (1950), pp. 220-239; *Catholicisme*, article *Fête-Dieu*, col. 1215-1217 du tome IV. Nous ne nous attarderons pas à la question des mélodies propres aux hymnes; el-

1263-1264, la *Somme contre les Gentils* commencée à la fin de son premier séjour parisien. Cet ouvrage est une *somme,* un exposé synthétique, non le fruit d'un enseignement effectif comme l'étaient les *commentaires* de la Bible, des *Sentences,* de Boèce, ainsi que les *questions disputées* et les *questions quodlibétiques.*

Qui étaient les *Gentiles* ? Le dominicain Pierre Marsilio, en résidence au couvent de Barcelone, a rapporté en 1313 que S. Thomas avait composé cette œuvre parce que S. Raymond de Pennafort († 1275) la lui avait demandée en faveur de la jeune mission dominicaine chez les Maures d'Espagne. Cette indication s'accordait avec la fondation du *Studium Arabicum* par S. Raymond, en 1259. C'est pourquoi beaucoup de travaux, même récents, acceptent cette interprétation traditionnelle [49]. D'autres historiens ont tenté, sans succès, de voir dans le *Contra Gentiles* la première réfutation des *gentils* parisiens, à savoir des thèses de ce qu'on appelle l'«averroïsme latin», dont nous aurons à reparler [50]. La dernière étude d'ensemble sur la question, celle du P. Gauthier, rejette brillamment ces deux hypothèses, puis propose une explication nouvelle: «Les infidèles dont S. Thomas s'attache à réfuter les erreurs, ce ne sont pas tant les infidèles *de son temps* que les infidèles des temps *passés,* ces païens, ces juifs et ces hérétiques morts depuis des siècles, et qu'il ne s'agissait donc pas de convertir. Le catalogue des erreurs réfutées par S. Thomas dans sa *Somme contre les Gentils* est hautement significatif. Il établit définitivement que la *Somme contre*

les ont été empruntées à des compositions déjà en usage et modifiées partiellement au cours des siècles. Cf. MICHAEL, *Geschichte des deutschen Volkes*, IV, p. 337; la mélodie du *Lauda Sion* dans le prototype de la liturgie dominicaine aux Archives générales O. P. de Rome, f. 364 sq.

[49] D. SALMAN, *Sur la lutte «contra Gentiles» de S. Thomas*, in *DTP* 40 (1937), pp. 488-509; VAN STEENBERGHEN, *Siger...*, II, pp. 487-489; GRABMANN, *Storia...*, pp. 111-113; IDEM, *Die Werke...*, pp. 290-294; BACIC, *Introductio...*, pp. 49-50; CASTAGNOLI, *Regesta...* (1928), pp. 265-268, 488-492; CHENU, *Introduction...*, pp. 247-254; Th. OHM, *Thomas von Aquin u. die Heiden u. Mohammedaner. Aus der Geiteswelt des Mittelalters*, II, pp. 735-748, surtout 737 sq.; CHENU, *S. Thomas d'Aquin et la théologie*, pp. 87-94.

[50] M. GORCE, *La lutte «contra Gentiles» à Paris au XIIIᵉ siècle* in *Mélanges Mandonnet*, I, pp. 223-243.

les Gentils n'est pas un ouvrage missionnaire, mais une œuvre de théologie, que son intention n'est pas une intention d'apostolat, mais une intention de sagesse» [51]. «C'est donc un contresens que de faire intervenir ici le concept d'«apologétique», concept bâtard que S. Thomas ignorait: la *Somme de théologie* fait à la réfutation de l'erreur une place aussi grande que la *Somme contre les Gentils*» [52].

La *Somme contre les Gentils* comprend quatre livres. Les trois premiers traitent des vérités qui, de soi, sont accessibles à la raison: Dieu (livre I), la création de l'homme (livre II), la fin dernière, la Providence et le gouvernement du monde, les commandements, le péché et la grâce (livre III). A part ce dernier point, c'est seulement le livre IV qui aborde le domaine des mystères révélés: la Trinité. l'Incarnation, les sacrements, la Résurrection. Malgré tout, l'œuvre est expressément théologique; elle n'a rien d'une *somme philosophique,* comme on le dit parfois. Thomas le déclare lui-même: *Propositum nostrae intentionis est veritatem, quam fides catholica profitetur, pro nostro modulo manifestare, errores eliminando contrarios* (I, 2).

La *Somme contre les Gentils* contient environ mille pages de format grand in-octavo. Elle nous est accessible dans une excellente édition critique, ce qui est une heureuse exception pour un ouvrage de S. Thomas [53]. L'autographe est conservé à la Bibliothèque Vaticane (lat. 9850), criblé de nombreuses corrections, ratures et notes marginales, de la main de l'auteur, qui révèlent la genèse de la pensée et du texte: le tout en cette *littera inintelligibilis* qui fait le tourment des déchiffreurs de manuscrits [54].

[51] GAUTHIER, *Contra Gentiles...*, pp. 60-87. Voir aussi WORALL, *St Thomas and Arianism,* in *RTAM,* 23 (1956) pp. 208-259 et 24 (1957) pp. 45-100. — Les questions du lieu et de la date de composition sont étudiées par le P. GAUTHIER, *op.cit.,* pp. 20-59.

[52] GAUTHIER, *op.cit.,* pp. 87-99. Sur le plan de la *Somme contre les Gentils,* voir le même ouvrage, pp. 100-120, avec ses indications bibliographiques.

[53] Il s'agit des volumes 13, 14 et 15 de l'édition léonine (1918-1930). A. PELZER, *L'édition Léonine de la Somme contre les Gentils, RNP,* 1920, pp. 217-245; GAUTHIER, *Contra Gentiles...,* pp. 18-19.

[54] GRABMANN, *Die Werke...,* pp. 428-434; A. PELZER, *Note sur les auto-*

Une aspiration puissante à la rigueur de la composition, à la solidité de la démonstration, à la concision des formules, à l'exclusion de toute digression, se manifeste dans toute l'œuvre. La séduction du *Commentaire sur les Sentences*, la surabondance des *Questions disputées* ont disparu. Voici, par exemple, le dernier argument donné pour prouver que Dieu veut nécessairement son existence (I, 80); les phrases s'y resserrent de plus en plus, jusqu'à la conclusion lapidaire: *Omnis perfectio et bonitas quae in creaturis est Deo convenit essentialiter, ut supra (cap. 28) probatum est. Diligere autem Deum est summa perfectio rationalis creaturae, cum per hoc Deo quodammodo uniatur. Ergo in Deo essentialiter est. Ergo ex necessitate diligit se. Et sic vult se esse.* On peut dire sans exagération qu'aucune autre œuvre humaine ne contient, à volume égal, une aussi riche moisson d'idées.

A Orvieto, Thomas ne s'occupait pas seulement d'enseigner et de composer des ouvrages. Il avait à rencontrer certaines personnalités. Sans reparler du Pape Urbain IV, qui, nous l'avons vu, lui confia plusieurs tâches importantes, il faut mentionner d'abord le cardinal dominicain Hugues de Saint-Cher, qui autrefois avait favorisé sa nomination à Paris et qui maintenant résidait à la cour pontificale, où il mourut le 19 mars 1263 [55]. Thomas entretenait également des relations confiantes avec un autre cardinal qu'il connaissait bien, son ancien élève Annibal des Annibaldi, qui avait reçu la pourpre en 1262. Albert le Grand vécut aussi à la Curie du printemps 1261 au printemps 1263. Evêque de Ratisbonne depuis 1260, il avait réorganisé son église, puis était venu demander au Pape d'être déchargé du fardeau de l'épiscopat. Urbain IV le lui avait accordé et l'avait gardé auprès de lui comme conseiller. Le génie philosophique dont parle Henri de Wurtzbourg dans son poème *De statu curiae* serait précisément Albert le Grand, s'il faut en croire Grabmann, Eckl, Pelster et Scheeben, et non pas S. Thomas, comme l'a proposé von Grauert, qui connaissait moins bien la chronologie de la vie d'Albert: «Il y a ici (à la cour du Pape)

graphes de S. Thomas à la Bibliothèque Vaticane, in *RPL*, août 1955, pp. 321-327, surtout 325-327; DONDAINE, *Secrétaires...*, pp. 13-14.

[55] WALZ, *I cardinali domenicani*, p. 15, n. 1.

quelqu'un qui découvrirait une nouvelle philosophie, si le feu détruisait l'ancienne. Il saurait la rétablir de meilleure manière. Sa science lui vaudrait une gloire supérieure même à celle des anciens philosophes» ([56]). En 1263, le Pape l'envoya prêcher la croisade en Allemagne et en Bohême ([57]).

Thomas a-t-il, à cette époque, rencontré le célèbre traducteur d'Aristote, le dominicain Guillaume de Moerbeke ? On l'a long temps prétendu ([58]). Comme on a prétendu, à la suite de Tocco ([59]), que Thomas, qui connaissait le grec très insuffisamment ([60]), avait lui-même engagé Guillaume sur la voie des traductions. En réalité, si «S. Thomas et Guillaume de Moerbeke ont vécu tous deux à la curie pontificale à Viterbe en 1267-1268, rien n'indique qu'ils se soient rencontrés avant cette date. Quant à la thèse classique de leur collaboration, elle ne repose sur aucun argument sérieux... Il semble en effet certain que Guillaume de Moerbeke a traduit une notable partie des livres de philosophie naturelle avant d'avoir pu connaître S. Thomas (avant 1260), et n'a jamais touché aux livres de morale d'Aristote» ([61]). Il reste cependant que S. Thomas a dû commencer à commenter Aristote dès son séjour à Orvieto ([62]).

Frère Bonaventure, alors ministre général des Mineurs, ve-

([56])   Est illic aliquis, qui si combusta jaceret
               Inventor fieret, philosophia, novae.
               Erigeret meliore modo novus editor illam
               Vinceret et veteres artis honore viros.

([57]) SCHEEBEN, *Albert der Grosse*, pp. 63-72.

([58]) GLORIEUX, *Répertoire...*, I, pp. 119-122, n. 21; *LThK*, X, 902 sq.; CASTAGNOLI, *Regesta...* (1929), pp. 447 sq.; ALTANER, *Die Kenntnis des Griechischen...*, pp. 445-481; GRABMANN, *Mittelalterliches Geistesleben*, II, pp. 413-423; DE WULF, *Histoire de la philosophie...*, II (6ᵉ édit., 1936), pp. 44-50; CHENU, *Introduction...*, pp. 183-187; VAN STEENBERGHEN, *Siger...*, II, passim; FOREST-VAN STEENBERGHEN-DE GANDILLAC, *Le mouvement doctrinal...*, p. 185; GRABMANN, *G. di Moerbeke O.P., il traduttore delle opere di Aristotele*, in *Miscellanea historiae pontificiae* (Rome, 1946).

([59]) TOCCO, chap. 17.

([60]) S. MERKLE, *Antonio Uccelli u. Thomas Contra errores Graecorum*, in *Römische Quartalschrift* 35 (1927), pp. 223 sq.; *S. Thomae, Opera*, IX, p. xiv, a.

([61]) GAUTHIER, *Contra Gentiles...*, pp. 34-37.

([62]) Sur le renouvellement par Urbain IV, le 19 février 1263, de l'internait de temps en temps à la Curie; il put y rencontrer son ancien collègue parisien ([63]). De même, un homme qui se donnait autant de peine pour acquérir un bénéfice que l'Aquinate en avait pris pour le refuser: Bernard Ayglier. Abbé de Saint-Honorat, dans l'île de Lérins. Il avait quitté la France, dans la suite de Charles d'Anjou, pour solliciter l'abbaye du Mont-Cassin. Urbain IV la lui accorda après avoir déposé une créature de Manfred, Théodin (1262-1263); il donna aussi à son frère l'archevêché de Naples, encore une dignité que Thomas refusera ([64]). L'abbé Bernard Ayglier (1263-1282) demandera et recevra, dix ans plus tard, le dernier écrit du Saint Docteur, l'explication d'un passage obscur de Grégoire le Grand.

On mentionnera enfin le cardinal Odon de Châteauroux, évêque de Frascati, à cause de son influence doctrinale et administrative ([65]); le savant naturaliste et philosophe silésien Witelo ([66]); et naturellement le maître général des dominicains, Jean de Verceil, qui, à cette époque, sur la demande d'Urbain IV et de Clément IV, ordonna à ses religieux de prêcher pour la croisade en Terre Sainte ([67]) et contre la présence des Hohenstaufen en Italie ([68]).

diction d'enseigner les *libri naturales* d'Aristote on retiendra l'avis de VAN STEENBERGHEN, in FOREST etc., *Le mouvement doctrinal...*, pp. 191-198, 254-256: «Nous pensons que le renouvellement de la prohibition de 1231, dans la bulle de 1263, n'a aucune portée historique; ce n'est qu'une clause de style, dont l'auteur n'a pas aperçu le caractère anachronique, mais qui, en fait, ne répondait plus du tout à la situation acquise par Aristote à Paris» (pp. 255-256).

([63]) *AFH* 19 (1926), pp. 156, 165, 168.

([64]) INGUANEZ, *Cronologia degli abati...*, pp. 431-433: Teodino; pp. 433-438: Bernard I; SABA, *Bernardo I Ayglerio,* pp. 134-137. Les deux Ayglier jouèrent un rôle très actif dans la lutte de l'Angevin contre les Hohenstaufen: Bernard l'aida de ses ressources et de ses conseils. Puis, à la fin de sa vie, fatigué des infamies de Charles, il le combattit. (EUBEL, *Hierarchia...*, I, p. 359, donne la date de 1281 pour la mort de Bernard I).

([65]) GLORIEUX, *Répertoire...*, I, pp. 304-311, n. 137. — On peut mentionner aussi le Cardinal Guillaume de Braye († 1282), ancien doyen de Laon, dont on admire le tombeau dans l'église dominicaine d'Orvieto.

([66]) *LThK,* X, 944; GLORIEUX, *Répertoire...*, I, p. 119.

([67]) MORTIER, *Histoire des Maîtres Généraux...*, II, p. 18.

([68]) POTTHAST, *Regesta...*, p. 1558, n. 19252.

Ainsi les grands de la politique, de la science et de la vertu se côtoyaient dans la vieille cité étrusque, où Thomas recevait encore la visite d'autres personnalités de l'ordre: provinciaux et évêques, prieurs, lecteurs et inquisiteurs.

Parmi les petits, un dominicain humble, actif et sympathique mérite une mention particulière: le frère Réginald ou Renaud de Piperno, aujourd'hui Priverno dans le Latium inférieur. Désigné comme compagnon habituel, *socius continuus* ([69]),de maître Thomas, après son retour de Paris ([70]), il se tenait toujours à ses côtés. Dans les deux ordres des Mineurs et des Prêcheurs, ces «compagnons» suivaient partout les lecteurs et maîtres en théologie ([71]). Ils n'avaient pas de charges universitaires, mais étaient destinés à l'assistance personnelle des professeurs, se tenant près d'eux jour et nuit, au couvent ou en voyage, les aidant à préparer et à écrire leurs leçons. Il n'est pas étonnant que les maîtres se soient liés d'un lien spécial avec leurs «frères compagnons» ou secrétaires particuliers. S. Albert avait comme compagnon le très fidèle Godefroy de Duisburg ([72]). S. Thomas appelle Réginald «compagnon très cher» dans la dédicace de plusieurs opuscules: le *Compendium theologiae*, le *De substantiis separatis* et le *De judiciis astrorum*. Une vive amitié les unissait; Thomas se confessait à lui ([73]) et lui donnait des explications doctrinales consignées dans des opuscules particuliers. C'est grâce à Réginald que la postérité dispose de certains livres ou traités. Par exemple: le premier livre *De anima*, les expositions sur les Psaumes, une partie des leçons sur l'évangile de S. Jean et les épîtres de S. Paul, peut-être même le Supplément à la *Somme théologique* ([74]).

([69]) *Procès de Naples*, chap. 47, 6. Tocco, chap. 27, 53, 65.

([70]) Quétif-Echard, *Scriptores...*, I, p. 382; Dondaine, *Secrétaires...*, pp. 198-202. Selon le P. Dondaine, Réginald avait déjà assisté Maître Thomas à Paris.

([71]) Humbert de Romans, *Opera*, II, p. 255.

([72]) Scheeben, *Albert der Grosse*, p. 163.

([73]) Tocco, chap. 63; d'Achille, *Una fervida amicizia nella vita di S. Tommaso d'Aquino*, in MD, 41 (1924), pp. 97-113; Castagnoli, *Regesta...* (1929), p. 445.

([74]) S. Thomae, *Opera*, XII, préface du supplément, paragr. 7; Grabmann, *Die Werke...*, pp. 296-301; Bacic, *Introductio...*, p. 53.

Thomas a également prêché à Orvieto. Il nous reste encore
de cette époque un sermon sur le Saint-Sacrement, qu'il donna
un jeudi-saint devant Urbain IV et les cardinaux réunis en consistoire ([75]). Plusieurs passages reprennent littéralement le *Lauda
Sion.* Le lyrisme vibrant de l'ensemble en fait un *Exultet* de
l'eucharistie.

Comme professeur, Thomas enseigna, dans l'école du couvent d'Orvieto, le *De divinis nominibus* du Pseudo-Denys et
composa un commentaire sur cet ouvrage ([76]). C'est Albert le
Grand qui, à Cologne, lui avait fait autrefois prendre une connaissance intime de cet homme mystérieux (peut-être Sévère ?)
qui vivait en Syrie vers l'an 500, mais qui présenta ses quatre
ouvrages comme des écrits de Denys l'Aréopagite, le disciple
de S. Paul. Cette fraude ou cette fiction littéraire lui valut
d'être considéré au moyen âge presque à l'égal d'un auteur
canonique. Une des preuves les plus frappantes que nous en
ayons, c'est que Thomas l'a cité au moins 1700 fois dans ses
œuvres. En réalité, s'appuyant sur le dernier philosophe païen,
Proclus (mort à Athènes en 485), le Pseudo-Denys avait essayé
d'incorporer au christianisme la doctrine néoplatonicienne de
Dieu et de l'émanation. Thomas lisait Denys principalement
dans la traduction de Jean Sarrazin (vers 1167) et avec le secours des explications du Père grec Maxime le Confesseur
(† 662).

Il le commenta donc, à la mode de l'époque. Cependant la
pensée surabondante et embrouillée de l'oriental heurtait l'ami
de la clarté qu'il était. «Il écrit d'une manière obscure», osait-il
remarquer un jour. Au début, il paraît encore ébloui par son
prestige, puisqu'il écrit par erreur dans le 2ᵉ livre des *Sentences*:
«Denys suit presque toujours Aristote» (dist. 14, q. 1, art. 2).
Après un examen plus approfondi, il se vit contraint de faire
la déclaration contraire: «Le plus souvent, Denys emploie le

([75]) DE GROOT, *Het leven...*, p. 244.

([76]) GRABMANN, *Die Werke...*, pp. 361-364, 464; BACIC, *Introductio...*, pp.
101 sq.; CHENU, *Introduction...*, pp. 192-196. Thomas avait peut-être déjà
commencé ce commentaire à Paris. On dispose actuellement d'une excellente édition: PERA-CARAMELLO-MAZZANTINI, *In librum Beati Dionysii de
divinis nominibus expositio*, Turin-Rome, 1950 (chez Marietti).

style et le langage platoniciens» (*In De Div. Nomin. proœmium*). Et encore: «Denys adopte souvent les idées de Platon» (*De malo,* q. 16, art. 1).

Les 400 pages de format petit in-octavo du commentaire de Thomas renferment des trésors. Son génie ne les a-t-il pas plutôt fournis que découverts ? La manière dont les différentes créatures sortent du Bien suprême et y retournent en ordre, voilà le thème fondamental.

Jusqu'à ces derniers temps et d'une manière injustifiable, on n'a pas assez pris en considération les commentaires de Thomas sur Denys, ni, par conséquent, l'influence de Platon sur sa pensée. D'autant plus qu'il avait déjà exposé à Paris le *De hebdomadibus,* ouvrage teinté de platonisme; et qu'il expliquera encore, plus tard, un livre dont il reconnaitra et proclamera clairement le caractère platonicien: le *De causis,* ouvrage d'origine arabe, mais dont la substance dépend de Proclus.

Tout cela montre la pénétration d'un esprit qui arrive à découvrir partout des éléments de vérité. Car Thomas ne se souciait que de la vérité. Aristote ne l'intéressait que dans la mesure où il lui paraissait s'approcher, plus que tout autre, de la vérité naturelle. Il ne voulait adhérer à aucun système, pas même à l'aristotélisme. De même, il ne se proposait pas de connaître seulement l'histoire de la philosophie; il voulait atteindre la vérité en ce qu'elle a d'éternel, selon sa maxime: «L'étude de la philosophie n'est pas destinée à nous apprendre ce que les hommes ont pensé, mais ce qu'il en est réellement de la vérité» (*De caelo,* I, 22).

Par amour de cette vérité, il n'hésitait pas, quand c'était nécessaire, à s'écarter d'Augustin, à contredire Albert, à s'opposer, modestement mais fermement, à l'ensemble des professeurs parisiens. Il s'efforçait d'arriver aux fondements de la métaphysique, non seulement par une application intellectuelle inouïe, dont nous avons déjà montré quelques exemples, mais encore par la prière. Tocco écrit d'une manière saisissante: «*Profusis orabat lacrimis pro divinis inveniendis secretis*».

Dans la dernière page du commentaire sur le *De divinis nominibus,* Thomas apprécie en ces termes l'enseignement de la vérité: «On rend à quelqu'un le plus grand des services quand

on le fait passer de l'erreur à la vérité». Sans doute, il ne faut
pas négliger la prudence dans la proclamation de la vérité: «Ils
commettent une injustice les avares qui gardent pour eux les
vérités acquises, comme aussi les prodigues qui les répandent
inconsidérément». Mais il faut surtout haïr et stigmatiser l'erreur: «puisqu'il y a présomption à porter un jugement sur ce
qu'on ignore, *error manifeste habet rationem peccati*» (De malo,
q. 3, art. 7). A Orvieto, comme toujours et partout, Thomas demeura invariablement l'*unice veritatis amator* dont a parlé
Léon XIII.

Pendant ce temps, de graves événements politiques se dérou-
laient, qui allaient rejaillir sur sa famille pour la déchirer irréparablement. La question du royaume de Sicile était le foyer
de discordes incessantes entre le pape et le roi. Différents pontifes avaient décidé d'entreprendre une politique nouvelle: provoquer la chute définitive des Hohenstaufen en établissant en
Sicile une autre dynastie. Le but ne fut atteint qu'au moyen de
sacrifices extrêmement douloureux ([77]).

Urbain IV allait aboutir, après de nombreuses tractations, à
un accord avec Charles d'Anjou. Alors le bâtard de Frédéric II,
Manfred, recourut aux armes. Le pape ordonna de prêcher la
croisade contre lui et ses alliés. Mais des troupes gibelines, à
Rome et au nord de Rome, faisaient trembler le pontife sur le
rocher escarpé d'Orvieto. Charles d'Anjou était encore bien
loin. Manfred préparait l'encerclement d'Orvieto et disposait ses
troupes sous les yeux du pape. Le capitaine des Etats Pontificaux, Guiscard de Pietrasanta, neveu du pape, venait d'être tué
près de Bolsène par les Gibelins. Alors Urbain IV abandonna
Orvieto le 9 septembre 1264. Epuisé, il s'arrêta deux semaines
à Deruta, puis alla s'éteindre à Pérouse le 2 octobre ([78]).

Peu auparavant, en juillet, les détachements de Manfred
avaient campé devant Montesangiovanni et avaient demandé le
passage. Aimon, frère de S. Thomas, patron de l'église Saint-

---

([77]) GREGOROVIUS, *Storia della città di Roma nel medio evo*, II, 2, p. 483;
SALVATORELLI, *L'Italia comunale*, pp. 611-655.

([78]) GREGOROVIUS, *Storia della città di Roma...*, II, 2, pp. 483-494; E. DUPRÉ-
THESEIDER, *Roma dal comune di popolo alla signoria pontificia (1252-1377)*,
Bologne, 1952, pp. 99-100.

Jean et de Sainte-Marie de Gallinaro, l'avait refusé. Le pape lui avait promis de s'en montrer reconnaissant ([79]). Par contre, un autre parent de notre saint, Thomas d'Aquin, comte d'Acerra, s'était allié à Manfred contre le pape. Bien plus, un propre frère de Thomas, Adénolphe ([80]), s'était réconcilié avec Manfred en 1260, avait recouvré ses biens et ceux de sa femme, et s'était rangé à ses côtés dans la lutte ([81]).

L'archevêque de Narbonne Gui Foulquois fut élu à Pérouse le 5 février 1265 et prit le nom de Clément IV. Grâce aux six cardinaux français qu'Urbain IV avait introduits dans le collège cardinalice restreint, c'était encore un français qui prenait possession du siège de Pierre. Il avait été conseiller de S. Louis à Paris, où Thomas l'avait sans doute connu. Il poursuivit la politique antisouabe de son prédécesseur ([82]). Charles d'Anjou fit son entrée à Rome en mai 1265 à la tête d'une armée. Il y fut accueilli par une légation cardinalice, dont faisaient partie les deux Annibaldi oncle et neveu, Richard et Annibal ([83]). Charles prêta le serment de fidélité et reçut l'investiture de la Sicile. Hésitant encore, le pape en différa la ratification jusqu'au 4 novembre.

Charles se comporta de telle manière que le pontife eut très tôt à regretter son choix. L'attitude du pape avait fait d'ailleurs sensation partout; on la critiquait vivement, même dans les couvents. C'est pourquoi le chapitre de la province romaine, tenu en 1268 à Viterbe, donc dans la région où séjournait Charles d'Anjou, dut interdire sévèrement à ses sujets de prendre parti contre la maison d'Anjou ([84]).

([79]) *Doc.* 19 (*Fontes,* p. 566), *Doc.* 20 (*Fontes,* p. 569 sq.); Toso, *Tommaso d'Aquino,* p. 70. Charles d'Anjou le nommera «justicier» dans son royaume, sous le vice-roi Philippe de Montfort.

([80]) Scandone, *La vita...,* p. 82.

([81]) Guillaume de Tocco a passé sous silence les manifestations d'hostilité à la dynastie angevine dans la famille d'Aquin. Il a souligné avec insistance les cas contraires. Cf. Tocco, chap. 37, 42.

([82]) Hefele-Leclercq, *Histoire des Conciles,* VI, 46 sq.; Dupré-Theseider, *Roma dal comune...,* pp. 103-115. Bien que juriste, Clément IV mit souvent l'Eglise et la Papauté en sérieux embarras.

([83]) Potthast, *Regesta...,* p. 1551, n. 19149; Morghen, *Il tramonto della potenza sveva,* pp. 232 sq.

([84]) *MOPH,* III, p. 142, XX, pp. 32-34.

La position de l'Aquinate en cette affaire ne nous est pas connue. Plongé en Dieu, il était sans doute avant tout occupé à porter partout le Christ, dont le royaume n'est pas de ce monde. Nous savons pourtant qu'il fit, à cette époque, deux visites à des parents et amis que la politique opposait, la première peu avant son arrivée à Rome et la seconde aussitôt après.

C'est probablement à la suite du chapitre provincial d'Anagni (8 septembre 1265), qu'il rendit visite à une nièce, nommée Françoise, fille de Philippe d'Aquin, dans son château de Maënza, non loin de l'abbaye cistercienne de Fossanova. Frère Réginald de Piperno l'accompagnait en ce voyage, car son bourg natal (aujourd'hui Priverno) était situé dans la même région. Nous ne savons rien de plus sur cette visite du saint, car le témoignage du cistercien Pierre de Montesangiovanni, au procès de canonisation, s'en tient là [85]. Nous pouvons seulement ajouter que trois ans plus tard, en 1268, Françoise et son mari Annibal de Ceccano seront chassés de leur château et de leur patrie par Charles d'Anjou, en raison de leur adhésion au parti de son adversaire Conradin.

II. *Rome (1265-1267)*

A l'automne 1265, maître Thomas arriva à Rome: le chapitre provincial d'Anagni lui avait confié la charge de régent au couvent dominicain de Sainte-Sabine. Peu avant Noël 1265, l'Aquinate se rendit, sur l'invitation du cardinal Richard des Annibaldi, qui lui était très favorable, dans son château de Molara (ou Molaria), au sud des Monts Albins, à l'ouest de Frascati, sur la voie latine [86]. Autrefois propriété des comtes de Tusculum, le château était devenu, en 1254, une possession du cardinal [87]. Au nombre des hôtes du cardinal se trouvaient

[85] *Procès de Naples,* chap. 49; MARTINORI, *Lazio turrito,* II, p. 6, place cette visite en 1250, ce qui est évidemment beaucoup trop tôt.

[86] DE GROOT, *Het leven...,* pp. 229 sq.; BERTHIER, *Le couvent de Sainte-Sabine,* pp. 304, 311; G. TOMASETTI, *Della Campagna Romana,* in *Archivio Storico della R. Soc. di Storia Patria,* 29 (1906), p. 303.

[87] MARTINORI, *Lazio turrito,* II, p. 45; GREGOROVIUS, *Storia della città di Roma...,* II, 1, p. 400. De ce château il ne reste plus aujourd'hui que des ruines, que le peuple appelle «castellacio».

également deux Juifs cultivés et riches. Richard proposa à Thomas de les entretenir de science et de religion. Il accepta et, pour avoir plus de tranquillité, fixa le rendez-vous dans une chapelle du château. Barthélemy de Capoue a rapporté l'entretien dans les termes suivants lors du procès de canonisation. «Il arriva à dissiper leurs doutes et, remarquant l'impression produite par ses paroles, il leur dit: maintenant, retirez-vous, réfléchissez bien à tout cela et revenez demain me soumettre vos difficultés. Le jour suivant, qui était la veille de Noël, ils revinrent et s'entretinrent encore une fois avec frère Thomas dans la même chapelle. A la fin du colloque on entendit soudain la voix de Thomas et de son compagnon, Réginald peut-être, qui chantaient le *Te Deum*. A ce bruit, le cardinal, qu'un accès de goutte empêchait de marcher, se fit porter dans la chapelle. Les chapelains et les familiers accoururent à leur tour et, tous ensemble, achevèrent l'hymne de louange. Les Juifs furent alors baptisés. Le jour de Noël on donna un festin auquel furent invités de nombreux nobles de la parenté. Pendant le repas, les nouveaux baptisés déclarèrent publiquement qu'à la simple apparition de Thomas ils s'étaient sentis comme changés et ouverts à la foi» ([88]).

Mais les vacances étaient courtes. De l'époque romaine datent un grand nombre de travaux. En premier lieu, deux écrits sur des questions politiques, adressés tous deux à des correspondants lointains. Tout d'abord le *De regno,* où Thomas répond à une question du roi de Chypre Hugues II de Lusignan, ou peut-être Hugues III ([89]). L'opuscule n'est pas tout entier de l'Aquinate; une autre main l'a terminé avec plusieurs erreurs

([88]) *Procès de Naples,* chap. 86: Barthélemy de Capoue est plus exact que Tocco.

([89]) Hugues II de Lusignan (1253-1267) ou Hugues III d'Antioche-Lusignan (1267-1284). Le principal couvent de la province dominicaine de Terre Sainte se trouvait à Nicosie dans l'île de Chypre; Hugues II demanda à être enterré dans l'église Saint-Dominique de Nicosie. Le roi reçut peut-être le conseil de s'adresser à S. Thomas: par exemple, de Thomas Agni, évêque de Bethléem (1259-1263) et légat pontifical en Orient; ou du Bx Barthélemy de Vicence, autrefois évêque de Limassol, dans l'île de Chypre. Peut-être recourut-il à l'entremise d'Aimon d'Aquin, qui avait autrefois servi à Chypre (cf. plus haut, chapitre I).

à partir du chapitre 9 du livre II de l'original ([90]). Puis le *De regimine Judaeorum* ([91]), adressé à une duchesse de Brabant qui était soit Adélaïde (1261-1267), soit Marguerite, fille de S. Louis et épouse de Jean I de Brabant, morte en 1271 ([92]). Dans ces deux ouvrages, certaines conceptions anachroniques nous surprennent. Pourtant le premier nommé possède de nos jours une importance croissante. A l'encontre de l'actuelle divinisation de la collectivité, il déduit la raison d'être de toutes les sociétés terrestres, et même de l'état, non pas de leur prétendue valeur supérieure, mais de l'insuffisance de l'individu, que doit aider chaque communauté par l'association d'un grand nombre pour la réalisation d'un bien commun. Bien commun qui, d'après l'Aquinate, n'est pas le but dernier, mais tend essentiellement et en dernier lieu au perfectionnement des membres participants. En résumé, selon Thomas, toute société terrestre est pour la personne humaine, la réciproque est fausse ([93]).

Celui qui parlait ainsi avait commencé à l'automne 1265, à côté de l'antique et vénérable basilique de Sainte-Sabine, un enseignement régulier, le seul, durant son séjour en Italie, sur lequel nous sommes assez exactement renseignés. Avant de parler de ses cours proprement dits, nous voudrions dire quelques mots d'un opuscule qu'il a sans doute composé à cette époque, le *Compendium theologiae,* appelé aussi *De fide, spe et*

([90]) GRABMANN, *Die Werke...*, pp. 330-336; BACIC, *Introductio...*, pp. 87 sq.; CHENU, *Introduction...*, pp. 286-288; PHELAN-ESCHMANN, *On Kingship* (Toronto, 1949). Cf. *RPL*, août 1950, pp. 426-427.

([91]) GRABMANN, *Die Werke...*, pp. 336-338; BACIC, *Introductio...*, pp. 88 sq.; *DTP* 39 (1936), pp. 153-160 (Glorieux) le date de 1270 environ.

([92]) La duchesse Adélaïde de Brabant et son époux étaient très attachés à l'ordre des Prêcheurs. Une lettre du maître général Jean de Verceil, datée de juin 1264, témoigne de la réciprocité de ces sentiments. Cf. H. FINKE, *Ungedruckte Dominikanerbriefe des 13. Jahrhunderts,* (Paderborn, 1891), p. 58, n. 12.

([93]) Cf. en particulier livre I, chap. 2. Le *De regno* ne contient pas seulement une remarquable doctrine philosophique et théologique de la société et de l'état; il renferme aussi des vues excellentes sur les droits et les devoirs du prince. Cf. GILBY, *The political thought of Thomas Aquinas* (Chicago, 1958).

caritate ([94]). Cet ouvrage s'apparente à la puissante synthèse qu'est la *Summa contra Gentiles;* mais il est exclusivement théologique et de dimensions plus modestes. Il est dédié au F. Réginald de Piperno — mort vers 1290 à Anagni — qui avait suivi son maître d'Orvieto à Rome. Comme il est resté inachevé, Mandonnet et Grabmann le dataient des dernières années de la vie du Saint. Mais sa profonde affinité avec le *Contra Gentiles* invite à le situer dans les années 1265-1267, et son inachèvement s'explique très bien par la mise en chantier de la *Summa theologiae* ([95]). La première partie, *de fide,* est complète; elle comprend 245 petits chapitres qui sont consacrés au symbole des apôtres, à la dogmatique, dirions-nous aujourd'hui. La seconde partie, qui commente le *Pater Noster,* ne contient que 10 chapitres et s'arrête à la seconde demande.

Comme le *Contra Gentiles,* mais contrairement aux autres œuvres de l'Aquinate, le *Compendium* ne se divise pas en *questions* et *articles,* mais en *chapitres.* En outre, il ne présente pas les objections et leurs réponses, mais se contente de développer la doctrine d'une manière continue. L'exposition n'est d'ailleurs pas uniforme; à mesure qu'elle avance, elle progresse en abondance et en valeur, au point que certaines questions y sont traitées mieux que dans les œuvres majeures. Par sa composition, cet ouvrage est l'un des plus «modernes» du maître et convient particulièrement pour un premier contact avec sa théologie.

Le premier résultat certain de l'enseignement du maître à Sainte-Sabine, c'est la question disputée *De potentia* ([96]). On s'accorde aujourd'hui à la dater des années romaines, bien que

---

([94]) GRABMANN, *Storia...,* p. 116; IDEM, *Die Werke...,* pp. 314-315, 464; BACIC, *Introductio...,* p. 72; CHENU, *Introduction...,* p. 283; A. R. MOTTE, *Un chapitre inauthentique dans le Compendium theologiae de S. Thomas,* in *RTh* 45 (1939), pp. 749-753; *Scholastik* 16 (1942), p. 442 (Pelster). Le P. GUINDON tend à penser que le *Compendium* est antérieur à la *Somme contre les Gentils* et a été écrit soit en Italie, soit même à Paris avant la fin de 1259. Cf. GAUTHIER, *op.cit.,* p. 50, note 118. Au contraire P. GLORIEUX en retarde la composition jusqu'en 1270: cf. *Sciences ecclésiastiques* 13 (1961), pp. 7-34.

([95]) Le commentaire sur le *De Trinitate* de Boèce est inachevé, lui aussi, et pourtant il remonte au premier séjour parisien.

([96]) GRABMANN, *Die Werke...,* p. 306; CHENU, *Introduction...,* pp. 242-243.

certaines parties puissent avoir été composées un an avant
(Pelster) ou, au contraire, à Viterbe un an après (Glorieux, Synave, Van Steenberghen). Ce chef-d'œuvre mérite tous les éloges: en étendue il atteint la moitié du *De veritate*; en profondeur, aucun autre ouvrage de Thomas ne le surpasse. Beaucoup plus riche que le titre ne le laisse supposer, il traite de la
création, du miracle et de la Sainte Trinité. La dixième question, en particulier, fournit sur les processions divines la plus
vive lumière que l'on possède ([97]).

Coïncidence étonnante, Thomas disputait de ces questions
transcendantes et les formulait d'une manière presque définitive, au moment où, un peu au sud, à Bénévent, la bataille faisait rage.

Le 20 janvier 1266, Charles d'Anjou avait quitté Rome avec
son armée, en direction du sud. Le cardinal-légat Richard des
Annibaldi l'accompagnait. Le combat décisif eut lieu près de
Bénévent. Manfred fut vaincu. Il se précipita alors dans la mê-
lée et trouva la mort, ainsi que son ami Théobald des Annibaldi. Au contraire, son beau-frère, Thomas II d'Acerra, s'enfuit
honteusement. Un beau-frère de S. Thomas, Roger de San Severino, avait lutté aux côtés de Charles d'Anjou ([98]).

Ils vivaient et mouraient pour des maîtres et des possessions
terrestres. Pendant ce temps, à Rome, S. Thomas avait commencé, au service du Maître éternel, son immortelle *Summa theologiae*. Nous arrivons à l'ouvrage auquel le nom de Thomas
est essentiellement attaché. En ce qui concerne les dimensions
et l'architecture, il surpasse tous les autres ([99]).

([97]) Le P. Mandonnet a attribué à S. Thomas une question disputée
De natura beatitudinis, contenue dans le Cod. Vat. lat. 784, et qu'il datait du
séjour romain en 1266. Mais le P. A. Dondaine a démontré l'inauthenticité
de cette question. Cf. A. DONDAINE, *Le problème de l'attribution du «Tractatus de Beatitudine» du Manuscrit 784 de la Bibliothèque Vaticane latine,*
dans *Notes et communications* du *Bulletin Thomiste* n° 6 (avril-juin 1932),
pp. 109-118; GRABMANN, *Die Werke...,* p. 398.

([98]) Sur Roger de San Severino, cf. *Enc. Ital.* XXX, 754; SCANDONE, *La
vita...,* p. 57; *The Cambridge Medieval History,* VI, pp. 183-189 (C. W. PRE-
VITÉ-ORTON).

([99]) A. WALZ, *De genuino titulo «Summa theologiae»,* in *Angelicum* 18
(1941), pp. 142-151; CHENU, *Introduction...,* pp. 255-265; DTC, article *Sommes
théologiques* (GLORIEUX).

Le 12ᵉ siècle avait eu déjà ses *sommes* ([100]), ou collections organiques des vérités révélées; ces collections étaient nées en dehors de tout enseignement. A Sainte-Sabine, Thomas se résolut à en composer une à son tour: elle devait dépasser le *Commentaire sur les Sentences,* spécialement quant à l'ordonnance des matières. Cette ordonnance peut être, en certains cas, de la plus haute importance. La nouveauté de cette œuvre réside en ce que Thomas y dispose tout autour de Dieu: tout vient de lui et tout existe pour lui ([101]). Par là, il laisse loin derrière lui le plan d'un Pierre Lombard (†1160) ou même d'un Alexandre de Halès († 1245). Le premier avait adopté la division suivante: *res et signa,* c'est-à-dire Dieu, les créatures, le Christ (*res*), puis les sacrements (*signa*). La somme du second a deux parties: la création et la rédemption. Thomas considère que l'objet de la théologie, comme l'indique son nom, c'est simplement Dieu: soit en lui-même, soit par rapport aux créatures; et, pour celles-ci, en tant qu'il est leur principe, leur fin et leur rédempteur. Voici, d'après Grabmann, un aperçu un peu plus détaillé de l'ouvrage:

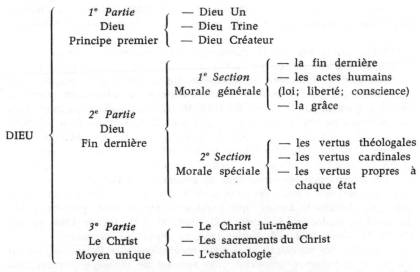

	1ᵉ *Partie* Dieu Principe premier	— Dieu Un — Dieu Trine — Dieu Créateur
DIEU	2ᵉ *Partie* Dieu Fin dernière	1ᵉ *Section* Morale générale: — la fin dernière — les actes humains (loi; liberté; conscience) — la grâce / 2ᵉ *Section* Morale spéciale: — les vertus théologales — les vertus cardinales — les vertus propres à chaque état
	3ᵉ *Partie* Le Christ Moyen unique	— Le Christ lui-même — Les sacrements du Christ — L'eschatologie

([100]) Les premières «sommes» furent des sommes de droit: *summae juris*; ensuite seulement des *summae theologiae.*

([101]) GRABMANN, *Die Werke...,* pp. 294-301, 462; BACIC, *Introductio...,* pp. 51-54; CHENU, *Introduction...,* pp. 266-276. LAFONT, *Structures et méthode dans*

On le voit, l'aristotélicien Thomas utilise sans scrupules le thème platonicien et dionysien de l'émanation (*exitus*) des choses à partir de Dieu, et de leur retour à lui (*reditus*); on se souvient qu'il l'avait déjà utilisé au début du *Commentaire sur les Sentences*.

La première partie de la *Somme théologique* fut composée à Rome et à Viterbe (1266/1267-1268); la seconde, dans ses deux sections, peut-être pour une petite part à Viterbe, mais surtout à Paris (1269-1272); la troisième, inachevée, à Naples (1272-1273) ([102]). Au total l'ouvrage comprend 512 questions, 2669 articles, et environ 10.000 objections avec leur solution. La division par chapitres, qu'on trouve dans la *Somme contre les Gentils* et le *Compendium theologiae,* est donc abandonnée au profit de celle qu'avait adoptée le *Commentaire sur les Sentences*. Quand on ne connaît que les œuvres antérieures du Maître on est surpris, en abordant la *Somme théologique,* par sa systématisation incomparable ([103]) et par l'ampleur de la section de la 2ᵉ partie qui concerne les vertus infuses et les dons du Saint-

---

la *Somme théologique de S. Thomas d'Aquin* (1961); HAYEN, *La structure de la Somme théologique et Jésus,* in *Sciences Ecclésiastiques* 12 (1960), pp. 59-82.

([102]) Les recherches sur la chronologie des œuvres de Thomas à cette époque se poursuivent, en particulier à la lumière des études sur les traductions dues à Guillaume de Moerbeke. On signalera à ce propos la récente collection *Corpus latinum commentariorum in Aristotelem graecorum* fondée à Louvain par le *Centre De Wulf-Mansion,* et dont les premiers volumes ont paru en 1957 et en 1961. Le directeur, M. G. Verbeke, écrit: «Il s'agira en général (dans cette collection) de textes grecs dont la traduction a été faite par Guillaume de Moerbeke à la demande de S. Thomas et que celui-ci fut le premier à utiliser. La collection nouvelle est donc conçue tout à la fois comme une édition critique de commentaires sur Aristote et comme une contribution à l'étude des sources de S. Thomas». — Les volumes de la collection *Aristoteles latinus,* qui paraissent depuis 1939, peuvent rendre des services analogues. Sur cette collection, cf. *RPL,* février 1946, pp. 104-129 (A. MANSION), puis *RPL,* février 1956, pp. 90-111 (A. MANSION).

([103]) LACORDAIRE comparait la *Somme théologique* aux Pyramides, en raison de sa majestueuse simplicité. Les sommes de théologie peuvent aussi se comparer aux cathédrales gothiques: audacieuses et gigantesques comme elles, elles sont restées, comme elles, plus ou moins inachevées: cf. GRABMANN, *Storia...,* pp. 80 sq.; CHENU, *Introduction...,* pp. 273-274 (1ᵉ note de travail).

Esprit. On y découvre partout ce caractère positif qui est la marque de l'Aquinate, et l'on sent qu'il n'expose pas simplement une doctrine, mais l'expérience de sa profonde charité et de son total abandon au Seigneur. Cependant le *Commentaire sur les Sentences* ouvrait une voie aux développements sur les vertus; de même il contient des parallèles aux autres parties de la *Somme*. En outre, plusieurs questions disputées, qui datent approximativement de cette époque, éclairent la *Somme* et constituent le meilleur commentaire, souvent indispensable, qu'on en puisse trouver, car il est de la main de l'auteur lui-même.

Un commentaire demeure nécessaire, en effet, malgré la clarté de l'expression, la brièveté des articles et le petit nombre des objections présentées: en moyenne, trois par article, alors que, dans les questions disputées, on en compte vingt et plus. Thomas a écrit la *Somme,* déclare-t-il lui même dans le prologue, «à l'usage des commençants», *ad eruditionem incipientium*. Mais il suppose que ces débutants disposent des explications d'un professeur aussi savant que lui.

En un mot, la *Somme* compte parmi les œuvres les plus profondes. Les centaines de commentaires, complets ou partiels, qui en ont été donnés depuis la seconde moitié du 15ᵉ siècle, ne sont pas superflus. Mais ils pèchent souvent en ceci qu'ils n'expliquent pas assez Thomas par Thomas, c'est-à-dire à la lumière de ses autres ouvrages. Les conceptions personnelles des commentateurs, les thèmes favoris des «écoles» auxquelles ils appartiennent, ne peuvent pas rester sans influence. Les commentaires renferment donc, à côté de morceaux brillants, de redoutables contresens, d'autant plus que la *Somme théologique* se permet rarement des développements abondants. Le commentateur le plus pénétrant peut-être, le cardinal Cajetan, ne fait pas exception.

Pourquoi le chef-d'œuvre de l'Aquinate n'a-t-il pas été commenté avant la fin du 15ᵉ siècle ? Parce qu'auparavant on jugeait sa doctrine, pour la louer ou la combattre, seulement d'après son *Commentaire sur les Sentences*. Ainsi la célèbre lettre que la Faculté des arts de Paris adressa au chapitre général dominicain de Lyon le 2 mai 1274, après la mort de Thomas, ne fait l'éloge que de cet ouvrage. De même, le «prince des thomistes», Jean Capréolus († 1444) prend la défense de son maître dans un commentaire sur les *Sentences*.

Toutefois la *Somme* fit très tôt sensation. Ainsi, parmi les 118 propositions thomistes critiquées par le franciscain anglais Guillaume de la Mare († 1298) dans son *Correctorium Fratris Thomae,* 109 proviennent de la première et de la seconde parties de la *Somme* ([104]), 9 seulement du *Commentaire sur les Sentences*.

Mais nous avons pris de l'avance sur les événements. Nous avions laissé Thomas au couvent de Sainte-Sabine, alors qu'il n'en était qu'à la première partie de son ouvrage. Il écrivit en outre un exposé de la première et de la seconde *Décrétales,* c'est-à-dire des constitutions dogmatiques *Firmiter* et *Damnamus* du IVᵉ concile du Latran, pour l'archidiacre de Todi, qui s'était peut-être adressé au maître dominicain présent au chapitre provincial de Todi en 1266 ([105]).

D'autre part Jean de Verceil, maître général depuis 1264, demanda à l'Aquinate de lui donner son avis dans l'affaire suivante. Un inconnu avait dénoncé 108 propositions extraites du *Commentaire sur les Sentences* publié à Paris en 1256-1258 par Pierre de Tarentaise O. P. Thomas dut prendre position. L'accusé s'était inspiré tantôt de Thomas d'Aquin, tantôt de Bonaventure. Le maître se prononça sur toutes les questions d'une manière très concise; son examen est nuancé, sans prévention, plein de bienveillance.

Voici quelques exemples de ses appréciations. Question 5: «si on l'entend sans nuances, ce n'est pas juste, mais...». Question 10: «l'expression est défectueuse sur ce point que». Question 11: «l'expression est équivoque...» Question 17: «Ceci est très vrai». Question 18: «le critique n'a pas raison». Question 81: «cette manière de parler est obscure et imparfaite». Question 108: «on peut l'entendre en bien ou en mal». Naturelle-

---

([104]) La *Tertia pars,* composée à Naples, semble ne pas être connue à Paris à l'époque du *Correctorium*.

([105]) GRABMANN, *Die Werke...,* pp. 340, 464; BACIC, *Introductio...* pp. 90 sq.; HEFELE-LECLERCQ, *Histoire des Conciles,* V, pp. 1324-1327. Cet archidiacre était peut-être Giffredus d'Anagni: cf. A. DONDAINE et J. PETERS, in *AFP* 29 (1959), pp. 52-72.

ment, Thomas comparait l'accusation avec le texte original; il découvrait parfois que les citations du dénonciateur étaient fausses; il n'y a rien de nouveau sous le soleil...

Pierre de Tarentaise tint-il compte des remarques de son confrère ? Vraisemblablement pas ([106]). En tout cas, cette accusation ne brisa pas sa carrière: il devint provincial de la province de France (il le sera précisément pendant le second séjour de Thomas à Paris), puis archevêque de Lyon, cardinal, et enfin Pape, en 1276, sous le nom d'Innocent V. Thomas vécut-il sous sa houlette des jours parfaitement agréables ? Les sources sont muettes sur ce point. Mais on connaît la susceptibilité des savants, même vertueux, quand on les contredit.

Au cours de son séjour à Rome, ou en tout cas avant décembre 1268, Thomas se vit offrir par Clément IV l'archevêché de Naples et les revenus considérables de l'abbaye Saint-Pierre *ad Aram* ([107]). Le Pape voulait à la fois récompenser les services du Maître, aider sa famille éprouvée par la guerre et lier étroitement les d'Aquin à la Maison d'Anjou. Mais, comme il avait refusé l'abbaye du Mont-Cassin, Thomas refusa le siège de Naples et demeura fidèle à sa vraie vocation ([108]).

([106]) SIMONIN, *Les écrits de Pierre de Tarentaise*, pp. 164, 178, 192 sq.; GRABMANN, *Die Werke...*, pp. 374-376; BACIC, *Introductio...*, p. 106; B. M. SMERALDO, *Intorno all'Opuscolo IX di S. Tommaso d'Aquino* (Pierre de Tarentaise s'est-il trompé en matière théologique ?) (Rome, 1945); CHENU, *Introduction...*, pp. 285-286; R. MARTIN, in *Mélanges Pelzer* (Louvain, 1947), pp. 303-323.

([107]) TOCCO, chap. 42; CASTAGNOLI, *Regesta...* (1929), p. 451; G. SCHERILLO, *Della venuta di S. Pietro nella città di Napoli* (Naples, 1859), p. 384. Cette église marque le lieu où S. Pierre, à peine débarqué, offrit le saint sacrifice. A partir du 12e siècle, elle fut confiée à des chanoines réguliers, que des Frères Mineurs remplacèrent à l'époque napoléonienne. Les importants revenus de ce monastère sont attestés par de très nombreuses chartes conservées aux archives secrètes du Vatican. — Clément IV aimait Thomas d'une manière particulière. Tocco le déclare expressément: «dictum doctorem nimis carum habebat». Il avait d'ailleurs beaucoup d'affection pour l'ordre des Prêcheurs, ainsi que sa soeur qu'on appelait alors *hospita fratrum*. Il se trouvait à Paris, au titre de légat pontifical pour l'Angleterre, lorsqu'il fut élu Pape, le 5 février 1265. Pour son voyage de retour en Italie, il revêtit l'habit dominicain, afin de conserver plus facilement l'incognito. Il fut couronné à Pérouse, mais préféra résider à Viterbe.

([108]) Le P. Petitot estime que Tocco mentionne Clément IV par erreur:

Par contre, il ne négligea pas, à Rome, son devoir de prédicateur. Il prêcha, par exemple, une semaine sainte dans la basilique de Sainte-Marie Majeure; ses sermons sur la passion du Christ remuèrent la foule jusqu'aux larmes. Le jour de Pâques il invita son auditoire à partager la joie qu'avait causée à Marie la résurrection de son fils. Lorsqu'il descendit de chaire, une hémorroïsse toucha le bas de sa tunique et se sentit instantanément guérie. Elle l'accompagna ensuite jusqu'au couvent de Sainte-Sabine et raconta au compagnon de Thomas, frère Réginald de Piperno, ce qui était arrivé. Celui-ci en parla à plusieurs reprises, par exemple au Père Jean de Caiazzo, qui devint plus tard provincial de la province romaine (1285-1288); au Père Ange de Tremoli, prieur de Saint-Sixte le Vieux, à Rome; au P. Léonard de Gaète, qui, 35 ans plus tard, en témoigna au procès de canonisation ([109]).

En juillet 1267, Thomas prit part au chapitre général de Bologne; à quel titre, nous ne le savons pas exactement ([110]) Cette assemblée fut célèbre en raison de la translation de la dépouille de S. Dominique, accomplie à cette occasion. Clément IV avait chargé Thomas, le 14 juillet 1267, de demander au chapitre la désignation de deux frères pour accompagner et servir Gauthier de Calabre O. P., évêque de Dachibleh en Syrie ([111]). C'est peut-être à la suite d'une décision de ce chapitre, dont nous avons parlé plus haut ([112]), que Thomas quitta Rome pour Viterbe.

il s'agirait en réalité d'Innocent IV, et donc de l'offre de la dignité d'abbé du Mont-Cassin. Mais le même auteur ajoute: «il est fort possible que l'archevêché de Naples ait été offert à plusieurs reprises à S. Thomas». Dans ces conditions, on ne voit plus en quoi Tocco se serait trompé: il semble que le P. Petitot a mal lu Tocco. Cf. PETITOT, S. Thomas d'Aquin, p. 43, note 1.

([109]) Procès de Naples, chap. 75; Tocco, chap. 53; CASTAGNOLI, Regesta... (1929), pp. 450 sq.; TAURISANO, I discepoli..., p. 125.

([110]) MOPH, II, p. 100; MORTIER, Histoire des Maîtres Généraux..., II, p. 46; T. ALFONSI, Probabile cronologia della vita di S. Tommaso d'Aquino, in MD 40 (1923), p. 496; CASTAGNOLI, Regesta... (1929), p. 452. C'est peut-être à cette occasion, et non en décembre 1269, qu'il donna l'exemple d'humilité dont nous parlerons plus loin. Cf. CASTAGNOLI, Regesta... (1929), p. 456, n. 140.

([111]) Doc. 21 (Fontes, 570); CASTAGNOLI, Regesta... (1929), p. 452.

([112]) Cf. page 119.

III. *Viterbe (1267-1268)*

La cour pontificale résidait alors à Viterbe. Thomas se rendit au couvent dominicain de cette ville, et y resta jusqu'à la fin de 1268 ([113]). Tout en poursuivant la composition de la *Somme théologique,* il remplissait les tâches habituelles du maître: lecture, dispute et prédication. De cette époque date la courte mais importante question disputée *De spiritualibus creaturis* ([114]). Selon les recherches les plus récentes, une partie de la question disputée *De anima* — à ne pas confondre avec le commentaire sur le *De anima* d'Aristote — aurait été composée à Viterbe ([115]). L'opuscule *De substantiis separatis seu de angelorum natura,* dédié à Frère Réginald, semble remonter également à cette époque ([116]). Il est inachevé, ce qui peut s'expliquer par le départ de Thomas pour Paris ([117]).

C'est pendant ce séjour à Viterbe que les Hohenstaufen reçurent le coup de grâce. A l'automne 1267, le jeune Conradin, duc de Souabe et «Roi de Jérusalem et de Sicile», répondit à l'appel des Gibelins, quitta Meersburg (sur le lac de Constance) et pénétra en Italie ([118]). Comme le Pape avait déjà

([113]) Ce couvent, placé sous le patronage de Sainte-Marie «ad gradus», se trouve en dehors des murs de la ville et de la Porta Romana. Ses vastes dimensions, comme aussi celles de l'église voisine, donnent une idée de l'importance de la Viterbe médiévale, si souvent résidence des Papes au 13ᵉ siècle.

([114]) GRABMANN, *Die Werke...,* p. 306. Cf. également VERBEKE, *Thémistius. Commentaire sur le Traité de l'âme d'Aristote,* 1957, pp. XXXIV-XXXVIII.

([115]) La plus grande partie aurait été composée à Paris, en 1269.

([116]) GRABMANN, *Die Werke...,* pp. 324-325. Récemment, le P. SAFFREY, dans *S. Thomae de Aquino super Librum de causis expositio* (Fribourg et Louvain, 1954) a proposé la date de 1272 pour le *De substantiis separatis*: cf. p. XXXIX.

([117]) Le P. DE GROOT parle d'un sermon adressé par S. Thomas au peuple de Viterbe, sur l'ordre de Clément IV. En effet, on montre encore aujourd'hui, dans un angle de l'église Sainte-Marie la Neuve, adossée à une colonne, «la chaire de S. Thomas». Sur ce monument, une inscription porte la date de 1266; date peu vraisemblable: on préférerait 1267 ou 1268.

([118]) Le 7 avril 1268 il était à Pise. Le chapitre général des Prêcheurs, qui avait été convoqué à Pise, dut être transféré à Viterbe: le Pape Clément IV y prêcha, le 27 mai, devant les capitulants. Le chapitre de la Province Romaine se tint également à Viterbe au même moment.

donné le royaume de Sicile à la Maison d'Anjou, il excommunia Conradin et ses partisans. Cependant les Gibelins de Rome lui firent un accueil triomphal au cours de l'été 1268. La bataille décisive eut lieu le 23 août 1268 à Tagliacozzo. Conradin fut vaincu et s'enfuit. Un de ses partisans, Pandolphe d'Aquin, neveu de S. Thomas, fils de Philippe d'Aquin et frère de Françoise de Ceccano, périt pendant le combat. Conradin, victime d'une trahison, tomba aux mains de Charles d'Anjou. Celui-ci le fit condamner pour haute trahison, après une parodie de justice, et décapiter avec dix de ses compagnons, sur la place publique de Naples ([119]). Le Pape n'approuva pas cette exécution, mais laissa les événements suivre leur cours. Environ un mois plus tard, il mourut lui-même à Viterbe, où il repose encore dans l'église franciscaine, à côté d'Hadrien V. Il fallut aux cardinaux trois années de luttes longues et indignes pour élire un successeur. Mais cette fois ce fut un saint, Grégoire X (1271-1276). A ce moment, Thomas était à Paris depuis longtemps.

Pendant son séjour en Italie centrale, l'Aquinate avait vécu dans un milieu d'enseignement plus restreint que quand il se trouvait à Paris ou à Naples. C'est pourquoi, jouissant d'une plus grande liberté d'esprit, il avait pu mener à terme beaucoup d'œuvres d'importance considérable ([120]).

([119]) DUPRÉ-THESEIDER, *Roma,* pp. 145-182; NITSCHKE, *Der Prozess gegen Konradin,* in *Zeitschrift für Rechtsgeschichte,* 73. Band (Kanonist. Abteilung, XLII), Weimar, 1956, pp. 25-54.

([120]) Nous n'avons pas parlé des cérémonies religieuses auxquelles Thomas eut l'occasion de prendre part à la Curie. Signalons au moins, en 1262, la canonisation de Richard, évêque de Chichester († 1253) et, en 1267, celle d'Hedwige de Méranie, duchesse de Silésie († 1243). Cf. FONTANINUS, *Codex canonizationum* (Rome, 1719), pp. 97 sq., 102 sq.

CHAPITRE IX

DEUXIÈME SÉJOUR À PARIS

A l'automne 1268, le maître général des dominicains demanda à Thomas, d'une manière inattendue, d'aller à Paris reprendre une chaire de théologie ([1]). Il n'était pas d'usage de confier deux fois à un professeur un enseignement à Paris ([2]). Cette dérogation devait avoir des motifs très impérieux. Le P. Mandonnet supposait qu'il avait fallu donner un successeur à maître Gérard Réveri, mort, pensait-il, en février 1269 ([3]). Mais une chronologie plus exacte nous apprend que Réveri était déjà mort en 1260 ([4]).

Ce sont des raisons très graves, de caractère psychologique et doctrinal, qui poussèrent le supérieur de l'ordre à remplacer, en cours d'année scolaire, le titulaire de la chaire des étrangers, le Flamand Gilbert van Eyen probablement, par un personnage au prestige exceptionnel ([5]). En effet, la situation à Paris, était redevenue si tendue qu'il fallait une force de premier ordre soit pour combattre l'aristotélisme hétérodoxe qui venait de naître, soit pour résister aux franciscains qui soupçonnaient certains dominicains de mettre la foi en péril par leur aristotélisme, soit pour repousser les nouvelles attaques contre les ordres mendiants ([6]). Ce dernier point pourrait avoir été con-

([1]) MANDONNET, *Thomas d'Aquin lecteur...*, p. 26.

([2]) Nous connaissons pourtant quelques exceptions, par ex. Pierre de Tarentaise et Guillaume d'Alton. Cf. GLORIEUX, *Répertoire...*, I, pp. 107, 113. En 1287 Guillaume de Hotun fut aussi redemandé, mais ne retourna pas: GLORIEUX, *Répertoire...*, I, p. 144.

([3]) *Thomas d'Aquin lecteur...*, pp. 33 sq.

([4]) GLORIEUX, *Répertoire...*, I, p. 123, n. 23.

([5]) *Ibid.*, I, p. 118, n. 20.

([6]) Il ne faut pas oublier la dispute qui éclata en 1266 quand les étu-

sidéré comme le plus important: les deux chaires parisiennes
se feraient bien admettre si des maîtres éminents les occupaient. Le Bienheureux Jean de Verceil s'était adressé d'abord
à Albert le Grand, dont l'autorité personnelle et doctrinale
était la plus considérable de l'ordre. Mais il avait décliné l'invitation ([7]) pour des motifs que nous ignorons, et sans doute
en suggérant le nom de son ancien élève Thomas d'Aquin. Le
supérieur suivit le conseil et Thomas accepta avec simplicité.

Il partit donc, probablement de Viterbe, à la fin de novembre
1268, peu avant la mort de Clément IV (29 novembre 1268).
Son *socius carissimus,* frère Réginald, l'accompagnait, ainsi
qu'un certain frère Nicolas Brunacci ([8]).

C'est peut-être à l'occasion de ce voyage, au cours d'un arrêt
au couvent de Bologne, que se produisit un événement raconté
par Tocco. Il nous montre en Thomas un religieux exemplaire.
Selon son habitude, il déambulait dans le cloître, absorbé dans
ses réflexions. Survint un dominicain d'un autre couvent, qui
ne le connaissait pas et se trouvait lui-même de passage. Le
Prieur lui avait donné l'autorisation d'aller en ville pour ses
affaires, à condition d'être accompagné par un Frère, le premier qu'il rencontrerait. Ce fut Thomas. Il s'approcha donc et
lui dit: Mon bon Frère, le Père Prieur vous ordonne de m'accompagner. Thomas s'inclina et se mit en route aussitôt. Mais
il ne pouvait suivre l'allure rapide du Frère, qui le répriman-
dait sans cesse. Thomas s'excusait humblement. Certains habitants, qui le connaissaient, s'étonnèrent du rôle que tenait le
Maître en cette circonstance et soupçonnèrent qu'une erreur
s'était produite. Ils révélèrent alors au Frère inconnu le nom de
celui qui l'accompagnait. Le Frère se confondit en excuses et
les citadins félicitèrent Thomas de son humilité. Il répondit

---

diants français se séparèrent de ceux des trois autres «nations». Cf. MAN-
DONNET, *Siger...,* p. 81; sur les «nations» voir: DENIFLE, *Die Entstehung der
Universitäten,* p. 106; d'IRSAY, *Histoire des Universités,* I, pp. 71, 146; RASH-
DALL, *The Universities...,* I, pp. 522 sq.; WALZ, *Studi domenicani,* p. 40.

([7]) SCHEEBEN, *Albert der Grosse,* pp. 90-92.

([8]) MANDONNET, *Thomas d'Aquin lecteur...,* p. 31; CASTAGNOLI, *Regesta*
(1929), p. 454; TAURISANO, *I discepoli...,* pp. 134-139, 176; *MOPH,* III, p. 322,
XX, pp. 57, 388.

que la perfection de la vie religieuse résidait en l'obéissance ([9]).

De Bologne, notre voyageur a-t-il gagné Milan ? Depuis le P. Mandonnet, les biographes le pensent ([10]). Ils s'appuient sur des sermons, dont l'authenticité paraît vraisemblable, et qui auraient été prononcés lors des 1er, 2e ou 3e dimanches de l'avent 1268, donc le 2, le 9 ou le 16 décembre. Ils ajoutent que Thomas poursuivit sa route vers la France par Verceil, Aoste et le Grand Saint-Bernard. Contre cette hypothèse, on pourrait objecter que les masses de neige, à cette saison, ne permettent de franchir ni le Petit Saint-Bernard (2188 m.) ni le Grand Saint-Bernard (2472 m.) ([11]). Il est donc extrêmement probable que Thomas, qui avait de la peine à marcher dans les rues de Bologne, a pris la route qui longe la côte ou même a voyagé par mer. En outre, la nécessité d'arriver rapidement à Paris rend encore plus contestable l'hypothèse d'un voyage à travers les Alpes.

Il arriva à Paris probablement au mois de janvier, en tout cas avant Pâques 1269 ([12]). Quels pouvaient être ses sentiments ? Nous possédons une lettre écrite à Paris le 10 mai 1269 par un étudiant dominicain de 29 ans, le suédois Pierre de Dacie, et adressée à la servante de Dieu Christine de Stommeln en Rhénanie ([13]). On y lit ces mots: «Sachez qu'à Paris il y a des novices très dévots, des étudiants très cultivés, des frères très

---

([9]) Tocco, chap. 29; Castagnoli, *Regesta...* (1929), p. 456.

([10]) Mandonnet, *Thomas d'Aquin lecteur...*, pp. 29-31, 38 sq.; Castagnoli, *Regesta...* (1929), p. 455; Uccelli, *Due sermoni inediti di S. Tommaso d'Aquino, Genio Cattolico* (Reggio d'Emilie, 1875), pp. 55, 57; A. Saba, *Un discorso di S. Tommaso a Milano,* in *La Scuola Cattolica* 62 (1934), p. 345. Le P. Mandonnet a désigné ces dimanches d'après les textes de l'épître et de l'évangile dans leur disposition actuelle. Mais le manuscrit de l'Office dominicain, approuvé en 1267 et conservé aux archives générales de Rome, montre que le sermon de Bologne porte sur l'épître du 1er dimanche de l'Avent (f. 422) et celui de Milan, sur l'évangile du 3e dimanche (f. 436).

([11]) Les hivers sont pourtant quelquefois peu rigoureux; et l'on connaît des exemples de passage du Grand Saint-Bernard en toute saison: cf. A. Walz, *Wege des Aquinaten...*, p. 225.

([12]) Mandonnet, *Thomas d'Aquin lecteur...*, pp. 26-33.

([13]) Quétif-Echard, *Scriptores Ord. Praed.*, p. 407. Sur Pierre de Dacie cf. J. Gallén in *AFP* 5 (1935), pp. 314-316, 318; Idem, *La province de Dacie* (Helsingfors, 1946), pp. 240 sq., 264.

pieux, des prélats pleins de bonté. C'est avec ces hommes brillants comme les diamants que je vis, moi l'opprobre et l'abjection du peuple» ([14]).

Cet enthousiasme s'explique sans peine chez un étudiant tout fier de se trouver dans la capitale du savoir ([15]). Mais Thomas n'avait pas lieu de se réjouir puisqu'on l'avait appelé pour faire face à une conjoncture périlleuse. Le sort de l'ordre dominicain était trop lié à l'université de Paris pour qu'on pût se désintéresser de ce qui s'y passait.

Il faut mettre au premier rang la reprise de la lutte contre les ordres mendiants. Du fond de son exil, Guillaume de Saint-Amour ne cessa, tant qu'il vécut, de causer aux mendiants tous les ennuis possibles. Ses amis parisiens, Gérard ou Géraud d'Abbeville ([16]), Nicolas de Lisieux, d'autres encore, avaient reçu le nom de «géraldiens». En 1269 Gérard écrivit un traité *Contra adversarios perfectionis christianae* ([17]), dont la violence n'avait été dépassée que par le *De periculis novissimorum temporum* de Guillaume de Saint-Amour. L'enseignement, la prédication, la plume, tout leur servait à attaquer les Mendiants.

Les franciscains Jean Peckam ([18]) et Bonaventure ([19]), le prêcheur Thomas d'Aquin ([20]) dirigèrent la défense. L'Aquinate publia en 1269 un opuscule de 70 pages *De perfectione vitae spiritualis* ([21]), qui visait l'ouvrage de Gérard. L'année suivante il publia un autre opuscule de 80 pages *Contra pestiferam doc-*

([14]) MANDONNET, *Siger...*, I, p. 89.

([15]) La Baronne DE WEDEL-JARLSBERG, *Une page de l'histoire des Frères Prêcheurs. La province de Dacie* (Rome-Tournai, 1899), p. 223.

([16]) GLORIEUX, *Répertoire...*, I, p. 356, n. 174.

([17]) *Ibid.*, I, p. 354, n. 172. Sous le titre *Deux questions inédites de Gérard d'Abbeville en faveur du clergé séculier,* in *Mélanges Pelzer* (Louvain, 1947), pp. 347-387, le P. Amédée TEETAERT a étudié et résumé deux quodlibets encore inédits de l'adversaire des Mendiants.

([18]) L. OLIGER, *Die theologische Quästion des Johannes Pecham über die vollkommene Armut,* in *Franziskanische Studien* 4 (1917), pp. 134-137; *LThK,* VIII, 58; GLORIEUX, *Répertoire...*, II, p. 87, n. 316.

([19]) CLASEN, *Der hl. Bonaventura,* pp. 14-17, 23 sq.

([20]) *Ibid.*, pp. 17, 19.

([21]) GRABMANN, *Die Werke...*, pp. 329, 463; BACIC, *Introductio...*, pp. 85 sq.; CHENU, *Introduction...*, p. 293.

trinam retrahentium homines a religionis ingressu [22]; celui-
ci répondait au *De perfectione et excellentia status clericorum*
de Nicolas de Lisieux. Ces deux monographies de Thomas sont
beaucoup plus profondes que le *Contra impugnantes* qu'il avait
composé treize ans plus tôt, pendant la première phase de la
querelle. Le ton en est parfois acerbe. On en peut juger par le
début du premier: «Certains, malgré leur ignorance de la perfection, ont eu l'audace de débiter des sottises sur l'état de perfection. Il nous faut donc reprendre l'étude de la perfection:
sa nature, les moyens de l'acquérir, l'état de perfection et les
devoirs de ceux qui l'assument». Le Maître parle ensuite de la
charité pour Dieu et pour le prochain, du renoncement à soi-
même, des rapports entre l'état religieux et l'état épiscopal ou
curial, enfin des devoirs des religieux. Quant au *Contra retrahentes,* il se termine par ces paroles qui exprimaient toute la
gravité de la situation: «semblables questions ne se résolvent
pas en bavardant devant des enfants; on met ses opinions par
écrit, on publie cet écrit, et les personnes intelligentes le jugent».

Les deux opuscules méritent tout à fait la lecture. Avec le
Contra impugnantes, ils forment une précieuse trilogie de la
vie spirituelle en général et de l'état religieux en particulier.
Les *quodlibeta* I, III, IV et V traitent aussi de la vocation religieuse et de la raison d'être des Mendiants [23].

S. Thomas profita également des sermons universitaires pour
proposer son point de vue et pour réfuter les positions géral-
diennes contraires à la conception traditionnelle de la perfection chrétienne par le moyen des vœux [24].

Le P. Käppeli, se fondant sur des critères externes et internes, a attribué à S. Thomas quelques sermons transmis dans un
recueil espagnol signalé aussi par Beltram de Heredia, Grabmann et Glorieux. Un des critères internes est constitué par
le parallélisme doctrinal de deux de ces sermons avec les idées
du *Contra retrahentes* et des questions 23 et 24 du 4° *quodlibet.*

---

[22] GRABMANN, *Die Werke...*, pp. 328, 462; BACIC, *Introductio...*, pp. 84 sq.;
CHENU, *Introduction...*, pp. 293-294.

[23] GLORIEUX, *Les polémiques...*, *RTAM* 6 (1934), pp. 6-41; KÄPPELI, *Una
raccolta...*, pp. 67 sq.

[24] KÄPPELI, *Una raccolta...*, p. 64.

On pourrait ainsi fixer le 5ᵉ sermon de ce recueil à l'avent 1270, peu après la composition du *Contra retrahentes* (octobre 1270); et le 6ᵉ sermon, au 1ᵉʳ février 1271, dimanche de la Sexagésime, peu avant les deux questions *De ingressu religionis* (23ᵉ et 24ᵉ du 4ᵉ *quodlibet*). Dans le sermon pour l'avent, «le lecteur s'aperçoit tout de suite que la polémique entre très tôt en scène, signe évident que le conflit était alors en plein développement, et que l'activité des adversaires obligeait le prédicateur à réfuter leurs arguments et à fortifier la foi de ses auditeurs en leur exposant la doctrine traditionnelle de l'Eglise». Le sermon pour la Sexagésime (*Exiit qui seminat*) se prêtait admirablement à une application aux semeurs de fausses doctrines; le prédicateur en profita amplement, tant dans le sermon du matin que dans la conférence de l'après-midi ([25]).

Toutefois Nicolas de Lisieux ne s'avoua pas vaincu; il revint à la charge dans un nouvel écrit, le *Contra Peckam et Thomam* ([26]). C'est seulement après que Thomas fût rentré en Italie que la lutte se calma, avec la mort de Guillaume de Saint-Amour, le 13 septembre 1272, et celle de Gérard d'Abbeville, le 8 novembre de la même année. Pourtant les effets de l'agitation entretenue contre les Frères ne s'éteignirent que plus tard. L'Eglise, pour sa part, reconnut de manière publique et solennelle, dans le 23ᵉ canon du second concile œcuménique de Lyon (1274), les services que lui avaient rendus les Prêcheurs et les Mineurs ([27]). Ainsi triomphaient les arguments des deux grands champions de la seconde phase de la lutte, Bonaventure et Thomas. Mais Thomas n'était plus de ce monde.

La nécessité de défendre leur idéal religieux, leur ministère sacerdotal et leur enseignement, avait rapproché dominicains et franciscains; Nicolas de Lisieux en témoigne éloquemment

([25]) *Ibid.*, pp. 65 sq. On a publié récemment un sermon «parisien»: J. LE-CLERCQ, *Un sermon inédit de S. Thomas sur le Christ-Roi*, in RTh, 1946, pp. 152-166.

([26]) GLORIEUX, *Répertoire...*, I, p. 355.

([27]) HEFELE-LECLERCQ, *Histoire des Conciles*, VI, p. 202. Pour les détails de cette pénible querelle et l'enchaînement de ses différentes phases, on consultera en particulier: BIERBAUM, *Bettelorden*, p. 255; GLORIEUX, *Contra Geraldinos*, pp. 129-155; CLASEN, *Der hl. Bonaventura*, pp. 12-23; *Chartularium...*, I, pp. 270 sq.

par le seul titre de son *Contra Peckam et Thomam*. En réalité, il y a là une certaine ironie du sort; car le franciscain anglais Jean Peckam († 1292), qui enseigna à Paris en même temps que Thomas et devint plus tard archevêque de Cantorbéry, était l'un des plus violents adversaires de l'Aquinate.

Pour résumer les différends doctrinaux entre les deux ordres mendiants, on emploie souvent aujourd'hui la formule suivante: «les dominicains professaient l'aristotélisme, les franciscains l'augustinisme». Ceci est assez loin de la vérité. Bonaventure exprimait ainsi la distinction: «Les Prêcheurs s'appliquent principalement à la spéculation, secondairement à la piété. Les Mineurs s'appliquent principalement à la piété, secondairement à la spéculation» ([28]).

Cette différence d'esprit aurait pu suffire à provoquer certaines frictions. Mais deux thèses thomistes excitaient particulièrement la suspicion des franciscains: celle de la possibilité théorique de l'éternité du monde et celle de l'unicité de forme substantielle en tout être ([29]). Quand Thomas eut quitté Paris, Bonaventure les critiqua vivement toutes deux dans ses *Conférences sur l'Hexaemeron*, données à Paris du 9 avril au 28 mai 1273. Pour ce franciscain imbu de platonisme et d'augustinisme, de même que pour Albert le Grand, l'homme est composé de deux substances: l'âme, substance spirituelle, et le corps, substance matérielle. La permanence de l'union hypostatique pendant le séjour du Christ au tombeau semblait inconciliable avec la conception thomiste. Reconnaissons-le, c'était principalement le souci de la pureté de la foi qui provoquait l'animosité des adversaires de Thomas. Guillaume de la Mare le déclare expressément dans son *Correctorium* (1278): *Haec positio de unitate formae substantialis reprobatur a magistris, primo quia ex ipsa sequuntur plura contraria fidei*. Mais l'inquiétude franciscaine n'était pas légitime.

C'est probablement la 3ᵉ dispute quodlibétique de Thomas,

([28]) «Praedicatores principaliter intendunt speculationi et postea unctioni, Minores principaliter unctioni et postea speculationi» (*In Hexaëmeron,* XXII, 21). Cf. FOREST-VAN STEENBERGHEN-DE GANDILLAC, *Le mouvement doctrinal...,* pp. 296-301.

([29]) CHENU, *S. Thomas d'Aquin et la théologie,* pp. 109-162.

tenue avant Pâques 1270, qui déchaîna la tempête. Les séculiers y reprirent leurs attaques contre la vie religieuse; les franciscains critiquèrent la thèse que Dieu n'a pas pu, à l'origine, créer une matière sans forme. L'évêque de Paris Etienne Tempier († 1279) assista à cette dispute, ou à une autre qui eut lieu peu après, et se rangea nettement à l'avis des franciscains. Jean Peckam, à cette occasion, attaqua Thomas si violemment que finalement l'Aquinate déclara soumettre son opinion à l'examen des maîtres parisiens. C'est ce qu'a raconté Peckam lui-même quinze ans plus tard dans une lettre à l'évêque de Lincoln. Dans les œuvres de l'Aquinate, on ne trouve rien qui indique un rebondissement de cette affaire. Par contre, Barthélemy de Capoue, dans le procès de canonisation, atteste que Peckam avait fait un violent tapage, accusant Thomas d'avoir rempli la maison de Dieu avec des idoles (Aristote et ses disciples), tandis que l'Aquinate avait conservé un calme parfait: *semper cum dulcedine et humilitate respondit* [30].

Le P. Mandonnet pensait que, dès cette époque, l'évêque Tempier avait voulu condamner deux thèses de maître Thomas, en même temps que certaines doctrines hétérodoxes professées à la faculté des arts [31]. Mais il a été établi depuis que la lettre du dominicain Gilles de Lessines et l'opuscule d'Albert le Grand, *De quindecim problematibus,* qui répond à cette lettre, visent exclusivement l'enseignement de Siger et de son groupe [32].

La mort de Thomas ne réduisit pas ses adversaires au silence. En 1276 le maître séculier parisien Henri de Gand, qui par-

---

[30] *Procès de Naples,* chap. 77; MANDONNET, *Siger...,* I, pp. 99-102.

[31] *Chartularium...,* I, p. 487, n. 432; MANDONNET, *Siger...,* I, pp. 105-108; GRABMANN, *Sigieri di Brabante e Dante,* in *RFNS* 32 (1940), pp. 127, 137; VAN STEENBERGHEN, *Siger...,* II, pp. 719-722.

[32] GLORIEUX, *Répertoire,* I, p. 127, n. 27; GRABMANN, *Mittelalterliches Geistesleben,* II, pp. 512-530; LOTTIN, *Psychologie et morale...,* I, p. 251 (2); F. VAN STEENBERGHEN, *Le «De quindecim problematibus» d'Albert le Grand,* in *Mélanges Auguste Pelzer* (1947), pp. 415-439; «les articles 14 et 15 du catalogue de Gilles représentent l'enseignement de certains maîtres ès arts de Paris et ne visent en aucune manière la doctrine de S. Thomas ainsi que d'aucuns l'avaient pensé; le correspondant de S. Albert est bien Gilles de Lessines; quant à la date de l'opuscule albertinien, tous les indices convergent vers les années 1273 à 1276» (cf. *RPL,* mai 1948, p. 208).

tageait l'opinion thomiste sur l'unicité de la forme substantielle, dut se rétracter en présence d'Etienne Tempier et du légat pontifical Simon de Brion ([33]). Enfin parmi les 219 propositions condamnées par l'évêque Tempier le 7 mars 1277, 9 appartenaient à S. Thomas. Pendant un demi-siècle, jusqu'à la canonisation de l'Aquinate en 1323, il fut défendu de les enseigner, sous peine d'excommunication. Dans une dispute quodlibétique de 1295, un ancien élève de Thomas, Godefroy de Fontaines, posera la question suivante: l'évêque de Paris peut-il, sans pécher, continuer à maintenir l'interdiction de 1277 ([34]) ? Ainsi, l'homme qui avait combattu puissamment l'aristotélisme hétérodoxe en fut lui-même accusé ([35]).

S. Bonaventure avait déjà attaqué ouvertement l'aristotélisme hétérodoxe en 1267 et en 1268. En 1270, la publication par Thomas d'un opuscule de 50 pages *De unitate intellectus contra averroïstas* ([36]) constitua l'événement marquant de l'année au point de vue doctrinal ([37]). Le Maître y stigmatise le monopsychisme du «Commentateur», pour qui un seul intellect

([33]) A propos de la controverse sur la pluralité des formes, cf.: D. A. CALLUS, *The condamnation of St. Thomas at Oxford* (Oxford, 1946): la principale doctrine incriminée est, en effet, celle de l'unicité de la forme substantielle dans chaque individu; R. ZAVALLONI, *Richard de Mediavilla et la controverse sur la pluralité des formes*, Louvain, 1951.

([34]) J. HOFFMANS, *Les Quodlibets onze et douze de Godefroid de Fontaines, Texte inédit* (*Les philosophes Belges*, tome V, fascic. 1-2, 1932), pp. 100-105.

([35]) Sur l'aristotélisme au 13e siècle, on consultera en particulier: F. VAN STEENBERGHEN, *Aristote en Occident* (Louvain, 1946); FOREST-VAN STEENBERGHEN-DE GANDILLAC, *Le mouvement doctrinal...*, le livre II en entier; F. VAN STEENBERGHEN, *Deux nouvelles monographies sur la pensée du 13e siècle*, in *RPL*, mai 1951, pp. 236-243; Paul MORAUX, etc., *Aristote et saint Thomas d'Aquin*, Louvain-Paris, 1957.

([36]) L. W. KEELER, *S. Thomae Aquinatis tractatus de unitate intellectus contra averroistas* (Rome, 1936); IDEM, *History of the Editions of St. Thomas' «De unitate intellectus»*, in *Gregorianum* 17 (1936), pp. 58-81; VAN STEENBERGHEN, *Siger...*, II, pp. 629, 633-642, 649 (1); GRABMANN, *Die Werke...*, pp. 325-328, 464; BACIC, *Introductio...*, p. 82; CHENU, *Introduction...*, pp. 288-289; MAZZARELLA, *Il De unitate di Alberto Magno e Tommaso d'Aquino*, Naples, 1949; VERBEKE, *Thémistius et le «De unitate intellectus» de saint Thomas*, in *RPL*, mai 1955, pp. 141-164; IDEM, *L'unité de l'homme: S. Thomas contre Averroès*, in *RPL*, mai 1960, pp. 220-249.

([37]) VAN STEENBERGHEN, *Siger...*, II, pp. 641, 546, 633.

serait commun à tous les hommes; il montre que les textes
d'Aristote sur l'âme excluent l'interprétation averroïste, établit
que l'âme intellective est la forme substantielle de l'homme
et réfute l'unicité de l'intellect prônée par ses adversaires. Dans
la conclusion, l'auteur réclame de son adversaire une attitude
conforme aux exigences du travail scientifique, presque dans
les mêmes termes que la conclusion du *Contra retrahentes*,
mais avec encore plus de vigueur. Thomas vise avant tout l'enseignement oral de Siger de Brabant, le principal représentant
de l'averroïsme parisien, ainsi que le suggère notamment la
conclusion péremptoire de l'opuscule: «Pour anéantir cette
erreur, nous nous sommes appuyés, non pas sur les documents
de la foi, mais sur les arguments et les opinions des philosophes.
Si quelque prétendu savant se croit obligé de protester contre
notre ouvrage, qu'il ne le fasse pas en secret, ni devant des
enfants qui ne sont pas capables de juger en matière aussi ar-
due, mais qu'il prenne sa plume, s'il l'ose. Alors nous nous
lèverons, moi le plus faible de tous, et beaucoup d'autres avec
moi, pour défendre la vérité, pour résister à son erreur et à
son ignorance».

Parmi les autorités philosophiques qu'il invoque, Thomas cite,
outre Aristote, Algazel et Avicenne, Thémistius, que Siger ne
connaissait qu'à travers Averroès, mais dont l'Aquinate possédait le commentaire sur le *Traité de l'âme* grâce à la toute
récente traduction de Moerbeke ([38]).

Siger de Brabant répondit à Thomas par un opuscule aujour-
d'hui perdu et, en 1272-1273, par ses *Quaestiones de anima in-
tellectiva*. Chose rare chez un intellectuel, il y donne raison,
en plusieurs points, à son adversaire, et il appelle Albert et
Thomas *duo praecipui viri in philosophia*. Il leur sera asso-
cié par Dante au ciel de la *Divine Comédie* ([39]).

([38]) Cette traduction a eu son édition critique en 1957 à Louvain par les
soins de G. VERBEKE.

([39]) FOREST-VAN STEENBERGHEN-DE GANDILLAC, *Le mouvement doctrinal...*,
pp. 283-303 et la bibliographie de la p. 283. On découvre de plus en plus
aujourd'hui l'importance du rôle joué par Boèce de Dacie dans la question
de l'aristotélisme hétérodoxe: F. VAN STEENBERGHEN, *Nouvelles recherches
sur Siger de Brabant et son école*, in RPL, février 1956, pp. 130-147; puis

Une autre thèse de Thomas lui attirait maints ennuis: sa position dans la question de l'éternité du monde. Aristote l'avait enseignée ([40]), mais la plupart des scolastiques, dont Bonaventure, la déclaraient impensable. Dès son commentaire sur le 2ᵉ livre des *Sentences,* Thomas adopta une opinion moyenne. Il retourna même le problème, dans son opuscule *De aeternitate mundi contra murmurantes,* de la manière suivante: «Nous admettons, avec la foi catholique, que le monde n'a pas toujours existé, mais a eu un commencement; cependant aurait-il pu exister toujours ?» ([41]) On ne peut faire la preuve du contraire, dit Thomas: *mundum non semper fuisse demonstrative probari non potest* ([42]). Sur ce point, il suivait le philosophe juif espagnol Moïse Maïmonide († 1204); mais, plus encore, il était poussé par la considération suivante: «on ne doit pas démontrer les vérités de foi par des arguments non contraignants; sinon on expose la foi à la risée des incroyants» ([43]). Bien entendu, Thomas ne mettait pas en doute la dépendance constante et foncière du monde vis-à-vis de Dieu.

Pendant son second séjour à Paris, notre maître ne subit pas uniquement des attaques. On sollicita aussi son avis avec beaucoup de considération. Nous en avons de nombreux exemples. Ainsi le chapitre général de Paris, en 1269, soumit six cas de morale à Thomas et à cinq de ses confrères: Bonhomme le Breton, Pierre de Tarentaise, Barthélemy de Tours, Baudouin de Maflix et Gilbert van Eyen. Réunis en commission, ils donnè-

G. SAJÓ, *Boèce de Dacie et les commentaires... attribués à Siger de Brabant,* in *AHDLMA,* 25 (1958), pp. 20-58. — Sur Avicenne et S. Thomas: VAN-STEENKISTE, *Avicenna citaten bij S. Thomas,* in *TVP,* 15 (1953) pp. 457-502. — Sur Averroès et S. Thomas: IDEM, *S. Tommaso d'Aquino ed Averroè,* in *Rivista degli studi orientali,* 32 (1957), pp. 585-623. Sur les autres sources arabes et juives de la pensée thomiste: IDEM, *Autori Arabi e Giudei nell'opera di San Tommaso,* in *Angelicum* 37 (1960), pp. 336-401. A noter aussi: M. CRUZ HERNANDEZ, *Filosofia hispano-musulmana,* 2 vol. (Madrid, 1957).

([40]) JOLIVET, *Essai sur les rapports entre la pensée grecque et la pensée chrétienne* (2ᵉ édit., 1955), pp. 6-17, 43, 70-76, 190 (1).

([41]) GRABMANN, *Die Werke...,* pp. 341, 462; BACIC, *Introductio...,* p. 94; CHENU, *Introduction...,* pp. 289-291; VAN STEENBERGHEN, *Siger...,* II, pp. 548 sq, 717; F. PELSTER, in *Gregorianum* 37 (1956), pp. 610-622.

([42]) *Somme théologique,* I, q. 46, art. 2.

([43]) *Ibid.*

rent leur réponse dans un opuscule qu'un manuscrit parisien intitule de la manière suivante: *Responsio fratris Thomae de Aquino cum quibusdam aliis magistris ad aliquas quaestiones eis propositas de occultorum vel secretorum revelatione*. Cet écrit est donc une œuvre collective, bien qu'on le compte habituellement au nombre des œuvres de Thomas, sous le titre *De secreto*. Les réponses de l'Aquinate diffèrent de celles de ses confrères à propos de deux des six questions posées. En particulier pour celle-ci: un supérieur peut-il contraindre son subordonné à révéler un secret, en certaines matières ? Thomas seul répond affirmativement ([44]).

Le même désaccord se manifesta dans une autre circonstance. Deux dominicains, l'un allemand et l'autre italien, se querellaient à propos d'un commentaire sur les *Sentences* auquel ils avaient travaillé tous les deux: lequel donnerait son nom à l'ouvrage ? Le chapitre général de Paris, en 1269, ordonna à la même commission de faire une enquête. Thomas se prononça pour son compatriote, qui lui avait sans doute dépeint sa contribution sous de vives couleurs; les autres, pour le dominicain allemand. Tous deux s'appelaient Jean, et tous deux étaient originaires de «Colonia», mais ce nom désignait deux villes différentes. Le litige fut tranché à la manière de Salomon. Le titre serait *Scripta Johannina, a fratre Joanne de Colonia*. La patrie n'étant pas indiquée, on ne ferait tort à personne.

En 1270, Thomas fut encore chargé, avec Robert Kilwardby et Latino Orsini, d'une enquête sur Barthélemy de Tours, qui avait été désigné comme supérieur des dominicains accompagnant la croisade de saint Louis, mais qui s'était compromis dans une affaire de testament et avait commis une faute à l'égard du maître général. Cette fois, le jugement de l'Aquinate concorda avec celui des autres juges et Barthélemy fut sévèrement puni ([45]).

([44]) GRABMANN, *Die Werke...*, pp. 373-374, 464; BACIC, *Introductio...*, pp. 102 sq.; MORTIER, *Histoire des Maîtres généraux...*, II, pp. 120-123; MANDONNET, *Des écrits authentiques...*, pp. 139-142; IDEM, *Siger...*, I, p. 88; D. PLANZER, in *AFP* 5 (1935), p. 35; CREYTENS, *Pierre de Tarentaise*, p. 95; GLORIEUX, *Répertoire...*, I, pp. 83, 105, 107, 123, 118.

([45]) MANDONNET, *Siger...*, I, pp. 87 sq.; SOMMER-SECKENDORF, *Studies in the*

Jean de Verceil ne négligea pas de recourir personnellement aux lumières de l'illustre maître. Une première fois il lui soumit un texte que Thomas examina et corrigea en janvier ou février 1270 dans son opuscule *De forma absolutionis* ([46]). L'année suivante, en 1271, des controverses en matière d'astronomie et d'angélologie agitèrent les esprits en Haute-Italie; deux questionnaires relatifs à ces problèmes arrivèrent presque en même temps à Thomas: l'un était de Jean de Verceil, alors en visite en Lombardie; l'autre, d'un «lecteur de Venise», un certain Bassiano de Lodi ([47]). Le premier posait 42 questions, le second 36; tous deux demandaient une réponse rapide, comme il est naturel quand une controverse furieuse est en cours.

Thomas reçut les questions du supérieur général «le mercredi-saint (1271), pendant la grand'messe», selon sa propre indication. Il y répondit dès le jour suivant (2 avril), toutes affaires cessantes, *praetermissis aliis occupationibus*. Le lecteur n'était pas moins pressé, car Thomas commence sa réponse par ces mots: «Votre lettre contient un grand nombre de questions, auxquelles votre amitié me demande de répondre dans les quatre jours...» Patient et toujours prêt à rendre service, le maître lui donna satisfaction dans un opuscule de 10 pages.

Les difficultés soulevées étaient d'autant plus épineuses qu'elles empiétaient sur le terrain des sciences de la nature. Thomas se permit, à ce propos, de faire respectueusement à son supérieur la remarque: «Plusieurs de vos questions, Père vénéré, ne concernent pas le domaine de la faculté de théologie» ([48]). Sur ces points sa réponse est très réservée; il laisse toute liberté là où la foi n'est pas en jeu. La 29e question était ainsi rédigée: «Le nom des saints est-il écrit dans le ciel par la main de Dieu» ? Thomas répond: «Je ne le pense pas; mais si quelqu'un le veut

Life of Robert of Kilwardby, p. 36; *MOPH,* III, p. 155; *Doc.* 23 (*Fontes,* pp. 572 sq.). Sur Kilwardby, voir aussi WALZ, *I cardinali domenicani...,* p. 18, n. 5; et sur Latino, p. 17, n. 4.

([46]) GRABMANN, *Die Werke...,* pp. 338-339, 463; BACIC, *Introductio...,* pp. 89 sq.; GLORIEUX, *Répertoire...,* I, p. 95. Sur l'édition de cet opuscule procurée par P. CASTAGNOLI (Plaisance, 1933), cf. *Bulletin thomiste* 11 (1934), pp. 13-20.

([47]) GRABMANN, *Die Werke...,* pp. 322, 465, puis 322-324, 465; BACIC, *Introductio...,* pp. 78, puis 79; CHENU, *Introduction...,* pp. 283-286.

([48]) Vers la fin.

à tout prix, qu'il reste dans son sentiment, ce n'est pas dange-
reux». A cette occasion, il exprime cet avertissement, qui est
malheureusement toujours nécessaire: «Il est très nuisible de
prendre parti, au nom de la foi, pour ou contre une théorie qui
ne relève pas de la foi» ([49]). Nous retiendrons encore les phrases suivantes de l'opuscule adressé au lecteur de Venise: «Il
est vain de disputer sur les mots quand les choses sont certaines» ([50]). «Je crois que personne ne peut savoir où se trouve
l'enfer» ([51]). Et enfin la dernière phrase, qui révèle l'homme de
Dieu: «Bien cher Frère, gardez longtemps votre bonne santé
et pour ma peine, accordez-moi l'aumône de vos prières». Ces
deux écrits montrent que l'Aquinate s'inspirait du système de
Ptolémée, comme il était naturel à cette époque. Mais sa prudence y transparaît partout.

Elles nous paraissent bien puériles, sinon déplacées, les six
questions que lui adressa à son tour un lecteur de Besançon,
le dominicain Gérard. Les réponses nous éclairent sur l'ambiance spirituelle de l'époque et aussi sur la supériorité de
Thomas. Ainsi, la 5ᵉ question demandait: «La Vierge Marie a-
t-elle repensé chaque jour, et sept fois par jour, pendant toute
la vie du Christ, à la parole de Siméon: un glaive te transper-
cera l'âme ?» Voici la réponse: «On peut à volonté l'admettre
ou le nier. Pour ma part, je pense qu'on ne doit pas utiliser la
chaire chrétienne pour des frivolités de ce genre, alors qu'il
y a tant de vérités certaines à faire connaître. Si quelqu'un se
permet de pareilles futilités, qu'on se hâte de les oublier, ex-
cepté si elles donnent lieu à un scandale» ([52]).

Mieux que les nombreuses légendes des anciens biographes
ou que les panégyriques bardés de lieux communs, ces citations nous dessinent une image authentique du saint docteur
et nous inspirent le respect de sa grandeur.

L'Aquinate eut certainement beaucoup à souffrir au cours
de ce séjour à Paris. Lors du précédent, les persécutions avaient

---

([49]) Au début.

([50]) 9ᵉ réponse: «vanum videtur contendere de nominibus ubi constat de
rebus».

([51]) 25ᵉ réponse.

([52]) GRABMANN, *Die Werke...*, pp. 324, 465: BACIC, *Introductio...*, pp. 80 sq.

visé tout un groupe; mais, cette fois, elles s'acharnaient souvent directement sur lui. Après sa mort, Godefroy de Fontaines, qui l'avait connu, constatera dans un *quodlibet*: «Quelques-uns attaquent, sur de nombreux points, la doctrine infiniment féconde d'un docteur illustre (Thomas), dont la mémoire mérite honneur. Ils lancent l'assaut contre ses opinions et s'efforcent de rabaisser sa personne autant que sa doctrine, d'ailleurs plus à coup d'injures que d'arguments» ([53]). En tout cas, dans les années 1269-1272, Thomas trouva de nombreuses occasions de pratiquer héroïquement ce qu'au même moment il exposait de main de maître dans la seconde partie de la *Somme théologique*: toutes les vertus.

Même avec ses confrères! N'allons pas croire, en effet, que dans les couvents de Paris ou d'ailleurs il n'était entouré que de «thomistes». Il y en avait. Mais il existait aussi des sommités, comme Albert le Grand, et plus encore Robert Kilwardby, qui ne le suivaient pas et qui comptaient de nombreux disciples. Maître ès arts à Paris avant 1250, en 1250 dominicain en Angleterre, en 1258 professeur à l'université d'Oxford, provincial de 1261 à 1272, Robert Kilwardby fut nommé en 1272 archevêque de Cantorbéry et primat d'Angleterre. Il était cardinal quand il mourut, le 11 octobre 1279, à Viterbe. Ses nombreux écrits, parfois excellents, s'inspirent de l'aristotélisme comme de l'augustinisme. Si, comme Tempier, il condamna en 1277 un certain nombre de propositions thomistes, il ne pouvait guère avoir été toujours favorable à leur auteur quand il vivait. Le maître général lui avait d'ailleurs demandé, comme à Thomas, d'examiner la liste des 42 questions dont on a parlé ci-dessus. Dans sa réponse il avait traité l'aspect scientifique des problèmes plus profondément que son confrère, d'une manière assez moderne ([54]).

([53]) *Quodlibet* I, q. 4.
([54]) M. D. Chenu, *Les réponses de S. Thomas et de Kilwardby à la consultation de Jean de Verceil (1271)*, in *Mélanges Mandonnet*, I, pp. 191-222: *MOPH*, III, p. 156; Dondaine, *Secrétaires de saint Thomas*, pp. 188 sq. Une découverte récente nous a appris qu'Albert le Grand fut consulté, lui aussi, en cette affaire: voir Callus, *Une œuvre récemment découverte de S. Albert*

Nous arrivons maintenant à l'enseignement oral de cette époque, et d'abord aux questions disputées. La plus étendue est le *De malo,* sur les causes et la nature du mal. D'autres encore: la fin de la question *De anima,* sur la nature de l'âme; sur les vertus en général (*De virtutibus in communi*) et sur les vertus cardinales (*De virtutibus cardinalibus*); sur la correction fraternelle (*De correptione fraterna*), sur l'espérance (*De spe*) et sur la charité (*De caritate*) [55]. Tout à la fin de ce séjour parisien, ou plus probablement après son retour en Italie, la brève mais importante dispute sur l'incarnation (*De unione Verbi incarnati*), qui correspond au contenu de la troisième partie de la *Somme,* composée à Naples [56]. N'oublions pas les disputes quodlibétiques tenues à Paris de Pâques 1269 à Pâques 1272; elles forment, dans le classement actuel, les *quodlibeta* 1 à 6 [57]. A la même époque, Thomas expliqua aussi la Bible et, vraisemblablement, entre autres livres, l'évangile de S. Jean [58], peut-être le livre de Job [59].

le Grand: De XLIII problematibus ad Magistrum Ordinis (1271), in *RSPT,* 1960, pp. 243-261. Le texte de la réponse d'Albert vient d'être édité par J. A. WEISHEIPL dans *Mediaeval Studies* 22 (1960), pp. 303-354.

[55] GRABMANN, *Die Werke...,* pp. 302-309, 462; BACIC, *Introductio...,* pp. 34-39; LOTTIN, *Psychologie et Morale...,* I, pp. 252-258: *la question VI du «De Malo»*; GLORIEUX, *Les polémiques...,* passim. Don Lottin signale une affinité entre les questions 9 et 10 de la I^{a}II^{ae} et les articles de la question *De malo:* cf. *Psychologie et Morale,* I, pp. 258-262. Cf. encore CHENU, *Introduction...,* pp. 242-245.

[56] GRABMANN, *Die Werke...,* pp. 302-303; BACIC, *Introductio...,* p 136.

[57] GRABMANN, *Die Werke...,* pp. 310-312; BACIC, *Introductio...,* pp. 42-48; CHENU, *Introduction...,* p. 246. Le P. Jacquin a décrit avec bonheur une dispute tenue par Thomas en mars 1270: cf. A. M. JACQUIN, *Un exercice scolaire au moyen âge,* in *A travers l'histoire de France* (Lille-Paris, 1925), pp. 67-84.

[58] Une partie de cet ouvrage se présente sous forme d'*expositio*; mais la plus grande partie est une *reportatio* faite par Réginald de Piperno à la demande du prévôt de Saint-Omer, le professeur parisien Adénulphe d'Anagni, neveu du Pape Grégoire IX. Cf.: GRABMANN, *Die Werke...,* pp. 265-266, 461; BACIC, *Introductio...,* pp. 60 sq.; CHENU, *Introduction...,* p. 211; GLORIEUX, *Répertoire...,* I, p. 376, n. 186; GRABMANN, *Die persönlichen Beziehungen...,* pp. 312-315.

[59] GRABMANN, *Die Werke...,* pp. 251-253, 461; BACIC, *Introductio...,* pp. 55 sq.; CHENU, *Introduction...,* p. 210.

On pourrait croire que ces trois années ont été surabondamment remplies par les œuvres déjà nommées, surtout si l'on considère que la composition de la *Somme* se poursuivait régulièrement ([60]). Il n'en est rien. Infatigable et parvenu au sommet de sa puissance, l'Aquinate trouvait encore le temps de composer ses commentaires sur Aristote.

C'est peut-être déjà à Orvieto qu'il avait commencé la rédaction de son grand commentaire sur la *Métaphysique*. C'est seulement à Paris qu'il expliqua le 11ᵉ livre, dont la traduction ne lui parvint qu'alors; il en profita pour reviser les autres ([61]). En outre il composa, ou acheva, les commentaires du *De anima* ([62]), de la *Physique* et de l'*Éthique à Nicomaque* ([63]). Ces quatre commentaires sont les plus importants; mais, au total, il en a composé douze, tous authentiques ([64]). La plupart des petits commentaires ne sont pas complets. De savants disciples n'hésitèrent pas à les continuer ou à les achever: Pierre d'Auvergne, qui n'était pas dominicain, mais qui avait connu Thomas et qui, en 1275, fut recteur de la faculté des arts; en outre,

---

([60]) GRABMANN, *Die persönlichen Beziehungen...*, p. 317.

([61]) SALMAN, *Versions latines et commentaires d'Aristote*, in *Bulletin Thomiste*, 14 (1937), pp. 95-107; CHENU, *Introduction...*, pp. 185-186; J. J. DUIN, *Nouvelles précisions sur la chronologie du «Commentum in Metaphysicam» de S. Thomas*, in *RPL*, novembre 1955, pp. 511-524.

([62]) VERBEKE, *Les sources et la chronologie du Commentaire de S. Thomas au De anima d'Aristote*, in *RPL*, novembre 1947, pp. 314-338; IDEM, *Note sur la date du commentaire de S. Thomas au De anima d'Aristote*, in *RPL*, février 1952, pp. 56-63; IDEM, *Thémistius. Commentaire sur le Traité de l'âme d'Aristote*, Louvain, 1957, pp. IX-XXXVIII.

([63]) G. VERBEKE, *La date du commentaire de S. Thomas sur l'Ethique à Nicomaque*, in *RPL*, mai 1949, pp. 203-220; A. MANSION, *Autour de la date du commentaire de S. Thomas sur l'Ethique à Nicomaque*, in *RPL*, août 1952, pp. 460-471.

([64]) On en trouvera la liste plus loin à la «table des œuvres de S. Thomas». Pour l'ensemble des commentaires sur Aristote, consulter: GRABMANN, *Die Werke...*, pp. 272-285, 461; BACIC, *Introductio...*, pp. 15-26; CHENU, *Introduction...*, pp. 173-192. — Sur le *De sensu et sensato*, voir A. MANSION, *Le commentaire de S. Thomas sur le De sensu et sensato d'Aristote. Utilisation d'Alexandre d'Aphrodise*, in *Mélanges Mandonnet*, I, pp. 83-102. — Sur le *Peri Hermeneias*, voir J. ISAAC, *Le Peri Hermeneias en Occident de Boèce à S. Thomas* (1953).

peut-être Thomas de Sutton O. P.(† 1315), et plus tard le cardinal Cajetan.

Pendant longtemps on a pensé que les commentaires de Thomas sur Aristote n'étaient que des œuvres de bureau. Maintenant on les tient plutôt pour la reportation de leçons données,
non à l'université puisque Thomas y était seulement professeur de théologie, mais à ses confrères dans l'école du couvent
de Paris. La pensée du Stagirite y est rendue si claire et si riche que l'humaniste florentin Pic de la Mirandole († 1494) pouvait dire: sans Thomas Aristote serait muet, *sine Thoma mutus
esset Aristoteles*. Le philosophe grec a trouvé en lui un inter-
prète égal en génie. Avicenne et Averroès restent nettement
derrière Thomas, bien qu'il leur doive beaucoup. La méthode
d'analyse que nous trouvions déplacée à l'égard de la Bible
est ici à sa place. Le commentateur scolastique compare les
variantes, les discute, devine assez souvent le véritable sens
d'un texte obscur ou d'une traduction plus obscure encore. Sans
doute, il attribue parfois sa propre pensée au Stagirite. Mais
n'avait-il pas le droit de le continuer ?

On demandera peut-être: Thomas partage-t-il toujours les
idées d'Aristote dans ses commentaires ? D'ordinaire oui; et
même, malheureusement, dans les questions scientifiques, sauf
s'il note expressément son désaccord. Nous ne pouvons donc
atteindre la pensée pleinement originale de Thomas que dans
ses œuvres personnelles. Les commentaires sur Aristote constituent d'excellentes introductions, à condition de savoir que,
dans ces commentaires, l'Aquinate emploie souvent les expressions mêmes du texte traduit; expressions souvent défec-
tueuses et différentes des expressions thomistes habituelles.
Un lecteur non prévenu pourrait commettre de regrettables
erreurs.

Par ses commentaires sur Aristote, Thomas a rempli une importante mission. Il a combattu l'aristotélisme hétérodoxe sur
son propre terrain, bien que d'une manière implicite. Au reste,
un fait montre l'estime de la faculté parisienne des arts pour
ses opinions: lorsqu'il retourna en Italie, les artiens le prièrent
de leur faire parvenir les commentaires et les écrits qu'il com-
poserait à Naples. Thomas veillait d'ailleurs à élargir son hori-

zon intellectuel: la plus grande partie de son commentaire sur le *Liber de causis* remonte à cette même époque [65].

Pour l'aider dans son travail, pendant le deuxième séjour parisien, quatre secrétaires étaient à la disposition de Thomas [66]. Il employait parfois les quatre secrétaires en même temps, ressemblant ainsi à Origène, qui en occupait jusqu'à sept à la fois [67]. Outre Réginald de Piperno et Pierre d'Andria, il faut mentionner spécialement Evenus Garnit, *scriptor suus*, qui était probablement originaire du diocèse de Tréguier en Bretagne [68]. Nous lui devons l'indication suivante: «Parfois, après avoir longtemps travaillé avec trois secrétaires, Thomas, fatigué, se reposait un peu, mais continuait à dicter dans son demi-sommeil [69]: *dormiendo*, dit le texte latin. Comment le pouvait-il? Ni Garnit ni Tocco ne nous l'ont révélé. Si l'on refuse de mettre le fait en question au nombre des légendes, quelle explication donner? Garnit et Tocco ont peut-être simplement voulu faire allusion à un usage courant: parfois le maître fournit à un secrétaire ou à un élève un thème à développer, une ébau-

---

[65] P. MORAUX, S. MANSION..., *Aristote et S. Thomas* (Paris-Louvain, 1957); VANSTEENKISTE, *Il Liber de causis negli scritti di S. Tommaso*, in *Angelicum* 35 (1958), pp. 325-374; HENLE, *Saint Thomas and platonism* (La Haye, 1956).

[66] DE GROOT, *Het leven...*, p. 335; A. DONDAINE, *Secrétaires...*, p. 202.

[67] QUASTEN, *Initiation aux Pères de l'Eglise*, II, 1957, p. 57.

[68] TOCCO, chap. 17, 43; DONDAINE, *Secrétaires...*, p. 202. C'est Tocco qui le dit «breton» et qui, en indiquant son diocèse d'origine, semble le désigner comme clerc. Quel était ce diocèse? Les manuscrits n'offrent pas un accord total. Ceux de Florence et du Vatican donnent le nom de «Tréguier», le manuscrit de Londres écrit «diœcesis Crocarensis». Ce «crocarensis» peut être un lapsus pour «trecorensis» (c.-à-d. «Tréguier» en Bretagne), ou un lapsus pour «Cork» en Irlande). En effet, Evenus est le nom d'un saint irlandais du VIᵉ siècle, dont la fête se célèbre le 22 décembre. Mais le nom d'Even fut porté par un évêque de Tréguier au 14ᵉ siècle (Even de Begaynon: 1362-1371; cf. EUBEL, *Hierarchia...*, p. 1494); en outre Tocco est très ferme dans son indication de la nationalité bretonne; enfin le pays de Galles ne contient pas de diocèse dont le nom ressemble à «crocarensis». On peut donc conclure avec beaucoup de probabilité qu'Even Garnit appartenait au diocèse de Tréguier ou en était originaire. Cf. M.-H. LAURENT, in *Fontes*, n. 89; SMITH and WACE, *Dictionary of Christian Biography*, II (Londres, 1880), pp. 63 sq.

[69] TOCCO, chap. 17; cf. A. WALZ, *Vom Buchwesen im Predigerorden*, in *Aus der Geisteswelt des Mittelalters*, I, pp. 111-127.

che à terminer, une certaine matière à ordonner. Dans cette hypothèse, le témoignage cité n'offre plus aucune difficulté et contribue même à résoudre le problème de l'authenticité de certains écrits publiés sous le nom de Thomas. En effet, certaines œuvres tardives du Saint, parmi lesquelles précisément certains commentaires sur Aristote, laissent une impression moins achevée que le *Commentaire sur les Sentences* ou la *Somme contre les Gentils,* que le maître avait écrits et corrigés de sa propre main.

Une autre confidence de cette époque témoigne de cette exceptionnelle tension d'esprit dont nous avons déjà parlé à plusieurs reprises. Quand, selon l'usage du temps, on lui faisait une saignée, il arrivait parfois que Thomas, qui était extrêmement sensible, ne se rendait pas compte de l'intervention. Peut-être le médecin choisissait-il intentionnellement ces heures d'intense application mentale (70).

Paris ne réserva pas à l'Aquinate que des contradicteurs. Il lui procura de nombreux amis et des disciples enthousiastes, qui avaient conscience de sa valeur hors pair. Parmi eux, des dominicains: le romain Latino Orsini, qui lui succéda dans la chaire magistrale (71), le suédois Pierre de Dacie que nous avons déjà rencontré (72), puis Rambert Primaticcio de Bologne, Pierre d'Andria (73), Jean de Caiazzo (74), Remy Clari de Florence (75), Nicolas Brunacci de la province romaine (76), et un es-

---

(70) Tocco, chap. 47.

(71) GLORIEUX, *Répertoire...,* I, p. 129, n. 28; PTOLÉMÉE, *Hist. Eccl.,* XXIII, 16; GRABMANN, in *DTF* 19 (1941), pp. 166-184; R. MORGHEN, *Il cardinale Matteo Rossi Orsini,* in *Archivio della R. Soc. Romana di Storia Patria* 46 (1923), pp. 273 sq.

(72) GRABMANN, *Die persönlichen Beziehungen...,* p. 311; *LThK,* VIII, 625; GLORIEUX, *Répertoire...,* I, pp. 170 sq., n. 151.

(73) TAURISANO, *I discepoli...,* pp. 133 sq.; GRABMANN, *Die Werke...,* p. 476; BACIC, *Introductio...,* p. 60; GRABMANN, *Mittelalterliches Geistesleben,* I, p. 336.

(74) *Procès de Naples,* chap. 76; TAURISANO, *I discepoli...,* p. 124; MASETTI, *Monumenta...,* I, pp. 234 sq.

(75) TAURISANO, *I discepoli...,* pp. 139-143; *LthK,* VIII, 816 sq.; GRABMANN, *Mittelalterliches Geistesleben,* II, pp. 530-547; IDEM, *Die persönlichen Beziehungen...,* pp. 310 sq.

(76) MANDONNET, *Thomas d'Aquin lecteur...,* p. 137; TAURISANO, *I discepoli...,* pp. 134-139; GRABMANN, *Mittelalterliches Geistesleben,* I, pp. 335 sq.

pagnol nommé Martin ([77]). C'étaient surtout, on le voit, des italiens, alors que le *studium* parisien comptait au moins autant de français: le sentiment national jouait, même alors, son rôle dans les sympathies et les antipathies. Albert le Grand compte certainement au nombre des amis personnels de Thomas malgré d'importantes divergences doctrinales. Après la mort de son ancien élève, il accourra un jour personnellement à Paris pour le défendre dans la question de l'unicité du principe substantiel. Et, de fait, ce point sur lequel on fit tant de bruit pendant la vie de l'Aquinate ne figura pas dans les propositions condamnées par l'évêque Tempier en 1277.

Thomas trouva à la faculté des arts des partisans célèbres, plus que parmi ses confrères ou chez les théologiens. Nous savons déjà combien Siger de Brabant l'estimait. Ajoutons ici Rodolphe le Breton, Jacques de Douai, Simon de Faversham et surtout Pierre d'Auvergne, le futur évêque de Clermont († 1304) ([78]). D'ailleurs, après la mort de Thomas tous s'écartèrent plus ou moins de sa doctrine, surtout sous l'influence des nouvelles étoiles: Henri de Gand, Godefroy de Fontaines et Gilles de Rome.

On peut nommer d'autres admirateurs de l'Aquinate: Pierre Dubois, le légiste de Philippe le Bel, qui qualifia délicatement Thomas du titre de *frater prudentissimus* ([79]); le malinois Henri Bate, qui étudia à Paris de 1266 à 1270 et qui assista sans doute à quelques-unes de ses leçons ([80]). N'oublions pas le plus célèbre peut-être des élèves de Thomas pendant son second séjour à Paris: Gilles de Rome, le futur supérieur général des augustins, qui tantôt le suivra, et, plus souvent, le contredira, sans le nommer autrement que *quidam* ([81]).

([77]) Tocco, chap. 32.

([78]) Ne pas confondre le dernier avec Bernard d'Auvergne, lui aussi fidèle disciple de Thomas († après 1307). Cf. Grabmann, *Die persönlichen Beziehungen...*, p. 316.

([79]) Grabmann, *Die persönlichen Beziehungen...*, pp. 316 sq.

([80]) G. Wallerand, *Henri Bate de Malines et s. Thomas d'Aquin*, in *RNSP* 36 (1934), pp. 387-411; Glorieux, *Répertoire...*, I, pp. 409-411, n. 209; De Wulf, *Histoire de la philosophie médiévale*, II, 1936, pp. 305-308; E. Van de Vyver, *Henricus Bate. Speculum divinorum et quorundam naturalium*, t. I (Louvain, 1960) (éd. crit.).

([81]) G. Bruni, *Di alcune opere inedite e dubbie di Egidio Romano*, in

Les amis et les protecteurs de Thomas résidaient parfois au loin. Par affection pour lui et pour le P. Trojan de Regno, l'abbé du Mont-Cassin, Bernard Ayglier, permit aux dominicains de s'établir à San Germano (Cassino) [82]. De même, par vénération pour Thomas, l'archevêque de Salerne, Mathieu de la Porte, mit à la disposition des Prêcheurs, en mars 1270, l'abbaye de San Paolo de Palearia [83].

Les relations de Thomas avec ses élèves dominicains ont dû être très cordiales. Un jour qu'il revenait avec eux d'un pèlerinage à l'abbaye de Saint-Denis, ils lui montrèrent Paris en lui disant: «Maître, admirez la beauté de Paris ! Ne voudriez-vous pas posséder cette ville ?» Il répondit: «J'aimerais mieux avoir les homélies de Chrysostome sur S. Mathieu. Car, si je possédais cette ville, la responsabilité de son gouvernement m'arracherait à la contemplation des choses divines et m'ôterait la consolation de l'âme» [84]. On peut mesurer son respect pour les autres dans le fait suivant. Il rentrait un jour au couvent avec ses élèves, après un examen magistral. Ils lui dirent: «Maître, nous ne pouvons pas comprendre que vous ayez laissé passer les manquements du jeune maître. Son entêtement vous a offensé et vous n'aviez pas le droit, devant tous les professeurs, de laisser porter atteinte à la vérité». Thomas répondit: «Filioli, je

RTAM 7 (1935), p. 174; E. HOCEDEZ, Gilles de Rome et S. Thomas, in Mélanges Mandonnet, I, pp. 385-409; GLORIEUX, Répertoire..., II, pp. 293-308, n. 400; F. PELSTER, Thomistische Streitschriften gegen Aegidius Romanus u. ihre Verfasser: Thomas von Sutton u. Robert von Oxford O.P., in Gregorianum 24 (1943), pp. 135-170. TOCCO (n. 40) et CALO (n. 22) se trompent quand ils écrivent que les études de Gilles sous la conduite de S. Thomas ont duré treize ans; le chiffre exact est trois ans.

[82] Doc. 22 (Fontes, pp. 571 sq.); TAURISANO, I discepoli..., p. 122. Les Frères n'arrivèrent qu'en 1562: cf. AOP 3 (1895), p. 104.

[83] Doc. 24 (Fontes, pp. 573 sq.).

[84] TOCCO, chap. 42; Procès de Naples, chap. 66; H. AYMÈS, De S. Thomae ad studentes sui temporis habitudine, in Unio thomistica (Angelicum) 1 (1924), pp. 13-20. A propos de ces homélies de Chrysostome, don Germain Morin pense qu'il ne s'agit pas des homélies authentiques du docteur grec, mais de l'Opus imperfectum in Matthaeum, dont l'auteur a utilisé, en les adaptant, les ouvrages d'Origène sur l'évangile de S. Matthieu. Cf. Quelques aperçus nouveaux sur l'Opus imperfectum in Matthaeum, in Revue Bénédictine 37 (1925), p. 239.

ne croyais pas avoir le droit de compromettre ce jeune maître à sa première apparition. Je peux rattraper le temps perdu demain». Lorsque, le lendemain, le candidat maintint son opinion dans la salle du palais épiscopal, Thomas le réfuta calmement, mais fermement. Il lui montra qu'il était en contradiction avec un concile. Le jeune homme réfléchit, puis reprit son exposé, que Thomas apprécia ainsi: «cette fois, vous avez bien parlé» ([85]).

Cependant la mort frappait parmi ses amis. S. Louis était emporté par la peste, le 25 août 1270, devant Tunis, au cours de la dernière grande croisade. Son fils et successeur, Philippe III, choisit, pour porter en Europe la triste nouvelle et demander des prières, Godefroy de Beaulieu, qui avait administré les derniers sacrements au saint roi, Guillaume de Chartres O.P., Jean des Monts O. F.M., et quelques autres familiers. Après cette demande de prières, en date du 12 septembre 1270, Philippe III perdit coup sur coup son frère, sa femme, sa sœur et le mari de celle-ci ([86]). Le 6 mai de l'année suivante, il écrivit aux Frères Prêcheurs qui allaient se réunir en chapitre général à Montpellier (24 mai), pour leur demander de se souvenir, au Saint-Sacrifice et dans leurs prières, de ses chers défunts. Les actes du chapitre ont enregistré la réponse favorable qui fut donnée à cet appel: «Que chaque prêtre célèbre quatre messes pour le défunt Roi de France, et pour le Seigneur Comte son Fils, et pour la jeune Reine» ([87]). Thomas acquitta ces messes et assista probablement au service solennel qui fut célébré en mai 1271 à Paris.

Deux ans après S. Louis, le 1er juin 1272, un vieil ami de Thomas, le cardinal Annibal des Annibaldi mourait à Orvieto. L'Aquinate avait sans doute espéré le revoir vivant, car, à cette date, il foulait à nouveau le sol italien. Les chapitres généraux

---

([85]) Tocco, chap. 26; *Fontes,* p. 99.

([86]) M. D. Chapotin, *Histoire des Dominicains de France* (Rouen, 1896), p. 661; Von Ruville, *Die Kreuzzüge,* pp. 337 sq.; Altaner, *Die Dominikaner-missionen...,* pp. 96, 103 sq., 109; P. Andrieu-Guitrancourt, *L'archevêque Eudes Rigaud et la vie de l'Eglise au XIII siècle d'après le «Registrum visitationum»* (Paris, 1938), pp. 436 sq.

([87]) *MOPH,* III, p. 161.

de Florence, en 1272, et de Sienne, en 1273, ordonnèrent à tous
les dominicains prêtres de célébrer une messe pour le repos
de l'âme de l'illustre défunt [88].

Des difficultés dans l'administration de l'université excitè-
rent une nouvelle fois les esprits à Paris. A la fin de mars, la
faculté des arts se divisa en deux camps, à l'occasion du choix
du recteur et des officiers. Bientôt presque toute l'université
s'opposa à l'évêque de Paris: les maîtres suspendirent leur enseignement, du début du carême à la fin de l'année scolaire [89].
Quelques professeurs pourtant continuèrent leurs leçons; parmi eux Thomas, qui, avant Pâques 1272, tint encore une dispute
quodlibétique [90]. Mais pourquoi laisser les talents de l'Aquinate
sans emploi pendant un temps qui serait peut-être assez long,
dut se dire le maître général. Après les fêtes de Pâques 1272
(24 avril), il rappela Thomas. Cette décision était presque aussi
inopinée que celle de l'automne 1268.

Le premier successeur du saint dans l'école des étrangers
fut Romano Orsini, qui marcha pleinement à sa suite; c'était
le frère du cardinal Matthieu Rosso Orsini; mais il mourut au
cours de l'année scolaire 1272-1273 [91]. Son successeur fut soit
le breton Guillaume Du Grand Saut, soit l'aragonais Ferrer [92].

[88] *MOPH*, III, p. 165; Walz, *I cardinali domenicani*, p. 16, n. 2.
[89] Mandonnet, *Siger...*, I, pp. 197 sq.
[90] Glorieux, *Répertoire...*, I, p. 97.
[91] *Ibid.*, p. 129, n. 28.
[92] *Ibid.*, p. 138, n. 33; p. 135, n. 31.

CHAPITRE X

RÉGENT DES ÉTUDES A NAPLES

Laissant Paris au tumulte des querelles universitaires et des désordres qui en découlaient, maître Thomas, après la fête de Pâques 1272, s'achemina vers sa patrie. De même qu'en 1269 il était arrivé sur les bords de la Seine alors que l'année scolaire était déjà commencée, de même il s'en éloignait alors qu'elle n'était pas encore terminée. Ces irrégularités sont peu agréables pour un professeur, mais notre Docteur les supporta patiemment ([1]).

En 1272, le chapitre général des Prêcheurs eut lieu à Florence et commença le 12 juin, fête de la Pentecôte. Le chapitre de la province romaine se tint au même lieu et au même moment. En tant que prédicateur général, Thomas avait le droit d'y prendre part. Selon toute probabilité, il y assista en effet ([2]), et put ainsi rencontrer, outre les confrères de sa province, tous les supérieurs provinciaux et leurs conseillers. Les deux assemblées se réunirent au couvent dominicain de Sainte-Marie-Nouvelle ([3]). Les chapitres généraux des Mendiants avaient souvent une portée qui dépassait de beaucoup les problèmes particuliers de l'ordre. Le pape Grégoire X, originaire de Plaisance, récemment élu, avait manifesté l'intention, dès les premiers jours de son pontificat, de convoquer un concile universel. Il espérait pouvoir ainsi résoudre efficacement les questions de la réforme morale et disciplinaire, de l'union des églises et de

---

[1] MANDONNET, *Bibliographie thomiste*, p. XI; *Siger...*, I, p. 203.
[2] MANDONNET, *Bibliographie thomiste*, p. XI; *MOPH*, XX, pp. 39-41.
[3] Aujourd'hui en face de la gare principale.

la Terre Sainte (⁴). Pour que le concile pût réussir, il fallait pacifier la chrétienté et surtout la Terre Sainte.

Le maître général des dominicains, Jean de Verceil, mandaté par Grégoire X, avait réussi à réconcilier Gênes et la Papauté. Le Souverain Pontife lui confia la même tâche en Toscane, mais il n'y réussit pas. Un passage de l'*Histoire de Florence* par Davidsohn vaut d'être cité: «Grégoire envoya Jean de Verceil en Toscane, pour pacifier les partis opposés dans un grave conflit. Il commença son travail à Florence, exhortant les citadins à la concorde et convoquant à Sainte-Marie-Nouvelle, pour le chapitre général de 1272, tous les prieurs provinciaux de l'ordre. Un homme les éclipsait tous par son érudition: le représentant le plus brillant de la scolastique, le *docteur angélique*, Thomas d'Aquin... Mais ni le spectacle édifiant de ces révérends pères, ni les exhortations pressantes de leur supérieur, ne firent impression sur les guelfes qui détenaient alors le pouvoir et qui, pourtant, ne cessaient de proclamer leur obéissance à l'Eglise» (⁵).

Naturellement, le chapitre provincial s'occupa des affaires intérieures de la province romaine, et en particulier de la charge à confier à l'illustre maître d'Aquin. Les Pères du chapitre général avaient reçu des lettres signées par le recteur et les professeurs de la faculté des arts de Paris (⁶), qui demandaient instamment le retour de Thomas en cette ville. Le supérieur général, qui, à cette époque, recevait des chapitres généraux le pouvoir de nommer seul aux *studia generalia* (⁷), n'accéda pas à leur désir, mais à celui de la province romaine. Le chapitre provincial prit donc la décision suivante: «Nous laissons totalement à Frère Thomas d'Aquin le soin du *studium* général de théologie, en ce qui concerne le choix du lieu, des personnes et du nombre des étudiants» (⁸). L'ensemble des circonstances, les récentes ordonnances de sa province, le régime

---

(⁴) Un de ses premiers actes fut de transférer Thomas de Lentini du siège archiépiscopal de Cosenza au siège patriarcal de Jérusalem.

(⁵) DAVIDSOHN, *Geschichte von Florenz*, II, pp. 2, 84.

(⁶) Mais pas par les professeurs de théologie.

(⁷) Par ex.: MOPH, III, pp. 126, 155, 161.

(⁸) MOPH, XX, p. 39; *Doc.* 30 (*Fontes*, p. 583).

général des études alors en vigueur, lui facilitèrent l'exécution de cette ordonnance.

En 1269, le chapitre de la province romaine avait déjà pris un décret sur ce point: «Nous ordonnons l'établissement de deux *studia generalia* de théologie, un dans le couvent de Naples, où nous envoyons les étudiants suivants..., et un à Orvieto, où nous envoyons les étudiants suivants» (⁹). Il fallait également tenir compte des initiatives prises par les chapitres généraux. En effet la multiplication des *studia generalia* était alors discutée; elle était connexe avec la tendance à la division des provinces, questions traitées plusieurs fois depuis 1266 (¹⁰). Ainsi, le chapitre général de Milan, en 1270, avait décidé l'établissement du *studium* à Naples (¹¹); cette décision avait été reprise en 1272 (¹²); elle sera encore approuvée en 1273 (¹³), sans recevoir la confirmation définitive d'un chapitre postérieur. C'est pourquoi, il est bon de le savoir, le *studium* napolitain, au temps de S. Thomas, n'était pas un *studium generale* au sens strict, c'est-à-dire accessible à l'ordre entier, comme celui de Cologne; il ne s'agissait que d'un centre plus éminent à l'usage de la province de Rome. C'est seulement en 1290 que l'ordre reconnaîtra, dans une déclaration expresse, le caractère de *studium generale* au *studium* napolitain (¹⁴).

Ainsi donc le chapitre provincial de 1272, qui avait fixé à Pise le *studium* de philosophie (¹⁵), laissa Thomas libre d'installer celui de théologie où il voudrait. Pour diverses raisons, Naples semblait la ville la plus indiquée. Rome était en décadence, Orvieto paraissait destinée surtout à accueillir les papes, comme plus tard Avignon. Au contraire, Naples, résidence du

(⁹) *MOPH*, XX, p. 36.

(¹⁰) *MOPH*, III, pp. 135, 143, 167, 179; WALZ, *Compendium historiae Ord. Praed.*, pp. 124, 139-140, 198 sq.; MORTIER, *Histoire des Maîtres généraux...*, II, pp. 42 sq.

(¹¹) *MOPH*, III, p. 153.

(¹²) *MOPH*, III, p. 164.

(¹³) *MOPH*, III, p. 167.

(¹⁴) *MOPH*, III, pp. 244, 248, 254, 325; WALZ, *Compendium...*, p. 133. Notre interprétation s'accorde avec l'ordonnance du chapitre provincial de 1269, qui met sur le même pied Naples et Orvieto.

(¹⁵) *MOPH*, XX, p. 39; *Doc.* 30 (*Fontes*, p. 583).

plus puissant des princes italiens, était la seule à posséder une
certaine tradition universitaire, depuis la fondation de Frédéric II et la tentative de restauration de Charles I ([16]). Les étudiants trouveraient aussi, au bord de la baie célèbre, ce séjour
agréable qui plaît à la jeunesse.

Le roi Charles espérait que son État retirerait un grand avantage de l'interruption des études à Paris. Dans une lettre du
31 juillet 1272 ([17]), il invita les maîtres et les étudiants parisiens
à venir à Naples poursuivre leurs travaux. Ainsi ce prince rusé
estimait que la crise universitaire surgie dans la capitale de
son neveu Philippe III arrivait au bon moment. Monti estime
qu'une démarche du roi angevin auprès des supérieurs a contribué au rappel de Thomas en Italie ([18]). Peut-être demanda-t-
il également à Thomas de s'installer à Naples. A tout cela pouvait s'ajouter, chez l'Aquinate, quelque nostalgie du pays natal.
Quoi qu'il en soit, Thomas fixa son choix sur Naples.

Le chemin de Florence à Naples passait par Rome ([19]). Il y fit
certainement un arrêt, au cours duquel il put voir le comte
Roger de San Severino, mari de sa sœur Theodora et vicaire
du roi Charles à Rome ([20]). Plusieurs confrères accompagnaient
Thomas, notamment frère Réginald de Piperno et Ptolémée de
Lucques, futur historien de l'Église et évêque de Torcello près
de Venise, homme d'excellent caractère et de grande culture,
qui venait probablement d'être nommé au *studium* de Naples.

Arrivés au pied des monts Albins, les voyageurs prirent le

([16]) DENIFLE, *Die Entstehung...*, p. 360; D'IRSAY, *Histoire des Universités*, I,
p. 135.

([17]) DENIFLE, *Chartularium...*, I, pp. 501 sq., n. 443.

([18]) *Storia della Università di Napoli*, p. 88.

([19]) On montre encore, au couvent dominicain de Sainte-Catherine à Pise,
une «chaire de S. Thomas». Ce fait ne suffit pas à prouver que l'Aquinate
soit passé par Pise en allant à Naples. Il a pu séjourner à Pise et y donner
quelques leçons à une époque antérieure. Cf. *MD*, 44 (1927), p. 201. Vers
1665, cette «chaire de S. Thomas» fut achetée par les dominicains de Lima
au Pérou; elle n'y fut pourtant pas transportée puisqu'on la montre encore
à Pise. Cf. les Archives de l'ordre à Rome: IV, pp. 111, 122, 125.

([20]) G. PORTANOVA, *Il Castello di S. Severino nel secolo XIII e S. Tommaso*
(Abbaye de Cava, 1926), pp. 57 sq. Sur Théodora et Roger de San Severino,
voir aussi SCANDONE, *La vita...*, pp. 57 sq.

chemin du château de Molara, pour rendre visite au cardinal Richard des Annibaldi, son propriétaire († 1276) ([21]). Il convenait que Thomas lui présentât ses condoléances pour la mort récente de son neveu Annibal. On était au plus fort de l'été. Thomas et Réginald tombèrent malades en ce château, le premier de la fièvre tierce, le second d'une fièvre continue ([22]). Thomas se rétablit promptement; mais l'état de Réginald inspirait aux médecins du cardinal de vives inquiétudes. «Alors le vénérable docteur prit des reliques de Sainte Agnès qu'il s'était procurées à Rome et que, par dévotion, il portait suspendues au cou, et les donna au malade. Réginald les reçut avec foi et se trouva guéri, à l'étonnement des médecins... En reconnaissance, Thomas décida de célébrer chaque année d'une manière solennelle la fête de la jeune martyre et de régaler ses confrères d'un bon repas. Il le fit l'année suivante à Naples. Mais, l'année après, il était décédé» ([23]).

Les frères reprirent leur voyage par la Via Latina. Il est possible que, en cours de route, ils aient fait halte en d'autres lieux. Par exemple au château de Ceccano ([24]), dont le seigneur était le comte Annibal, mari d'une nièce de Thomas nommée Françoise; au château paternel de Roccasecca; dans la bourgade de San Germano; et peut-être aussi au monastère du Mont-Cassin, car Thomas désirait vraisemblablement remercier l'abbé Ber-

---

([21]) Procès de Naples, n. 60; TAURISANO, I discepoli..., p. 185; DThC, IX, 1062-1067 (RIVIÈRE); LThK, X, 108 sq.; BOCK, Kaisertum, Kurie, pp. 119 sq., 171, 203. MORTIER (Histoire..., I, p. 644), faisant allusion à cet épisode, situe le château de Molara à San Giorgio di Molaria, au diocèse de Bénévent. C'est une erreur manifeste: il s'agit du château de la Molara au sud de Frascati et de Rocca di Papa.

([22]) PTOLÉMÉE, Hist. Eccl., XXIII, 10; dans sa Vita, Tocco (chap. 50) donne une autre version, mais, au Procès de Naples (chap. 60), son témoignage reproduit celui de Ptolémée; MARTINORI, Lazio turrito, II, p. 46, appelle le compagnon de Thomas frère Raymond ou frère Réginald.

([23]) PTOLÉMÉE, Hist. Eccl., XXIII, 10. La fête de Sainte Agnès tombe le 21 janvier; en 1274, à cette date, S. Thomas n'était pas encore décédé, mais, peut-être, en route pour le concile de Lyon. C'est probablement la dévotion spéciale de Thomas pour S. Agnès qui explique le culte qu'avait pour cette même martyre Nicolas Brunacci, disciple de Thomas. Cf. MANDONNET, Thomas d'Aquin lecteur..., p. 40.

([24]) MILLER, Itineraria..., pp. 392 sq.; TOSO, Tommaso d'Aquino, p. 124.

nard de l'autorisation qu'il avait donnée d'installer un couvent de Prêcheurs à San Germano.

Enfin les voyageurs arrivèrent à Naples et se présentèrent au grand couvent voisin de la vaste église de Saint-Dominique ([25]). On était au début ou au milieu de septembre ([26]). Thomas embrassa avec des larmes d'émotion le vénérable Père Jean de San Giuliano, qui l'avait entouré de son amitié dès l'époque de son premier séjour à Naples. Le couvent comptait d'excellents religieux, tels qu'Euphranon de la Porte, prieur en 1273-1274, Trojan de Regno, ancien procureur général des Prêcheurs, Jacques de la Porte, Conrad de Sessa Aurunca, Pierre de San Felice, Jean de Caiazzo, Hugues de Magdalano, Matthieu de Castellamare, Jacques de Manzano, Jean de Boiano, Ptolémée de Lucques, Guillaume de Tocco, Léonard de Gaète ([27]), d'autres encore. Guillaume de Tocco mérite une mention spéciale. Né au château de Tocco, dans la province de Bénévent ([28]), il était entré chez les dominicains de cette ville. Il eut la chance, en son âge mûr, de vivre à Naples aux côtés de Thomas, de s'entretenir avec lui, de l'observer quand il enseignait, écrivait, prêchait. Il devint ensuite prieur à Bénévent, inquisiteur du royaume de Naples, fonction qui le mit aux prises avec le roi Charles II le Boîteux. A la fin de sa vie, frère Guillaume s'acquit des mé-

([25]) La concession de cette église aux Frères Prêcheurs fut renouvelée en 1269. Cf. R. M. VALLE, *Descrizione di S. Domenico Maggiore* (Naples, 1854), p. 34; L. RUGGIERO, *La chiesa di S. Domenico Maggiore a Napoli,* Cenno storico (Naples, 1887).

([26]) SCANDONE, *La vita...,* p. 21, dit que l'Aquinate partit de Rome à la fin d'août ou au début de septembre.

([27]) *Procès de Naples,* chap. 76, cf. chap. 42 (Caiazzo), chap. 45 (Pierre de San Felice), chap. 47 (Conrad), chap. 58 (Tocco), chap. 89 (Boiano); T. VALLE, *Compendio degli più illustri Padri della Provincia del Regno di Napoli* (Naples, 1651), pp. 32-34, ainsi que TAURISANO, *I discepoli...,* p. 126 (1) et MONTI, *Da Carlo I a Roberto d'Angio,* p. 249, parlent de Mathieu de Castellamare (Castromaris), tandis que le *Procès de Naples* (chap. 76) écrit, avec une orthographe probablement fautive, Mathieu de Castro-Majoris; TAURISANO, *I discepoli...,* pp. 120-126, 132, 149. Sur Tocco, voir TOCCO, chap. 28; WALZ, *Historia canonizationis...,* pp. 122 sq.; *MOPH,* XX, p. 377. Sur Euphranon, Boiano, Caiazzo, Trojan, voir *MOPH,* XX, pp. 373, 381, 398.

([28]) Il ne faisait donc pas partie de la noble famille *Da Tocco,* sur le territoire de Capoue.

rites particuliers au moment de la canonisation de notre saint. Deux des biographes de Thomas, Guillaume de Tocco et Ptolémée de Lucques, l'ont donc connu personnellement à Naples. De là vient que, sur cette dernière période de sa vie, leur information est plus abondante, plus sûre, et met en valeur le saint plus que le savant.

Les constitutions de l'ordre des Prêcheurs n'avaient pas encore accordé de privilèges spéciaux aux maîtres en théologie ([29]). Pourtant on attribua à Thomas d'Aquin une cellule plus confortable, attenante à une terrasse non couverte ([30]). On mit aussi un frère à son service; ce fut d'abord Bonfils Coppa ([31]), puis, en 1274, Jean de Salerne ([32]). Le frère cadet de Bonfils, Jean Coppa, venait souvent au couvent de Naples et rencontrait quelquefois Frère Thomas. Un jour que le maître était malade et que son frère avait dû s'absenter, Jean passa quelque temps à son chevet pour le veiller. Il vit alors une étoile brillante passer par la fenêtre, s'arrêter un moment au-dessus du lit et disparaître ([33]). Ce récit témoigne au moins de la vénération générale dont Thomas jouissait à Naples.

Le nouveau *magister regens* donnait ses leçons dans l'école du couvent, et non dans les bâtiments de l'université alors toute proche ([34]). Pourtant l'on peut dire que Thomas fut professeur à l'*Alma mater partenopea*. En effet, toutes les écoles de l'ordre des Prêcheurs étaient publiques; en outre, celle de Naples avait un statut spécial. Car l'université napolitaine n'avait pas de faculté de théologie. Trois écoles de la ville étaient habilitées pour l'enseignement supérieur de la théologie: celle des dominicains à Saint-Dominique, celle des franciscains à Saint-Lau-

([29]) *MOPH*, III, p. 322 (1), p. 310 (3); MORTIER, *Histoire...*, II, pp. 183 sq.
([30]) *Procès de Naples,* chap. 70. Cette marque d'attention se rencontre également à propos d'autres maîtres; puis elle acquit force de loi.
([31]) Tocco, chap. 54; *Procès de Naples,* chap. 87.
([32]) Tocco, chap. 33; sur tous ces «familiers» voir MORTIER, *Histoire...*, II, pp. 173 sq.
([33]) *Procès de Naples,* chap. 87; Tocco, chap. 54.
([34]) SCANDONE, *La vita...*, p. 27; TAURISANO, *I discepoli...*, p. 148; V. SPAMPANATO, *Vita di Giordano Bruno* (Messine, 1921), p. 106. C'est au XVIIe siècle que l'université fut transférée dans un autre quartier.

rent et celle des augustins à Saint-Augustin. Les maîtres, bien que nommés par les supérieurs religieux, recevaient leur traitement du roi. Ils jouissaient des privilèges propres aux professeurs de l'université, sans être soumis à la juridiction universitaire. Tout étudiant pouvait assister à leurs cours et conquérir ses grades dans leur école. «Il était bien normal, pour éviter le gaspillage, de ne pas établir une chaire de théologie à l'université, mais d'inviter les étudiants à choisir librement une des trois écoles conventuelles. La plus importante des trois fut celle des dominicains, en raison du caractère foncièrement intellectuel de cet ordre et en raison de la réputation méritée de l'école, réputation qui atteignit son apogée avec Thomas d'Aquin. Nous en connaissons un signe non équivoque: l'école dominicaine recevait à elle seule plus de la moitié des subventions royales aux écoles de théologie» ([35]).

Le 15 octobre 1272, après l'entrevue de Capoue dont on reparlera, le roi Charles I fixa le traitement du Père Thomas d'Aquin, son ami, dans les termes suivants: «Il devra enseigner la théologie à Naples et pendant toute la durée de son enseignement, on lui versera chaque mois, pour ses frais, un subside d'une once d'or de poids commun» ([36]). Donc douze onces d'or par an. Pour apprécier ce traitement, il faut savoir que le roi Conrad donnait déjà à un professeur douze onces d'or par an et que Charles II, au cours des années 1302-1306, versa annuellement cent cinquante onces d'or pour l'enseignement de la théologie dans les trois écoles conventuelles de Naples ([37]).

On ne sait pas avec certitude à quelle date précise Thomas commença ses leçons à Naples. A Paris, tant à l'université que dans les écoles conventuelles, les cours duraient de la mi-septembre à la fête des SS. Pierre et Paul. Mais ailleurs, dans les *studia* des Prêcheurs, l'année scolaire allait du 29 septembre

---

([35]) G. M. MONTI, *Nuovi studi angioini* (Trani, 1937), pp. 229 et 61; IDEM, *Storia della Università di Napoli*, pp. 26-29; IDEM, *Da Carlo I a Roberto d'Angiò*, p. 232.

([36]) *Doc.* 28 (*Fontes*, pp. 579 sq.); MONTI, *Storia della Università di Napoli*, p. 89; SCANDONE, *La vita...*, pp. 26, 83.

([37]) MONTI, *Nuovi studi angioini*, p. 229; D'IRSAY, *Histoire des Universités*, I, p. 152; TORRACA, in *Storia della Università di Napoli*, p. 10.

au 24 juin ([38]). Thomas eut d'ailleurs à s'occuper de certaines affaires familiales, comme on le verra plus loin, jusqu'à la seconde moitié de septembre.

On attendait avec une vive curiosité la première leçon du maître célèbre, qui avait alors atteint le sommet de sa gloire. Nous connaissons un certain nombre des auditeurs qui se pressèrent à ses cours. Des dominicains: outre Ptolémée de Lucques ([39]) et Guillaume de Tocco ([40]), qui étaient déjà des hommes mûrs, on peut nommer Jean de Caiazzo ([41]), Tomasello de Pérouse ([42]), Pierre d'Andria, qui avait déjà été son élève et son sténographe à Paris ([43]), Jacques de Mercato ([44]), peut-être un certain Gilbert, et d'autres encore ([45]). N'oublions pas le fidèle et très cher Réginald de Piperno ([46]). En outre, selon les anciens statuts de l'ordre, tous les frères, quand ils n'étaient pas occupés au ministère pastoral, assistaient aux cours de théologie du maître d'Aquin ([47]). Des séculiers y venaient également: Marin d'Eboli, archevêque de Capoue, qui aimait beaucoup le maître ([48]), et Mathieu de la Porte ([49]), archevêque de Salerne (mort le 25 décembre 1272). Enfin des laïcs: avant tout, Barthélemy de Capoue, qui, en 1272, occupait un poste modeste à la cour du roi, mais, plus tard, devint protonotaire et logothète du

---

([38]) *Chartularium...*, II, p. 692.

([39]) TAURISANO, *I discepoli...*, pp. 163-166; GRABMANN, *Mittelalterliches Geistesleben*, I, p. 354.

([40]) *Procès de Naples*, chap. 58; GRABMANN, *Mittelalterliches Geistesleben*, I, p. 337.

([41]) TAURISANO, *I discepoli...*, pp. 124-126.

([42]) *Ibid.*, pp. 126 sq.

([43]) *Ibid.*, pp. 133 sq.

([44]) *MD* 44 (1927), p. 201; ce Jacques est prédicateur général en 1270.

([45]) TAURISANO, *I discepoli...*, p. 129; MONTI, in *Storia della Università di Napoli*, p. 130.

([46]) TAURISANO, *I discepoli...*, pp. 118-120.

([47]) *MOPH*, III, pp. 99, 251. TAURISANO (*I discepoli...*, pp. 118-155) et MONTI (*Da Carlo I a Roberto d'Angio*, p. 249) donnent quelques renseignements sur la carrière ecclésiastique brillante de plusieurs élèves napolitains de Thomas.

([48]) TOCCO, chap. 43; TAURISANO, *I discepoli...*, pp. 184 sq.; EUBEL, *Hierarchia...*, I, p. 164; *MOPH*, XX, p. 69; PTOLÉMÉE, *Hist. Eccl.*, XXIII, 9; *Procès de Naples*, chap. 43.

([49]) TAURISANO, *I discepoli...*, p. 123; EUBEL, *Hierarchia...*, I, p. 429.

royaume de Sicile. Il n'était peut-être pas étudiant au sens strict; mais il rencontrait Thomas, étudiait ses écrits et conserva toujours pour lui une vénération dont il a donné des preuves précieuses au procès de canonisation ([50]). Le bourgeois Nicolas Fricia fut également au nombre des étudiants napolitains; lui aussi témoigna plus tard au procès de canonisation ([51]).

Les cours portèrent, vraisemblablement, sur le premier tiers du *Psautier* ([52]), (mais pas sur *Isaïe)* ([53]), et sur une partie des épîtres de S. Paul ([54]). Des leçons furent consacrées à deux écrits d'Aristote, le *De caelo et mundo* et le *De generatione et corruptione*; ces commentaires furent les dernières œuvres philosophiques de Thomas ([55]). En même temps, il continuait avec soin la *Somme théologique,* qui en était à sa troisième partie. Enfin il répondait aux questions qu'on lui posait: ainsi, pour un certain maître Philippe qui l'avait consulté, il composa deux opuscules, le *De mixtione elementorum* et le *De motu cordis* ([56]). Ces deux écrits, qui acceptent toutes les conceptions scientifiques d'Aristote, nous causent aujourd'hui une impression assez étrange; pourtant les richesses n'y manquent pas. Thomas se souvint sans doute aussi de la promesse qu'il avait faite aux professeurs de philosophie de Paris ([57]).

([50]) *Procès de Naples,* chap. 76-86; TAURISANO, *I discepoli...,* pp. 155-158; SCANDONE, *La vita...,* pp. 25, 33; LThK, II, 3; MONTI, *Nuovi studi angioini,* p. 63.

([51]) *Procès de Naples,* chap. 77.

([52]) GRABMANN, *Die Werke...,* pp. 254-255, 461; BACIC, *Introductio...,* p. 56.

([53]) GRABMANN, *Die Werke...,* pp. 257-260; BACIC, *Introductio...,* pp. 57 sq.; CHENU, *Introduction...,* p. 209.

([54]) GRABMANN, *Die Werke...,* pp. 261-271, 461; BACIC, *Introductio...,* pp. 63-69; VOSTÉ, *S. Thomas Aquinas epistularum S. Pauli interpres,* p. 263.

([55]) GRABMANN, *Die Werke...,* pp. 276-278, 461; BACIC, *Introductio...,* pp. 18-20.

([56]) GRABMANN, *Die Werke...,* pp. 346, 347-348, 463; BACIC, *Introductio...,* pp. 96-98.

([57]) Voir: G. VERBEKE, *Guillaume de Moerbeke traducteur de Proclus,* in *RPL,* août 1953, pp. 349-373, surtout 349-350. Taurisano se demande si le «très cher Jean» à qui Thomas a adressé sa lettre sur la manière d'étudier ne serait pas frère Jean de Caiazzo. Mais, puisque la lettre ne s'adresse pas à un frère, il faudrait plutôt penser que le destinataire était laïc. Du reste,

Ses auditeurs étaient naturellement beaucoup plus nombreux et de toutes les classes sociales, quand il prêchait. A Naples, il n'employait pas le latin, comme à Paris, mais l'italien, et même le dialecte du pays. C'était la seule langue vivante qu'il parlait. Son biographe l'atteste: «En raison de sa continuelle application d'esprit, il n'avait pu apprendre une autre langue; il parlait au peuple en langue vulgaire» ([58]).

C'est surtout pendant lo carême 1273 qu'il se consacra à l'instruction religieuse des fidèles, par ses prédications dans l'église conventuelle de Saint-Dominique. Du dimanche de la sexagésime (12 février) au jour de Pâques (9 avril), il traita du symbole des Apôtres, de l'oraison dominicale et de la salutation angélique ([59]). On conserve encore les résumés de ses sermons, en latin. Même s'ils sont fidèles, ils manquent de cette chaleur qui, sans doute, animait les paroles du saint. Tocco, qui assistait aux prédications, rapporte qu'elles attiraient chaque jour un grand concours de peuple ([00]). Il ajoute: «La foule l'écoutait avec vénération, comme si sa parole venait de Dieu lui-même... La seule vue de son maintien produisait manifestement une impression profonde. Celui qui le voyait ou l'entendait même une seule fois en recevait une grâce particulière. Frère Euphranon de Salerne, pour sa part, se sentait envahi par une intense joie spirituelle. La présence du Saint-Esprit peut seule expliquer un tel rayonnement» ([61]).

Nous possédons également quatre témoignages de laïcs, recueillis au procès de canonisation de l'Aquinate. Celui de Jean Coppa, frère du dominicain Bonfils et notaire à Naples, qui l'avait entendu commenter le *Pater* ([62]). Celui de Pierre Brancaccio, soldat napolitain, qui l'avait entendu sur le même su-

---

l'authenticité de cet écrit est assez contestée. Cf. *I discepoli...*, pp. 124-126; GRABMANN, *Die Werke...*, pp. 372, 464; BACIC, *Introductio...*, p. 114.

([58]) TOCCO, chap. 48.

([59]) MANDONNET, *Le carême de S. Thomas à Naples* (1273), pp. 195-212; GRABMANN, *Die Werke...*, pp. 378-393; BACIC, *Introductio...*, pp. 74-78; SCANDONE, *La vita...*, p. 28.

([60]) *Procès de Naples*, chap. 58.

([61]) TOCCO, chap. 48 et 36.

([62]) *Procès de Naples*, chap. 87.

jet ([63]). Celui de Jean Zeccadenario, docteur en droit, originaire de Gaète, qui avait assisté à plusieurs de ses sermons ([64]). Enfin celui de Jean Blasio, juge à Naples et familier de la reine Marie de Sicile: «Il prêchait, dit-il, les yeux clos ou levés vers le ciel, l'air extatique; il parlait alors de l'*Ave Maria*» ([65]).

D'après les dépositions au procès de canonisation de S. Dominique ([66]), le fondateur des Prêcheurs voulait que ses fils parlent de Dieu ou à Dieu. S. Thomas vivait toujours dans le recueillement et le sentiment de la présence du Seigneur. Quand il avait à s'entretenir avec quelqu'un, au parloir ou ailleurs, pour l'édification des frères ou d'autres personnes, «il répondait aux différentes questions qu'on lui posait, puis ajoutait quelques mots sur un sujet d'histoire ou de morale» ([67]). «Si les personnes présentes faisaient dévier la conversation sur des sujets sans rapport avec Dieu, il quittait aussitôt le parloir, ou du moins gardait le silence, comme si ce n'était pas son affaire de parler sans édifier le prochain, ou de tenir sur Dieu des propos insignifiants» ([68]). Lorsqu'un orage éclatait, lorsque la mer ou le Vésuve entraient en furie, il se munissait du signe de la croix et récitait cette oraison jaculatoire: «Dieu s'est fait homme pour nous, Dieu est mort pour nous» ([69]).

Le recueillement intérieur doit être alimenté. Quand l'intelligence travaille intensément, la volonté et ses puissances affectives risquent de s'affaiblir. Thomas, qui le savait, prenait soin de faire chaque jour une lecture spirituelle dans la vie des anciens Pères, à l'exemple de S. Dominique ([70]). Plus encore, il priait sans cesse: prière liturgique ou prière personnelle, qu'il faisait tantôt prosterné dans l'église, tantôt agenouillé devant

---

([63]) *Ibid.*, chap. 93.

([64]) *Ibid.*, chap. 88.

([65]) *Ibid.*, chap. 70; Rossi, *Expositio salutationis angelicae* (Plaisance, 1933); *Bulletin thomiste* 9 (1932), pp. 563-564 et *Notes et communications*, N. 9 (Janv.-Mars 1933), pp. 156-167.

([66]) *MOPH*, XVI, p. 135, n. 13; p. 155, n. 37; p. 161, n. 41; p. 165, n. 46.

([67]) Tocco, chap. 29, 48.

([68]) *Ibid.*, chap. 48.

([69]) *Ibid.*, chap. 38.

([70]) *Ibid.*, chap. 21. Il s'agit des fameuses *Collationes Patrum* de Jean Cassien.

l'autel (⁷¹). C'est à juste titre que Tocco l'appelait: *miro modo contemplativus*. Le don d'oraison resplendissait tellement chez l'Aquinate que le P. Réginald de Piperno, quand il quitta le monastère de Fossanova, après la mort du saint, et reprit ses cours à l'école de Naples, ne voulut parler, dans son éloge du défunt, que de sa prière perpétuelle, source de sa science. «Chaque fois qu'il se mettait à étudier, à disputer, à enseigner, à écrire, à dicter, il recourait d'abord à la prière, demandant, avec des larmes abondantes, de pouvoir pénétrer les secrets de la vérité. Et parfois cette prière faisait toute lumière sur des questions dont, auparavant, il n'entrevoyait pas la solution» (⁷²).

En voici un exemple, que Tocco tenait du vicaire de l'évêque de Nole, et celui-ci de frère Réginald. Au cours de ses leçons sur *Isaïe*, le saint avait rencontré une importante difficulté. Pendant des jours il avait prié et jeûné pour obtenir la lumière. Une nuit, frère Réginald l'entendit parler à quelqu'un dans sa cellule. Puis le silence se fit et Thomas vint le trouver, lui demandant d'allumer la chandelle et de prendre le cahier sur *Isaïe*. Alors il lui dicta l'explication du passage, puis l'envoya se recoucher. Mais Réginald le supplia de lui indiquer avec qui il s'était entretenu. Thomas refusa longtemps, puis finit par avouer: «C'était avec les apôtres Pierre et Paul; mais n'en dites rien à personne avant ma mort» (⁷³).

Il n'est pas étonnant que ce recueillement profond soit allé parfois jusqu'au ravissement. L'archevêque de Capoue, Marin d'Eboli, a raconté un jour au P. Raymond Etienne, dominicain de la province de Toulouse, qui en 1318 fut envoyé en Arménie et en 1322 devint archevêque d'Éphèse, que Thomas eut un ravissement en présence d'un cardinal de la Sainte Église, légat pontifical dans le royaume de Sicile (⁷⁴).

Le maître, qui avait eu la faveur de composer l'office de la

(⁷¹) *Ibid.*, chap. 29, 32.

(⁷²) *Ibid.*, chap. 30.

(⁷³) Tocco, chap. 31.

(⁷⁴) *Ibid.*, chap. 43; sur Raymond Etienne, voir G. GOLUBOVICH, *Biblioteca bio-bibliografica della Terra Santa e dell'Oriente Francescano*, III (Quaracchi, 1919), pp. 404 sq.; R. LOENERTZ, *La Société des Frères Pérégrinants. Étude sur l'Orient Dominicain*, I (Rome, 1937), pp. 63, 167, 188.

Fête-Dieu, reçut aussi la grâce d'une dévotion particulière pour le Saint-Sacrement. Chaque jour, s'il n'en était pas empêché par la maladie, il célébrait la Sainte Messe, puis assistait à une autre, qu'il servait souvent lui-même. Pendant la célébration, il entrait souvent en extase et pleurait abondamment. Ainsi, «le dimanche de la Passion (26 mars 1273), il célébrait la Messe au couvent de Naples en présence de nombreux chevaliers. Au cours du Saint-Sacrifice, il parut si absorbé par la grandeur du Sacrement, qu'il avait l'air d'être admis à la vision des mystères divins et à la participation des souffrances du Christ... Au bout d'un temps considérable, ses confrères s'approchèrent de lui et le secouèrent pour le faire revenir à lui et continuer la Messe» [75]. Après quoi, on le pria de révéler ce qui s'était passé pendant l'extase. Il refusa poliment et garda son secret.

Lui qui aimait si ardemment le Seigneur, il savait aussi aimer les hommes. Avant tout les pauvres. «Il était extrêmement compatissant envers eux et avait coutume de distribuer largement ses vêtements et tout ce qu'il possédait, ne gardant que le nécessaire» [76]. On l'appelait d'ailleurs communément «le bon frère Thomas» [77]. Il était également très attaché à ses amis et à ses parents. Un sentiment profond le lia pendant quinze ans au Frère Réginald; il le manifesta en lui dédiant trois de ses opuscules. Il estimait beaucoup Ptolémée de Lucques, et pendant son séjour à Naples, il le prit plusieurs fois comme confesseur [78]. Citons encore Jean de Caiazzo [79], et, parmi les laïcs, le juge Jean de Blasio [80]. Dans les familles nobles de Naples, le nom de Thomas allait de bouche en bouche, comme celui d'un saint et d'un savant: les parents le donnaient en exemple aux enfants. Les dépositions du procès de canonisation, malgré le style aride des notaires, laissent deviner l'âme affectueuse du Maître et la profonde sympathie qui l'entourait.

[75] TOCCO, chap. 29.

[76] Ibid., chap. 36.

[77] DANTE, Conv. IV, 30.

[78] TAURISANO, I discepoli..., pp. 163 sq.; GRABMANN, Mittelalterliches Geistesleben, I, p. 354.

[79] Procès de Naples, chap. 76.

[80] TOCCO, chap. 55 et 29; Procès de Naples, chap. 70.

Son affection pour sa famille était, naturellement, plus manifeste. Dès son arrivée à Naples, il eut l'occasion d'en donner
une nouvelle preuve. Roger d'Aquila, comte de Traetto et de
Fondi, mari de sa sœur Adélasie, venait de mourir en son château, le vendredi 26 août 1272 ([81]). Avait-il pu être assisté, à
ses derniers moments, par Thomas ? On ne sait. Ce qui est sûr,
c'est qu'il l'avait désigné comme son exécuteur testamentaire.
Il laissait quatre fils mineurs et aurait voulu confier leur tutelle
à un autre parent de sa femme, le comte Roger de San Severino,
près de Salerne. Mais le roi Charles, supposant que cette affaire
relevait de la cour de Naples, publia, le 1ᵉʳ septembre, un décret *pro baliatu filiorum quondam comitis Rogerii de Aquila,*
qui confiait la tutelle des enfants au procureur de la Terre de
Labour, avec cette condition que, pour régler le tout, on choisi-
rait un des plus proches parents du défunt ([82]).

Une supplique adressée à la cour par l'Aquinate fit connaître
au roi Charles, le 10 septembre, le contenu du testament de
Roger d'Aquila et le nom de l'exécuteur testamentaire ([83]). Le 20
septembre, à Traetto, maître Thomas fit partager les biens
meubles du défunt, selon les dispositions du testament. Dans
le long inventaire on énumère une quantité de pièces «attri-
buées par les soins de frère Thomas, comme: mules, juments,
selles, poulains, tuniques, simarres, blé, etc...» ([84]). Pour respec-
ter toutes les clauses du testament, et spécialement celles qui
concernaient la restitution de biens immobiliers et de terres
que Roger s'était appropriés injustement, Thomas sollicita un
pourvoi royal. Pour l'obtenir, il alla, sans se soucier des difficultés du voyage, voir le souverain, qui demeurait à Capoue.
L'audience eut lieu le 27 septembre. Elle remplit le prince d'estime et d'amitié pour le dominicain. Un décret du 2 octobre
régla les problèmes de la restitution ([85]). De plus, le roi, sur la

([81]) SCANDONE, *La vita...*, pp. 21 sq., 67 sq.; MANDONNET, *Bibliographie thomiste*, p. XI, affirme que ce Roger mourut le 2 août, assisté par l'Aquinate.

([82]) SCANDONE, *La vita...*, p. 67.

([83]) *Doc. 25 (Fontes,* p. 575); SCANDONE, *La vita...*, p. 22; sur l'attitude des
Frères Prêcheurs à l'égard des testaments, voir *MOPH,* III, p. 130.

([84]) *Doc. 26 (Fontes,* pp. 576-578); SCANDONE, *La vita...*, pp. 23 sq.

([85]) *Doc. 27 (Fontes,* pp. 578 sq.); SCANDONE, *La vita...*, pp. 25 sq., 68 sq.

demande de Thomas, enleva au procureur royal la tutelle de
Richard, fils aîné de Roger d'Aquila, et la confia au comte de
San Severino, comme le défunt l'avait désiré [86]. C'est peu après,
le 15 octobre, qu'un arrêté royal fixa le traitement de l'Aquinate, comme on l'a dit plus haut.

Une nièce de Thomas, sachant le crédit dont il jouissait,
chercha à obtenir, par son intermédiaire, l'autorisation d'entrer dans le royaume de Naples. Il s'agissait de cette Françoise,
femme d'Annibal de Ceccano, dont nous avons déjà parlé [87].
Annibal, en raison de son attitude politique, était considéré
par le gouvernement angevin comme son adversaire et celui
de l'Église [88]; l'accès du royaume lui était interdit. Mais l'état
de santé de Françoise exigeait les eaux de Pouzzoles près de
Naples. L'intervention de Thomas lui obtint un sauf-conduit
pour elle, sa famille et leurs montures. Le permis de séjour
était valable du 3 avril au 3 juin 1273 [89]. Thomas reverra encore plusieurs fois cette nièce en son château de Maënza, près
du monastère de Fossanova [90]. Peut-être en allant à Rome,
pour le chapitre provincial qui s'y tint à partir du 29 septembre 1273, ou en revenant. Selon une ancienne indication rapportée par Masetti, l'Aquinate était définiteur à ce chapitre,
c'est-à-dire conseiller du supérieur provincial [91]. Enfin, Thomas y séjournera quelques jours avant de mourir.

La pensée de la mort lui devint d'ailleurs de plus en plus
familière au cours de l'année 1273. Pendant le carême il
éprouva une impression inhabituelle au chant de l'antienne du
Nunc dimittis des complies [92]: «*Ne projicias nos in tempore
senectutis, cum defecerit virtus nostra ne derelinquas nos*» [93].

[86] SCANDONE, *La vita...*, pp. 21, 67 sq.; PORTANOVA, *Il Castello di S. Severino*, pp. 59 sq.

[87] SCANDONE, *La vita...*, p. 80.

[88] *Ibid.*, p. 81.

[89] *Doc.* 29 (*Fontes*, p. 581); SCANDONE, *La vita...*, pp. 27 sq.

[90] *Procès de Naples*, chap. 15, 8, 50.

[91] *Doc.* 30 (*Fontes*, p. 583); MASETTI, *Monumenta*, II, p. 268; MOPH, XX,
pp. 41-43.

[92] TOCCO, chap. 29.

[93] *Psaume* 70, v. 9.

Il n'avait pourtant pas encore cinquante ans ([94]) et gardait toute sa vigueur physique et intellectuelle.

Un peu après, son successeur à Paris, le Père Romain de Rome, qui venait de mourir (au plus tard le 28 mai 1273) ([95]), lui apparut et lui déclara qu'il jouirait bientôt de la science expérimentale des mystères divins. Romain ajouta que lui-même avait dû passer d'abord quelque temps au purgatoire, en raison de la négligence qu'il avait apportée dans l'exécution d'une mission dont l'avait chargé l'évêque de Paris. Thomas lui posa aussitôt une question scolastique: «Les habitus intellectuels acquis pendant cette vie sont-ils conservés dans le ciel ?» Romain ne répondit pas directement, in forma, mais affirma la réalité de la vision de Dieu. Thomas reprit: «Comment voit-on Dieu, avec ou sans l'intermédiaire de quelque espèce ou similitude ?» Romain emprunta sa réponse au psalmiste: «Comme on nous l'avait dit nous l'avons vu, dans la ville de notre Dieu» ([96]). Passé le moment de la surprise, la joie remplit l'âme de Thomas, car sa thèse de la vision de Dieu sans intermédiaire lui était très chère ([97]). Mais il sut retenir l'annonce de sa mort prochaine.

C'est probablement à ce moment, sur la fin du temps de Pâques 1273, que l'Aquinate reçut du Pape une invitation à participer activement au concile œcuménique qui se célébrerait l'année suivante à Lyon ([98]). Grégoire X, qui avait convoqué d'autres personnages éminents, ne pouvait pas ne pas appeler maître Thomas, «un des hommes les plus saints et les plus savants de son temps» ([99]). On peut dire qu'à cette date le maî-

---

([94]) Procès de Naples, chap. 83, 42, 15, 19; Tocco, chap. 65.

([95]) Ptolémée, Hist. Eccl., XXIII, 16, est plus exact que Tocco à propos de ce P. Romain; Tocco, chap. 45; Gui, chap. 19; Glorieux, Répertoire..., I, p. 129; Grabmann, Mittelalterliches Geistesleben, I, pp. 340 sq. A la mort du P. Romain, chaque prêtre de l'ordre dut célébrer une Messe: MOPH, III, p. 170.

([96]) Psaume 47, v. 9.

([97]) R. Garrigou-Lagrange, De Deo uno (Paris, 1938), pp. 269-279.

([98]) Guiraud, Registres de Grégoire X (Paris, 1892), p. 52, n. 160; p. 91, n. 220; AFH 18 (1925), p. 169.

([99]) Procès de Naples, chap. 19.

tre avait atteint le sommet de son autorité, de sa gloire et de son activité scientifique.

Il continuait avec régularité ses travaux et principalement la composition de la troisième partie de la *Somme théologique*. Les questions sur la passion et la résurrection du Christ datent probablement de la première moitié de l'année 1273. A ce propos, Tocco rapporte un témoignage de frère Dominique de Caserte, sacristain du couvent dominicain de Naples. Thomas avait coutume de descendre de sa cellule dans la chapelle de Saint-Nicolas à une heure où l'église était vide, c'est-à-dire avant matines. Là, devant le crucifix, il se plongeait dans la prière. Un jour, il aurait été élevé de terre et la voix du Crucifié lui aurait dit. «Thomas, tu as bien écrit de moi; quelle récompense dois-je te donner pour ta peine ?» Le Saint aurait alors répondu: «Seigneur, rien d'autre que vous-même» ([100]).

Le 6 décembre 1273, fête de S. Nicolas, dans la chapelle même de ce Saint, où il avait l'habitude de célébrer la Messe, il subit, au cours du Saint-Sacrifice, «une étonnante transformation», donnant tous les signes de l'extase. A la suite de cette Messe, dit le logothète Barthélemy de Capoue, «il ne voulut plus jamais rien écrire ni dicter, et se débarrassa même de son écritoire; il en était à la troisième partie de la *Somme,* au traité de la pénitence» ([101]). Personne n'arrivait à comprendre ce changement total dans le comportement de Thomas. Frère Réginald de Piperno, son ami et son compagnon fidèle, lui exprima l'étonnement général: «Comment donc, Père, pouvez-vous laisser inachevée cette œuvre grandiose que vous avez entreprise pour la gloire de Dieu et l'illumination des âmes» ? Thomas se contenta de répondre: «Je ne peux plus». Réginald revint à la charge. «Je ne peux plus, répéta Thomas; tout ce que j'ai écrit me paraît de la paille en comparaison de ce que j'ai vu...» ([102]).

([100]) Tocco, chap. 34 et 52; Gui, chap. 23; Calo, chap. 18. Ubald d'Alençon et Charles Balic, suivis par d'autres historiens, rejettent l'authenticité du «Bene scripsisti». Cf. d'Alençon, in *Revue Duns Scot* 9 (1911), pp. 76, 89 sq.; Balic, in *Bogoslovska Smotra* 23 (1935), p. 417; *Collectanea franc. slavica* (1937), p. 127; *Wissenschaft u. Weisheit* 4 (1937), p. 185.

([101]) *Procès de Naples,* chap. 79.

([102]) *Ibid.* Cf. E. Inciarte, *El ocaso mistico de S. Tomás,* in *Teologia Espiritual* 3 (1959), pp. 251-274.

«Le moment de cesser d'écrire est arrivé. J'espère que viendra bientôt le moment de cesser de vivre» [103].

Ces paroles traduisent un sentiment d'insatisfaction et de crainte respectueuse. Elles révèlent aussi une profonde lassitude. La santé du saint chancelait. Sans doute avait-il été déjà indisposé à Naples et même contraint de s'aliter [104]. Mais cette fois, le cas était plus grave. On lui imposa une période de repos chez sa sœur Théodora, comtesse de Marsico. Il se rendit donc au château de San Severino, où elle vivait pendant l'hiver [105]. Frère Réginald l'accompagna [106]. Ils prirent la Via Popilia, qui passe par Pompéi, Nocera et la petite ville de Mercato San Severino, l'ancienne Rota [107]. En cours de route, ils firent halte au couvent dominicain de Salerne, où Thomas donna un exemple des grâces d'oraison dont il était favorisé. «Après matines, il était en prière devant le maître-autel lorsque, sous les yeux de Réginald et de Frère Jacques, il s'éleva de deux coudées au-dessus du sol, comme s'il avait reçu une participation à l'agilité des bienheureux» [108].

Ils arrivèrent enfin au château de San Severino. Thomas n'en pouvait plus. Sa sœur, qu'il aimait tendrement, était allée à sa rencontre. Il la salua à peine. Il semblait avoir perdu son affabilité et sa douceur coutumières. La comtesse, pleine d'angoisse, interrogea Frère Réginald: «Il a l'air tout changé, il m'a à peine adressé la parole». «Il est dans cet état depuis la fête de S. Nicolas, répondit Réginald, il n'a plus rien écrit» [109]. Le saint resta un certain temps au château, sans obtenir d'amélioration notable. Au moment du départ, tous comprirent qu'ils

---

[103] Tocco, chap. 47. Barthélemy de Capoue (*Procès de Naples*, chap. 79) diffère de Tocco pour le lieu de l'extase: il la place au château de San Severino, chez sa sœur Théodora, au cours de la visite dont il est question un peu plus loin.

[104] Tocco, chap. 54; *Procès de Naples,* chap. 87.

[105] SCANDONE, *La vita...*, pp. 30, 57.

[106] *Procès de Naples,* chap. 79; PORTANOVA, *Il Castello...*, p. 85, donne un compagnon à Thomas et à Réginald: Jacques de Salerne.

[107] STHAMER, *Die Hauptstrassen des Königreichs Sizilien*, p. 102; MILLER, *Itineraria*, pp. 351, 353, 371.

[108] Tocco, chap. 33.

[109] *Procès de Naples,* chap. 79.

se voyaient pour la dernière fois sur cette terre. La comtesse Théodora ne pouvait maîtriser son émotion ([110]). Cet épisode eut lieu probablement à la fin de décembre 1273 ou au début de janvier 1274 ([111]). Thomas regagna Naples et le couvent de S. Dominique. Un voyage beaucoup plus long lui restait à accomplir pour se rendre au concile de Lyon.

[110] *Ibid.*
[111] Scandone, *La vita...*, pp. 30, 57.

CHAPITRE XI

DERNIER VOYAGE ET MORT

Le XIV° concile général avait été convoqué pour le 1ᵉʳ mai 1274, à Lyon (¹). Les questions de la croisade, de l'union avec les Grecs et de la réforme de l'Église devaient être au premier plan. C'est pourquoi, lorsque Thomas se mit en route, à la fin de janvier ou au plus tard au début de février (²), il emporta son opuscule *Libellus ad Urbanum Papam Quartum*, qui traitait des doctrines grecques (³). Frère Réginald de Piperno et frère Jacques de Salerne l'accompagnèrent (⁴). Est-il besoin de dire que, dans l'état physique où se trouvait Thomas, la perspective de ce voyage l'effrayait et qu'il lui fallait toute son obéissance pour l'entreprendre ?

Après avoir dépassé la bourgade de Teano, nos voyageurs étaient en train de descendre vers Borgonuovo lorsque, absorbé dans ses pensées, Thomas donna de la tête contre un arbre qui était tombé en travers de la route. Tous se précipitèrent pour lui porter secours: ses compagnons et aussi Guillaume, doyen et plus tard évêque de Teano († 1295) (⁵), ainsi que son neveu Roffredo, qui avaient voulu faire un bout de chemin avec les

(¹) L'archevêque de Lyon était alors Pierre de Tarentaise.

(²) SCANDONE, *La vita...*, pp. 30, 57 et MANDONNET, *Le carême de S. Thomas à Naples (1273)*, p. 202, pensent que Thomas quitta Naples au cours de janvier.

(³) TOCCO, chap. 56; HEFELE-LECLERCQ, *Histoire des Conciles*, VI, pp. 156, 168; WALZ, *L'azione conciliare domenicana pretridentina*, in *Il concilio di Trento*, 1 (1942), pp. 45-47; MORTIER, *Histoire des Maîtres généraux...*, II, p. 96.

(⁴) *Procès de Naples*, chap. 50.

(⁵) EUBEL, *Hierarchia...*, I, p. 480.

Prêcheurs. Réginald lui demanda s'il souffrait beaucoup; «un peu», se contenta-t-il de répondre. Pour distraire le blessé, Réginald se mit à bavarder sur les buts du voyage et sur les bienfaits qui résulteraient du concile pour l'Église, pour leur ordre et pour le royaume de Sicile: «vous serez créé cardinal, comme frère Bonaventure», dit-il, «quel honneur pour les deux ordres !» Thomas répliqua: «Je ne puis mieux servir notre ordre que dans ma condition actuelle». «Mais, reprit Réginald, je ne pensais pas à votre personne, je ne pensais qu'à la gloire de l'ordre». «Alors soyez-en sûr, conclut Thomas, je ne changerai jamais de condition» ([6]).

Après Borgonuovo, deux routes s'offraient aux voyageurs: suivre la vallée du Liri, en continuant la Via Latina; ou suivre le littoral, à travers les Marais Pontins, en empruntant l'ancienne Via Appia ([7]). La plupart des biographes optent pour la première ([8]) et disent que Thomas a écrit sa fameuse lettre à l'abbé Ayglier au pied du Mont-Cassin; mais la bulle de canonisation indique formellement la route du littoral ([9]). Ceux qui acceptent encore la première hypothèse développent des considérations du genre suivant: «Thomas profita de ce voyage pour revoir les lieux de son enfance et de son adolescence: la vallée du Liri, dominée par le mont Cassin, le mont Cairo et ses prolongements, et, sur l'un d'eux, le château de Roccasecca, visible d'Aquino et de tout le territoire» ([10]). Mais nous suivrons la reconstitution de l'itinéraire proposée par Toso: «Nous savons que Thomas est allé de Teano à Maënza. Très vraisemblablement il est passé par Minturno, c'est-à-dire par la route du littoral. Car il était trop fatigué pour choisir l'autre route, qui lui aurait imposé un détour considérable» ([11]).

C'est au cours de ce voyage que l'Aquinate écrivit à l'abbé du Mont-Cassin. La lettre que nous possédons est peut-être authen-

([6]) *Procès de Naples,* chap. 78; Tocco, chap. 32, 63.

([7]) Miller, *Itineraria Romana,* pp. 327 sq., 333 sq.; Scandone, *La vita...,* p. 31; Walz, *Wege des Aquinaten,* pp. 227-228.

([8]) *Procès de Naples,* chap. 8; Tocco, chap. 56.

([9]) *Fontes,* p. 522.

([10]) Toso, *Tommaso d'Aquino,* p. 125.

([11]) *Ibid.,* pp. 170 et 124.

tique, mais non autographe. On la considère comme son écrit le plus personnel. Elle explique un passage obscur des *Moralia* de S. Grégoire le Grand sur la conversion des pécheurs et la prescience divine ([12]).

Thomas était déjà très fatigué quand il arriva, le carême déjà commencé ([13]), au château de Maënza, diocèse de Terracina, qui domine la profonde vallée de l'Amaseno. Cette année-là, le carême avait commencé le 14 février; on était dans la seconde moitié du mois. La nièce de l'Aquinate, Françoise, femme d'Annibal de Ceccano, qui l'avait reçu déjà plusieurs fois l'accueillit très affectueusement ([14]). Sans doute aussi rendit-il visite, comme d'habitude, au monastère voisin de Fossanova ([15]). près de l'Amaseno, à trois milles de Piperno. Des relations étroites existaient entre Maënza et Fossanova. Car les comtes de Ceccano étaient patrons de cette abbaye cistercienne ([16]); et même, en 1274, le supérieur du couvent, l'abbé Théobald, appartenait à la famille de Ceccano ([17]).

Au château de Maënza, Thomas tomba soudain gravement malade, d'une maladie dont nous ignorons la nature ([18]). Rappelons que le maître, à Naples, avait été plusieurs fois indisposé

([12]) GRABMANN, *Die Werke...*, pp. 377-378, 465; TOSO, *Tommaso d'Aquino,* pp. 122-125; LECCISOTTI, *Il Dottore Angelico,* pp. 546 sq., 536; BACIC, *Introductio...,* p. 117; SABA, *Bernardo I Ayglerio,* pp. 78 sq., l'estime autographe, mais à tort; SCANDONE, *La vita...,* p. 31, l'estime inauthentique.

([13]) *Procès de Naples,* chap. 50.

([14]) *Procès de Naples,* chap. 8, 15, 19, 50, 80; SCANDONE, *La vita...,* p. 31.

([15]) *Procès de Naples,* chap. 15. La bulle de canonisation (*Fontes,* 522) donne le monastère de Fossanova comme situé dans le diocèse de Terracina. Mais, alors comme aujourd'hui, le siège de Terracina était uni à ceux de Piperno et de Sezze. Cf. *Annuario Pontificio,* 1944, p. 289. Sur le monastère voir M. CASSONI, *La Badia di Fossanova presso Piperno,* in *Rivista Storica Benedettina* 5 (1910), pp. 578 sq.; SERAFINI, *L'Abbazia di Fossanova,* pp. 223-292.

([16]) *Enc. Ital.* 15 (1932), 773; PTOLÉMÉE, *Hist. Eccl.,* XXIII, 8.

([17]) SERAFINI, *L'Abbazia...,* pp. 224, 249, 253; P. FEDELE, *Frati monaci di Fossanova che videro morire S. Tommaso,* in *S. Tommaso-Miscellanea,* pp. 187 sq.

([18]) *Procès de Naples,* chap. 8. Le P. Petitot a essayé de déterminer la nature de cette maladie; il est arrivé à une opinion dont un critique bienveillant a écrit: «Il suffirait, à mon sens, d'ajouter, pour avoir une vue compréhensive de la fin du maître: emporté par une maladie inconnue qui

et que, depuis sa vision du 6 décembre 1273, un profond changement, même physique, s'était opéré en lui. Pourtant il n'est pas certain qu'il faille mettre un lien étroit entre les événements de décembre et cette maladie de février. On ne peut surtout faire cas d'un récit selon lequel la mort de Thomas ne serait pas due à une cause naturelle, mais à un empoisonnement ordonné par le roi Charles d'Anjou, auquel Dante a lancé le vers fameux: «il renvoya au ciel Thomas, en réparation» ([19]).

Cette maladie ne l'empêcha pas de continuer à célébrer la Messe. Il le fit, ces jours-là, avec une grande abondance de larmes, dont furent témoins quelques moines de Fossanova qui étaient venus le saluer à Maënza: le prieur dom Jacques de Ferentino, dom Pierre, du château de Montesangiovanni, dom Jean de Piedemonte et frère Fidèle de Ferentino (ou de Toscane) ([20]).

Thomas n'avait plus aucun appétit. Frère Réginald et le médecin Jean de Guido essayèrent en vain de trouver quelque chose qui lui fît plaisir ([21]). Finalement le malade exprima le désir de manger des harengs frais, poissons qu'il avait appréciés à l'étranger, mais qu'on connaissait à peine dans cette région. Juste à ce moment un pêcheur de Terracina se présenta; il cherchait à vendre des sardines et des harengs. La Providence avait eu cette attention pour son serviteur. Quand on les lui présenta, il n'osa d'abord les accepter, puis il invita tous ceux qui étaient là à en manger avec lui ([22]). Cet épisode nous a été transmis par l'abbé Nicolas, dom Pierre et Tocco.

Sur les instances du prieur cistercien, Frère Thomas consentit à raconter ce qui s'était passé quand il préparait son *principium* à l'université de Paris. C'est Frère Réginald qui désirait connaître ces détails, mais il avait préféré les faire demander par

l'a terrassé sur le chemin de Naples à Lyon». Cf. *Bulletin Thomiste* 2 (1925), pp. 17-20, n. 511.

([19]) *Purgatoire*, XX, 69. Cf.: SERAFINI, *L'Abbazia...*, p. 225; SCANDONE, *La vita...*, p. 33; E. VALDATA, *Ancora sulla morte di S. Tommaso*, in *L'Italia* du 29 juin 1927; MORTIER, *Histoire des Maîtres généraux...*, II, p. 94.

([20]) *Procès de Naples*, chap. 49-50; SERAFINI, *L'Abbazia...*, pp. 224 sq.

([21]) Tocco, chap. 56; *Procès de Naples*, chap. 50.

([22]) *Procès de Naples*, chap. 9, 50; Tocco, chap. 56.

le Père Prieur ([23]). On montre encore, au château de Maënza, la chambre de S. Thomas ([24]). Son séjour, d'ailleurs, ne s'y prolongea guère ([25]). Le malade, dont l'état empirait, et qui sentait venir sa fin, demanda à être transporté au monastère de Fossanova. «Si le Seigneur vient me visiter, dit-il, il aimera mieux me trouver dans une maison religieuse que dans une maison séculière» ([26]). On ne pouvait mettre obstacle à son désir. Il prit congé de ses parents et se hâta vers la maison de Dieu, distante de 10 kilomètres environ ([27]). Le voyage se fit à dos de mulet ([28]), en compagnie du prieur cistercien, de plusieurs moines et des frères dominicains ([29]).

L'abbaye cistercienne allait lui procurer les avantages de l'hospitalité bénédictine, de l'amitié et de la vie religieuse. On était encore au mois de février ([30]). Quand il franchit le seuil de la vénérable abbaye, «fille» de Hautecombe en Savoie, il fut reçu par l'abbé Théobald de Ceccano, par le père sous-prieur, âgé et presque aveugle, dom Jean de Ferentino, peut-être par l'économe, dom Jean de Mola, et par les autres moines. Tous étaient remplis de respect et d'admiration pour lui ([31]). Le monastère tout entier est entouré d'une muraille. L'entrée principale s'ouvre sous un donjon massif. Sous la rosace de la façade de l'égli-

---

([23]) *Procès de Naples*, chap. 49.

([24]) MARTINORI, *Lazio turrito*, II, p. 6.

([25]) *Procès de Naples*, chap. 49; SCANDONE, *La vita*.... p. 32: Thomas voulut se remettre en route au bout d'une semaine environ de séjour à Maënza.

([26]) *Procès de Naples*, chap. 8, n° 80; *Bulle de canonisation* (*Fontes*, 522); Tocco, chap. 57; SCANDONE, *La vita*..., p. 32, suit aveuglément le récit de Tocco, tandis que SERAFINI, *L'Abbazia*..., p. 224, fait remarquer que le désir de Thomas de se faire porter à Fossanova n'avait rien d'impossible: tous deux auraient formulé un jugement plus exact s'ils avaient étudié le procès de canonisation.

([27]) *Procès de Naples*, chap. 8.

([28]) *Ibid.*, chap. 8, 80, 49; Tocco, chap. 62; selon le premier témoignage, il semble que tous avaient une monture, mais, d'après Tocco, Thomas était peut-être seul à voyager ainsi.

([29]) On montre encore, dans l'église du monastère de Fossanova, les empreintes des fers du mulet de S. Thomas! Une brève inscription renseigne même les visiteurs. Cf. MARTINORI, *Lazio turrito*, I, pp. 240 sq.

([30]) *Procès de Naples*, chap. 10; au chap. 8: au temps du carême.

([31]) SERAFINI, *L'Abbazia*..., pp. 275, 281.

se conventuelle brillait, dans une mosaïque éclatante, le nom du fondateur, l'empereur Frédéric I Barberousse. Thomas salua les moines, alla se prosterner à l'église devant le Saint-Sacrement et pénétra dans la clôture. A peine entré dans le parloir ou dans la salle du chapitre, non loin du chœur de l'église ([32]), il dit à ceux qui l'entouraient ces paroles du psalmiste: «C'est ici mon repos à tout jamais; là je siégerai, car je l'ai voulu» ([33]). Puis on le conduisit dans la chambre qu'on lui avait préparée. Tocco dit que l'abbé lui céda sa propre cellule, mais une autre tradition rapporte qu'on lui donna la meilleure chambre de l'hôtellerie. Ne pourrait-on risquer l'hypothèse suivante: les abbés de Fossanova, afin de jouir de la liberté nécessaire à leur charge, auraient, au 13° siècle, abandonné leur résidence à l'intérieur de la clôture et se seraient installés dans la nouvelle construction adossée à l'hôtellerie ([34]).

Malgré tous les soins, les forces du malade déclinaient rapidement ([35]). Il s'efforçait de ne déranger les moines que le moins possible et donnait à tous l'exemple d'une patience admirable ([36]), de la douceur, de l'humilité et d'une bonté inaltérable ([37]). Les religieux le servaient d'ailleurs avec beaucoup de vénération et de charité ([38]). Ce qu'on a exprimé ainsi: «Ils allaient chercher pour lui du bois à la forêt et le rapportaient sur leurs propres épaules; car il n'eût pas convenu de confier à des animaux ce qui était destiné à un homme d'une si grande vertu» ([39]).

Thomas, confus de toutes ces attentions, voulut remercier par quelques bonnes paroles. Alors, sur les instances de plu-

---

([32]) Tocco, chap. 57; *Procès de Naples*, chap. 15 et 49.

([33]) *Psaume 131*, v. 14; *Procès de Naples*, chap. 8, 15, 49, 80; Tocco, chap. 57; *Bulle de canonisation* (*Fontes*, 522).

([34]) SERAFINI, *L'Abbazia...*, pp. 283 (1), 225, 223.

([35]) *Procès de Naples*, chap. 49; *ibid.*, chap. 80: «pluribus diebus»; Tocco, chap. 52: «pluribus diebus gravatus amplius infirmitate»; *Procès de Naples*, chap. 8: «ubi (Fossaenovae) jacuit infirmus per mensem».

([36]) *Bulle de canonisation* (*Fontes*, 522).

([37]) *Procès de Naples*, chap. 15, 49, 80.

([38]) *Ibid.*, chap. 8.

([39]) *Bulle de canonisation* (*Fontes*, 522); *Procès de Naples*, chap. 8, 10, 15; Tocco, chap. 57; *XTh*, III, p. 180.

sieurs moines, il se mit à commenter brièvement le *Cantique des Cantiques* ([40]). Ce chant de l'âme qui désire voir et aimer son Dieu exprimait justement les élans de son cœur. Puis il fit une confession générale à son confesseur habituel, frère Réginald ([41]), et demanda lui-même à recevoir le Saint Viatique; on le lui donna solennellement le 4 ou le 5 mars ([42]). L'abbé en personne portait le ciboire ([43]), entouré des religieux cisterciens, de plusieurs frères mineurs ([44]) qui étaient venus avec l'évêque franciscain de Terracina Francesco ([45]), et de nombreux frères prêcheurs qui, à l'annonce de la maladie, étaient accourus des couvents les plus proches, Anagni et Gaète ([46]). Alors Thomas se leva, se prosterna à terre, dans une longue adoration ([47]), et, au milieu de ses larmes fit sa profession de foi et la déclaration suivante: «Je te reçois, prix de mon salut; pour ton amour, j'ai étudié, veillé, travaillé; je remets au jugement de la Sainte Église Romaine tout ce que j'ai enseigné ou écrit sur le Sacrement du Corps du Christ et les autres sacrements» ([48]).

Le jour suivant, il reçut l'extrême-onction, répondant lui-même aux prières rituelles ([49]). Et le lendemain mercredi 7

([40]) Tocco, chap. 57; GRABMANN, *Die Werke...*, pp. 254-255, 461.

([41]) Tocco, chap. 63; *Fontes*, 521; *Procès de Naples*, chap. 49; XTh, III, p. 51.

([42]) Tocco, chap. 58, 59; *Bulle de canonisation* (*Fontes*, 523); XTh, III, pp. 180 sq. DE GROOT, *Het leven...*, p. 376, opine pour le 4 mars. Mais puisque Thomas vécut encore trois jours après avoir reçu les derniers sacrements (*Procès de Naples*, chap. 49), le premier de ces trois jours pourrait être le 5 mars, en comptant à la manière ancienne. On peut naturellement supposer que la confession générale au P. Réginald eut lieu un jour qui précédait la réception du Saint Viatique. Cf. Tocco, chap. 63; *Procès de Naples*, chap. 58.

([43]) Tocco, chap. 58.

([44]) *Procès de Naples*, chap. 49; *Bulle de canonisation* (*Fontes*, 523).

([45]) Tocco, chap. 62; EUBEL, *Hierarchia...*, I, 479.

([46]) Tocco, chap. 62; *Procès de Naples*, chap. 51.

([47]) *Procès de Naples*, chap. 10, 80; Tocco, chap. 58.

([48]) *Procès de Naples*, chap. 49, 27, 80; Tocco, chap. 58; *Bulle de canonisation* (*Fontes*, 523). On notera cette remarque du P. Petitot: «Parmi les docteurs de l'Eglise, sans en excepter S. Bernard, Thomas fut l'un des plus favorisés de cette tendresse particulière de la dévotion qui se traduit par les larmes»; in *Saint Thomas d'Aquin*, pp. 128-129.

([49]) *Procès de Naples*, chap. 49; Tocco, chap. 58: «post (unctionem extremam) paululum autem suum spiritum domino reddidit».

mars 1274 ([50]), très tôt le matin, il rejoignit Celui qu'il avait aimé et servi avec toute la force et la pureté de son âme. On montre encore, derrière la grande abside de l'église Sainte-Marie de Fossanova, dans ce qui subsiste de l'ancienne hôtellerie, la petite chambre où le Saint rendit le dernier soupir. Au 16° siècle le cardinal commendataire Aldobrandini la fit agrandir de la chambre voisine et on la transforma en chapelle. Un haut-relief de l'école du Bernin décore l'autel. Sur un mur latéral on peut lire ces vers d'un humaniste, dont l'emphase n'a rien de thomiste:

Thomas s'éteint ici. Alors tout s'illumine.
Et par lui Fosse-Neuve devient un candélabre.
C'est un haut-lieu, ce n'est plus une Fosse,
Car cette lampe ardente l'a rendue vraiment Neuve ([51]).

Thomas, qui avait passé sa vie à faire du bien et à accomplir des merveilles, agit de même après sa mort. Au contact de son corps vénérable qui gisait sur la couche funèbre, le sous-prieur de l'abbaye, dom Jean de Ferentino, qui était presque aveugle, recouvra la vue. Ce miracle insigne fut attesté par François, évêque de Terracina, par plusieurs frères mineurs et par une centaine de moines cisterciens ([52]). D'autres prodiges suivirent la mort de l'Aquinate. Un pieux ermite de la contrée, au moment où Thomas expirait, vit une étoile briller sur le monastère de Fossanova et deux autres étoiles descendre à sa rencontre et l'emporter au ciel ([53]). On raconte aussi qu'Albert le Grand ([54]), qui était alors à Cologne, et le P. Paul d'Aquila, lecteur domini-

---

([50]) Tocco, chap. 65; *Procès de Naples*, chap. 10, écrit: «nono martii» au lieu de «nonis martii».

([51])   Occidit hic Thomas lux ut foret amplior orbi
                 Et candelabrum sic Nova Fossa foret.
                 Editus ardenti locus et non fossa lucerna
                 Hanc igitur Fossam quis neget esse Novam ?
Cf. SERAFINI, *L'Abbazia...*, pp. 283 (1), 225, 223.

([52]) *Procès de Naples*, chap. 51; Tocco, chap. 61; SERAFINI, *L'Abbazia...*, p. 250.

([53]) *Procès de Naples*, chap. 75; Tocco, chap. 59, attribue cette vision à un moine cistercien.

([54]) *Procès de Naples*, chap. 67; SCHEEBEN, *Albert der Grosse*, pp. 109, 159.

cain à Naples ([55]), apprirent par révélation particulière le décès du Saint. Tocco parle également d'une apparition de Thomas au P. Rainier Maturo, alors au couvent d'Anagni.

Quand on transporta la dépouille de l'Aquinate de la chambre mortuaire à l'église abbatiale, une scène émouvante interrompit la psalmodie des moines. La nièce de Thomas, Françoise de Ceccano, n'avait pu franchir la clôture pour revoir son oncle; mais elle avait obtenu que son corps fût conduit pendant quelques instants à la porte du monastère. Là elle put donner libre cours à sa douleur et à son affection ([56]).

Les obsèques se déroulèrent avec une grande solennité dans l'église conventuelle. Outre l'évêque de Terracina et les religieux de S. Benoît, de S. François et de S. Dominique, on remarquait beaucoup de notables de la Campagne Romaine; Thomas y comptait, en effet, de nombreux parents et les autres avaient été attirés par la renommée de sa science, de ses miracles et de ses vertus ([57]). Après la cérémonie funèbre, les restes de l'Aquinate furent enterrés près de l'autel majeur de l'église abbatiale ([58]). «Fossanova reçut alors l'écrin de ce trésor sans prix» ([59]). Puis, à la demande d'un moine, le P. Réginald de Piperno rappela, avec une grande émotion, la pureté et l'humilité du défunt ([60]). Il ne parla ni de sa science ni de ses œuvres.

Le corps de l'Aquinate fut préservé de la corruption pendant plusieurs décennies, fait d'autant plus remarquable qu'il était d'une corpulence très forte et que le lieu de la sépulture était

---

([55]) PTOLÉMÉE, *Hist. Eccl.*, XXIII, 9; TOCCO, chap. 60; TAURISANO, *I discepoli*, 123 (3); MONTI, *Da Carlo I a Roberto d'Angio*, p. 249.

([56]) TOCCO, chap. 62; SCANDONE, *La vita...*, p. 81. TOCCO (au même endroit) poursuit: «Quarum cum clamore gemitus cum longius personaret, mulus cui praedictus doctor insederat, de stabulo se, fracto fune, dissolvit et nullo ducente appropinquans ad feretrum, mortuus sine alia infirmitate defecit: ut etiam in animalibus Deus ostenderet quod magnum lumen ecclesiae defecisset».

([57]) TOCCO, chap. 62; SCANDONE, *La vita...*, p. 81.

([58]) *Procès de Naples*, chap. 8, 10, 20; *Bulle de canonisation* (*Fontes*, 524).

([59]) Hymne de Laudes de la fête de S. Thomas.

([60]) TOCCO, chap. 63 et 28; *Procès de Naples*, chap. 58; SCHEEBEN, *De Alberti Magni discipulis*, pp. 191 sq.

très humide ([61]). Craignant qu'on leur enlevât la dépouille de Thomas, les moines la transportèrent clandestinement, peu après les obsèques, dans la chapelle de S. Etienne, qui s'élevait assez loin de l'église, au sud du monastère ([62]). Dès l'automne 1274, ils la rapportèrent à sa première place ([63]). Un parfum merveilleux s'exhala alors du tombeau et du corps intact. Les moines jugèrent qu'il ne convenait pas de chanter la Messe *Requiem* comme à l'ordinaire; ils choisirent la messe des confesseurs. De vraies foules se rendirent d'ailleurs en pèlerinage à son tombeau et il s'y produisit de nombreux miracles ([64]). On ouvrit encore le cercueil en 1281 et en 1288: le corps était toujours en parfait état de conservation.

[61]) *Procès de Naples*, chap. 52; Tocco, chap. 61-68, surtout 66.
[62]) *Procès de Naples*, chap. 10; SERAFINI, *L'Abbazia...*, pp. 265 et 228.
[63]) *Procès de Naples*, chap. 8, 10, 16, 29, 52; Tocco, chap. 66; *Bulle de canonisation* (*Fontes*, 524).
[64]) *Procès de Naples*, chap. 53-55.

CHAPITRE XII

LE DOCTEUR ET LA DOCTRINE

Maître Thomas d'Aquin était de haute taille, de forte corpulence, de stature droite. Il avait le teint couleur de froment, la tête grande et un peu chauve (¹). «Plus ou moins bien copié et reconstitué, le portrait de Viterbe laisse voir un visage empreint d'une admirable puissance pacifique et pure; sous les arcs élevés et candides des sourcils, de tranquilles yeux d'enfant; des traits réguliers, un peu alourdis par l'embonpoint, mais affermis par l'intelligence, une bouche spirituelle aux belles courbes précises, et qui n'a jamais menti» (²).

Voué à la vie de l'esprit, il usait avec parcimonie des biens terrestres, se contentant du strict nécessaire. Il refusa toutes les dignités et n'eut d'autre ambition que de s'appliquer intensément à ses devoirs de religieux, de prêtre et de professeur. Il aimait le silence et fuyait les conversations inutiles. Pour se détendre, il se promenait dans le cloître ou le jardin, en poursuivant ses méditations (³). Ame de grande oraison, il a mérité d'être appelé «miro modo contemplativus» (⁴).

Fait remarquable, les visions de Thomas furent ordonnées à la manifestation de la vérité. C'est du ciel que lui vint le thème de son cours inaugural *Rigans montes,* de même que des éclaircissements sur les passages difficiles *d'Isaïe* et de S.

(¹) Tocco, chap. 38. Dom Nicolas de Piperno le dit «grossus et brunus»: cf. *Procès de Naples,* chap. 19.

(²) MARITAIN, *Le Docteur angélique,* p. 17.

(³) Tocco, chap. 29, 25; *Procès de Naples,* chap. 81.

(⁴) Tocco, chap. 43. — Sur la contemplation de S. Thomas, cf. CHENU, S. *Thomas d'Aquin et la théologie,* pp. 51-84.

Paul (⁵) «Nous sommes absolument persuadé que S. Thomas
d'Aquin a été intérieurement et, si l'on peut s'exprimer ainsi,
en profondeur, l'un des ascètes les plus mortifiés. Il n'en demeure pas moins vrai que cette mortification a été quelque
peu différente des pénitences accomplies par les saints dominicains contemporains. Point de cilice, de chaîne de fer, de disciplines, de macérations sanglantes, comme chez S. Dominique, chez les premiers Frères Prêcheurs. La légende même
est muette sur ce point... Et pourtant la légende est magnanime,
elle prête même à ceux qui ne sont pas très riches» (⁶).

Par contre, on se plaît à louer sa piété très vive pour Dieu
et pour le Seigneur Jésus, son recueillement profond pendant la
célébration de la Sainte Messe, sa dévotion pour les Saints, son
intense vie de foi; sa prudence (⁷), son respect et sa courtoisie
bienveillante (⁸) dans ses rapports avec ses proches, qui l'appelaient «le bon frère Thomas» (⁹). Ses parents trouvèrent toujours en lui affection et dévoûment (¹⁰), ses amis, noblesse et
fidélité. Il a peut-être révélé la règle de sa vie dans la formule célèbre: «Sicut enim majus est illuminare quam lucere solum, ita
majus est contemplata aliis tradere quam solum contempla-
ri» (¹¹).

L'âme de S. Thomas ne se laisse d'ailleurs pas facilement deviner. Les souvenirs de Réginald de Piperno, de Guillaume de
Tocco et de quelques autres témoins sont sans doute fort précieux. Mais il reste que l'Aquinate n'a pas eu un véritable biographe et n'a même pas laissé une correspondance où trans-
paraîtrait quelque chose de sa personnalité. Une certaine connaissance intime de S. Augustin ou de S. Anselme nous est possible; elle nous sera toujours refusée pour S. Thomas (¹²).

(⁵) Tocco, chap. 16, 17, 25, 31, 52 et 56; *Procès de Naples, passim.*

(⁶) Petitot, *Saint Thomas d'Aquin,* pp. 107-108.

(⁷) De Groot, *Het leven...,* p. 117.

(⁸) Dante, *Paradis,* XII, 110 sq.: *Tommaso fu si cortese*; XII, 143 sq.: *la infiammata cortesia di fra Tommaso.*

(⁹) Fr. Orestano, *Dante e «il buon Frate Tommaso»,* in *Sophia* 9 (1941), pp. 1-19.

(¹⁰) *Procès de Naples,* chap. 81.

(¹¹) *Somme théologique,* IIª IIᵃᵉ, q. 186, art. 6.

(¹²) Après Touron, des auteurs récents comme De Groot, Maritain, Petitot,

Par contre l'œuvre scientifique du saint docteur permet de tracer assez exactement son portrait intellectuel ([13]). Il faut noter en premier lieu sa passion pour la vérité. Il la cherche pour elle-même, sans préjugé d'école ni préoccupation subjective. Quand il la trouve, il la présente sans réticence. Il la défend avec fermeté et souffre patiemment les épreuves personnelles que lui valent ses positions doctrinales.

Sa méthode unit harmonieusement l'observation et la spéculation, l'analyse et la synthèse. Il tient ainsi le milieu entre l'empirisme positiviste et l'idéalisme ([14]). Sa manière d'exposer lui mérite rapidement une réputation de sobriété et de clarté ([15]). Il s'exprime dans une langue claire, précise et objective, tout intellectuelle, ce «latin discret» dont a parlé Dante ([16]).

Son esprit synthétique s'affirme de plus en plus au cours de sa carrière. Ses vues deviennent plus larges, plus lumineuses, plus compréhensives. Il semble même parvenir à une conception génétique de l'histoire.

Son sens de la tradition, servi par une mémoire prodigieuse, le conduit à une étude approfondie des grands auteurs, en particulier Aristote et les Pères latins ([17]). On connaît à ce propos le mot fameux de Cajetan ([18]), repris par l'encyclique Ae-

Deman, Puccetti, Taurisano, Grabmann, ont tenté le portrait spirituel de S. Thomas. Mais l'ouvrage le plus suggestif à ce point de vue est sans doute celui de M. D. CHENU, S. Thomas d'Aquin et la théologie, Paris, 1959.

([13]) GRABMANN, Thomas von Aquin, 8e édit., pp. 32-36; DTC, art. Thomas d'Aquin, col. 631-633 (GAGNEBET); CHENU, Introduction à l'étude de S. Thomas d'Aquin.

([14]) GRABMANN, Thomas von Aquin, 8e édit., p. 40.

([15]) Tocco, chap. 17; DE WULF, Histoire de la philosophie médiévale, II, p. 179: «Il est, de tous les scolastiques, celui qui explique le maximum d'un problème avec le minimum de notions».

([16]) Paradis, XII, 144; A. BACCI, Il latino di S. Tommaso, in l'Osservatore Romano du 4 mars 1945; MESNARD, L'éloge de S. Thomas par Laurent Valla, in Revue Thomiste, 1955, I, pp. 159-176.

([17]) I. M. VOSTÉ, De investigandis fontibus patristicis S. Thomae, in Angelicum 14 (1937), pp. 417-434, surtout p. 423; PETTERFY, in Theologia 7 (1940), pp. 64-71; GEENEN, Saint Thomas et les Pères, in DTC, article Thomas d'Aquin, col. 738-761; PASTOR, Histoire des Papes, XVIII, Paris (1936), pp. 157-159.

([18]) Comment. in II^{am} II^{ae}, q. 148, a. 4, in fine.

terni Patris: «Pour avoir assidûment cultivé les saints docteurs
qui l'ont précédé, il a, en quelque sorte, hérité de l'intelligence
de tous».

Mais un souci non moins vif des besoins intellectuels de
son époque fait de lui un novateur ([19]). «La nouveauté par ex-
cellence, préparée par quelques-uns des aînés de Thomas, avant
tout par Albert le Grand, mais dont l'accomplissement lui est
réservé, c'est l'intégration d'Aristote à la pensée catholique» ([20]).
«Cependant on souligne trop exclusivement, d'ordinaire, l'aristotélisme du maître, car c'est offenser la vérité historique que
de présenter le thomisme comme un aristotélisme intégral et
exclusif, ou même de l'expliquer par une option en faveur
d'Aristote contre Platon. A l'exemple de tous ses prédécesseurs,
Arabes et Latins, et guidé par des préoccupations analogues,
Thomas prolonge l'aristotélisme par des emprunts au néoplatonisme, et il professe comme eux un aristotélisme néoplatonisant... D'ailleurs le christianisme doit être compté sans contredit parmi les sources de la philosophie de S. Thomas... Enfin,
si les sources lointaines du thomisme peuvent être reconnues
et définies d'une manière assez aisée par l'observateur averti
et impartial, il n'en va pas de même pour les sources prochaines
de sa pensée: l'étude scientifique des rapports entre l'œuvre de
S. Thomas et celle de ses prédécesseurs immédiats est à peine
commencée, et elle réserve peut-être pas mal de surprises» ([21]).

Ce qu'il faut affirmer par-dessus tout, c'est l'originalité du
projet et de la pensée de S. Thomas: «Estimant que la Chrétienté ne possédait pas encore de philosophie digne de ce nom,
il s'est donné comme tâche d'en forger une, puis de repenser,
à sa lumière, tous les problèmes théologiques. Dépassant le
néoplatonisme de S. Augustin et toutes les variétés de l'aristotélisme néoplatonisant, plus ou moins électiques et plus ou
moins consistantes, qui s'étaient développées depuis le début

---

([19]) Tocco, chap. 14 et 39; Geyer, *Die patristische u. scholast. Philosophie,*
p. 427; De Wulf, *Histoire...,* II, pp. 153, 179; *Angelicum* 8 (1931), p. 186
(M. Tuyaerts).

([20]) Maritain, *Le Docteur angélique,* p. 24.

([21]) Forest-Van Steenberghen-de Gandillac, *Le mouvement doctrinal...,*
p. 257, ainsi que les ouvrages indiqués p. 258, note 1.

du 13ᵉ siècle, il a créé une philosophie nouvelle, la première philosophie vraiment profonde et vraiment originale qu'ait produite la civilisation chrétienne: il a créé le thomisme. En effet aucun vocable emprunté aux sources historiques de cette philosophie ne suffit à désigner la pensée éminemment personnelle qui s'y exprime» (²²).

Le caractère original de la philosophie thomiste a naturellement entraîné des prises de position personnelles en matière théologique. En sorte que le thomisme doit se comprendre comme l'ensemble cohérent des principales options de S. Thomas dans les grandes questions de la philosophie et de la théologie.

Mais le thomisme, c'est aussi le courant doctrinal qui a pris sa source et son nom dans l'œuvre et la pensée de Thomas. Avant 1300, il eut à lutter contre l'augustinisme, après 1300 contre le scotisme, mais en gardant de nombreux points communs avec ces deux écoles. Plus tard il entra en lice, trop faiblement d'ailleurs, contre le nominalisme; puis, à partir de 1600, contre le suarézisme. De nos jours, après la prise de position de l'Église, tous les ordres religieux et toutes les écoles se rangent par principe sous l'étendard de l'Aquinate, d'ailleurs sans renoncer totalement à leurs propres docteurs et à leurs traditions.

L'histoire du thomisme proprement dit, qui est principalement celui des dominicains, peut se diviser en quatre époques.

1. Le *thomisme primitif*, de 1274 à 1350 environ, caractérisé

(²²) Forest-Van Steenberghen-de Gandillac, *Le mouvement doctrinal...*, p. 253. Le P. Gauthier, *Contra Gentiles...*, pp. 122-123, aboutit, d'un autre point de vue, à la même conclusion: «C'est une étrange gageure que de voir, comme on l'a fait, dans la théologie de S. Albert et de S. Thomas l'épanouissement normal de l'«évangélisme» de l'ordre des frères prêcheurs, lui-même reflet spirituel de la révolution «démocratique» que fut le mouvement communal. Une génération d'historiens a pu s'enchanter de ces grandioses «synthèses». L'historien d'aujourd'hui, plus terre à terre peut-être, mais mieux averti de la complexité des faits, doit s'interdire rigoureusement ces blocages et ces anachronismes... Aucun conditionnement sociologique, aucun climat spirituel ne rendent compte de ce qui fut une option de l'intelligence, prise dans le secret de deux hautes individualités qui dominaient leur temps et le modelaient, plus qu'elles n'étaient modelées par lui».

par son attachement au Maître. Il se sépare pourtant de lui sur quelques points. On cite en particulier: Bernard de la Treille († 1292), Bernard d'Auvergne († 1304), Thomas de Sutton († vers 1315), Jean de Naples († 1350), Pierre de la Palu († 1342), Jean de Lichtenberg († 1313).

2. Le *haut thomisme,* de 1400 à 1550, caractérisé par la volonté de suivre totalement Thomas, mais qui souvent, parfois inconsciemment, subit déjà d'autres influences: celle d'Albert le Grand, celle d'écrits apocryphes de l'Aquinate, même celle de quelques conceptions nominalistes. Il faut citer en premier lieu les trois grands: Jean Capreolus († 1444), le cardinal Cajetan († 1534) et Silvestre de Ferrare († 1528). Puis Dominique de Flandre († 1479), Pierre Nigri († 1482), Paul Barbo de Soncino († 1494), Pierre Crockart († 1514), Chrysostome Javelli († 1538), Conrad Köllin († 1536); l'école de Salamanque avec François de Vitoria († 1546), et les théologiens qui se distinguèrent au concile de Trente.

3. Le *thomiste post-tridentin,* système clos, avec des polémiques violentes contre les adversaires de l'École. Il faut citer: Dominique Bañez († 1604), Jean de Saint-Thomas († 1644), Jean-Baptiste Gonet († 1681), Antoine Goudin († 1695), Vincent-Louis Gotti († 1742) et Charles-René Billuart († 1757).

4. Le *néo-thomisme* apparaît surtout depuis 1879. Il se caractérise par le retour aux textes et par une foule de travaux historiques excellents. Des religieux de tous ordres, des prêtres séculiers, des laïcs, rejoignent les dominicains. Le *Docteur commun* est enfin devenu le chef d'une *Ecole commune,* au moins quant à l'essentiel [23].

La palme revient au néo-thomisme pour les recherches his-

[23] Les principaux artisans du mouvement thomiste contemporain ont été mentionnés tout au cours de cet ouvrage. On trouvera, à la fin du volume, une liste récapitulative de leurs noms et de leurs travaux les plus marquants. — On pourra consulter: F. Card. Ehrle, *Zur Enzyklika «Aeterni Patris»,* Rome, 1954; F. Van Steenberghen, *L'interprétation de la pensée médiévale au cours du siècle écoulé,* in RPL, février 1951, pp. 108-119; *La lecture et l'étude de saint Thomas. Réflexions et conseils, ibid.,* août 1955, pp. 301-320; *L'avenir du thomisme, ibid.,* mai 1956, pp. 201-218; O. Lottin, *Comment utiliser et interpréter S. Thomas d'Aquin,* in *Ephem. Theol. Lovan.* 36 (1960), pp. 57-76.

toriques. Pour la spéculation, elle doit aller au haut thomisme. Quant au thomisme primitif, il mérite la plus grande attention et, heureusement, le nombre des manuscrits de cette époque qu'on publie est de plus en plus élevé. Il faut s'en réjouir, car ces documents sont très proches de l'Aquinate tant pour la manière d'envisager les problèmes que pour la terminologie.

Mais le meilleur thomiste reste toujours Thomas lui-même. Rien n'est plus connu que cet aphorisme: *Thomas optimus sui interpres*. Celui qui prend la peine de comparer les nombreux passages parallèles ne risque guère de se tromper. Par contre, il peut arriver qu'on parvienne ainsi, sur tel ou tel point, à des résultats qui s'écartent considérablement de ce qu'on écrit couramment dans les manuels. En tout cas, on ne saurait espérer connaître vraiment l'opinion de S. Thomas sur une thèse donnée en se contentant d'étudier quelques ouvrages *ad mentem Sancti Thomae*, ou de lire simplement quelques articles de l'Aquinate, surtout dans une traduction. Celui-là même qui possède une grande familiarité avec sa langue et son univers de pensée, (ce qui exige de longues études et beaucoup plus qu'une connaissance ordinaire du latin), éprouvera encore beaucoup de peine. Thomas vivait au 13ᵉ siècle, il avait d'autres conceptions que nous, les problèmes se posaient d'une manière partiellement différente. Sa clarté même peut aveugler, car, les grands interprètes de Thomas ne cessent de le dire, on peut avoir lu dix fois une phrase de lui, on y découvrira toujours de nouveaux trésors. Sans la moindre emphase, il exprime de l'éternel. Le mot le plus simple a été choisi par un penseur qui pénétrait très profondément son sujet et qui supposait connu ce qu'il en avait déjà écrit ailleurs ou ce qui lui semblait aller de soi, alors que le lecteur actuel n'en est pas à ce stade. L'Aquinate a atteint un degré de profondeur où Aristote et Augustin eux-mêmes ne sont pas parvenus. C'est pourquoi il captive toujours ceux qui s'intéressent à la philosophie et à la théologie. C'est pourquoi également, après 700 ans, le thomisme ouvre encore des horizons nouveaux et surprenants, prolongeant son influence à travers les siècles.

CHAPITRE XIII

GLOIRE POSTHUME

Les œuvres de Thomas suffisent à prouver sa science. Ses élèves et ses confrères se sont employés à conserver le souvenir de sa vie et de sa sainteté. En particulier, le P. Réginald de Piperno, le P. Jean del Giudice, le P. Guillaume de Tocco, le P. Albert de Brescia, le savant P. Ptolémée de Lucques et le P. Bernard Gui.

En 1294, les couvents dominicains situés dans le royaume des Deux-Siciles se détachèrent de la province romaine et formèrent une province indépendante. En 1317, le chapitre provincial de Gaète décida d'introduire la cause de canonisation de l'Aquinate (¹). Munis des informations nécessaires et des lettres de postulation, les Pères Robert de San Valentino et Guillaume de Tocco se rendirent à Avignon, où le pape Jean XXII († 1334) leur donna audience. Des motifs politiques aussi bien que religieux inclinèrent ce pape français à accueillir avec faveur un projet qui concernait un sujet des rois angevins. Lorsque Dieu veut glorifier ses saints, il n'hésite pas à tirer parti de toutes les circonstances propices.

Une première enquête sur la vie et les miracles de Thomas fut menée par une commission cardinalice. Puis, le 18 septembre 1318, on constitua une commission d'enquête à Naples où, le 21 juillet 1319, un tribunal ecclésiastique spécial commença l'audition de 42 témoins, dominicains et cisterciens pour la plupart, avec quelques séculiers et laïcs. Le procès-verbal en fut

---

(¹) WALZ, *Historia canonizationis...*, pp. 118-121; F. BOCK, *Studien zum politischen Inquisitionsprozess Johanns XXII*, in *Quellen u. Forschungen aus ital. Archiven u. Bibliotheken* 26 (1935-1936), pp. 59 sq.; IDEM, *Kaisertum, Kurie*, p. 171 et passim.

porté à Avignon par ordre du Pape et remis aux examinateurs,
par Guillaume de Tocco (²). Une enquête supplémentaire eut
lieu à Fossanova en novembre 1321 (³). Pour l'examen de la
doctrine du saint docteur, on utilisa, outre ses nombreux écrits,
les *Concordantiae dictorum fratris Thomae* composées par Benoît d'Asinago ou, comme le veut le P. Pelster, par Thomas de
Sutton, vers 1290 (⁴).

Quand tous ces examens furent achevés, Jean XXII tint un
consistoire, le 14 juillet 1323. L'ordre dominicain, quelques
évêques et le roi Robert de Naples y présentèrent d'ultimes
suppliques pour la canonisation. Celle-ci fut célébrée solennellement le 18 juillet 1323 en présence du Roi et de la Reine
de Naples, d'un grand nombre de séculiers, de réguliers, de notables (parmi lesquels Thomas de San Severino, neveu de S.
Thomas) et d'une multitude de fidèles (⁵). Le maître général
des dominicains était alors le français Hervé de Nédellec. La
bulle de canonisation *Redemptionem misit* rappela ces événements mémorables (⁶). La fête du saint fut fixée au 7 mars, jour
de sa mort. Des indulgences furent accordées à ceux qui le
prieraient. En 1368, sur l'ordre d'Urbain V, son corps fut transporté à Toulouse. Ses confrères lui élevèrent en 1629 un sarco-
phage somptueux, placé dans un monument grandiose, mais
qui fut détruit en 1799. Depuis ce moment, les saintes reliques
se trouvent dans la collégiale de Toulouse, la splendide église
romane de Saint-Sernin (⁷). La Providence a permis que ses restes mortels trouvent asile là où, cent cinquante ans après son

---

(²) WALZ, *Historia canonizationis...*, pp. 103-105; MANDONNET, *Histoire de
la canonisation de S. Thomas d'Aquin*, in *Mélanges Thomistes* (Paris-Le Saulchoir, 1923), pp. 1-48; TAURISANO, *Tre documenti inediti su S. Tommaso*, in
S. Tommaso-Miscellanea, pp. 303, 321-323; SCHEEBEN, *Zur Geschichte der Ver-
ehrung des hl. Thomas von Aquin*, in *Angelicum* 15 (1938), pp. 286-294.

(³) WALZ, *Historia canonizationis...*, pp. 133-139; *Fontes*, pp. 265-407.

(⁴) WALZ, *Historia canonizationis...*, pp. 139-142; *Fontes*, pp. 409-510; *AFP*
11 (1941), pp. 83-84.

(⁵) WALZ, *Historia canonizationis...*, p. 144; TAURISANO, *Tre documenti inediti...*, pp. 317, 321, 141.

(⁶) WALZ, *Historia canonizationis...*, pp. 143-154; *Fontes*, pp. 511-518; *XTh*,
III, pp. 173-188; *Fontes*, pp. 519-530.

(⁷) WALZ, *Historia canonizationis...*, pp. 154-156.

trépas, son plus fidèle commentateur, Jean Capreolus († 1444), mettrait sa pensée à l'abri de toute contrefaçon passée et à venir.

Ceci nous conduit à observer la fortune ultérieure du thomisme, aussi violemment combattu que sincèrement admiré pendant la vie du saint docteur. Ses élèves et ses partisans conservèrent, recommandèrent et défendirent le patrimoine intellectuel du maître, à l'intérieur et à l'extérieur de l'ordre dominicain. Nous avons vu plus haut qu'une école thomiste ne tarda pas à se constituer et à prospérer ([8]). Les chapitres généraux dominicains de Milan (1278), Paris (1279 et 1286), Pérouse (1308), Saragosse (1309), Metz (1313), Londres (1314), Bologne (1315) attirèrent l'attention sur la doctrine de l'Aquinate ([9]). Un théologien de la plus haute réputation, Godefroy de Fontaines, demanda, dans un célèbre quodlibet de 1295, qu'on retire de la liste des thèses proscrites par Etienne Tempier en 1277, celles qui concernaient certaines doctrines de Thomas ([10]). Le 14 mai 1324, l'évêque de Paris Etienne de Bourret annula la condamnation de 1277 dans la mesure où elle atteignait la doctrine de l'Aquinate ([11]). L'école thomiste pouvait se développer avec plus de sécurité, puisque Thomas était canonisé.

Thomas fut appelé dès 1312 *Doctor communis* ([12]), titre que reprit Pie XI et qui, depuis lors, a rencontré plus de faveur que le titre de *Doctor angelicus,* né à la fin du 15e siècle ([13]). Le 11 avril 1567, S. Pie V, pape dominicain, le proclama docteur de l'Eglise ([14]). Le 4 août 1879, dans l'encyclique *Aeterni Patris,*

([8]) GRABMANN, *Storia...,* pp. 136-146; UEBERWEG-GEYER, DE WULF, GILSON, etc.

([9]) *MOPH,* III, pp. 169, 204, 235; IV, pp. 38 sq., 64, 72 sq., 81, 83.

([10]) HOFFMANS, *Les Quodlibets onze et douze de Godefroid de Fontaines, Texte inédit* (Les Philosophes Belges, V, fascic. 1-2, 1932), pp. 100-105.

([11]) WALZ, *Historia canonizationis...,* pp. 160-163.

([12]) WALZ, *ibid.,* p. 162; J. KOCH, *Philosophische u. theologische Irrtumlisten von 1270-1329,* in *Mélanges Mandonnet,* II, p. 328, n. 2. Voir aussi: A. DONDAINE, *Venerabilis doctor,* in *Mélanges offerts à Etienne Gilson* (Toronto-Paris, 1959), pp. 211-225.

([13]) WALZ, *Historia canonizationis...,* p. 164.

([14]) *BOP,* V (1733), pp. 155 sq.; PASTOR, *Histoire des Papes;* BERTHIER, *S. Thomas «Doctor Communis»,* pp. 97-99.

le pape Léon XIII fit le plus vif éloge de sa personne et de sa doctrine; puis, le 4 août 1880, il l'établit patron de toutes les écoles catholiques ([15]). Le nouveau droit canonique, entré en vigueur en 1918, parle à deux reprises de sa doctrine. L'article 589, 1°, impose aux réguliers au moins deux années de philosophie et quatre années de théologie, selon la doctrine de S. Thomas: *doctrinae D. Thomae inhaerentes*. L'article 1366, 2°, est ainsi rédigé: Les professeurs (des séminaires) doivent organiser les études de philosophie rationnelle et de théologie, ainsi que la formation des élèves en ces disciplines, selon la méthode, la doctrine et les principes du Docteur angélique».

Face à divers courants de pensée, des documents ecclésiastiques récents ont exalté Thomas et l'ont maintenu à sa place primordiale: le Motu proprio *Doctoris Angelici* de S. Pie X en 1914; l'encyclique *Studiorum ducem* de Pie XI en 1923 ([16]) et, en 1931, la constitution apostolique *Deus scientiarum Dominus* sur l'organisation de l'enseignement supérieur ecclésiastique ([17]); l'encyclique *Humani Generis* de Pie XII en 1950. S. Pie X avait ordonné que les facultés de théologie utilisent la *Somme théologique* comme texte de base. Enfin les 24 thèses thomistes, rédigées par le P. Mattiussi S. J. à Fiesole, méritent une mention particulière, puisqu'elles ont été publiées par l'organe officiel du Saint-Siège ([18]). Nous sommes donc bien loin de l'appréciation de Peckam: «Thomas a rempli d'idoles la maison de

---

([15]) *Acta Leonis XIII, I*, (Rome, 1881), pp. 255-284; BERTHIER, *S. Thomas «Doctor Communis»*, pp. 178-211; SCHMIDLIN, *Papstgeschichte der neueren Zeit* (Munich, 1934), II, pp. 393-396; WALZ, *Il Tomismo tra il 1800 e il 1879*, in *Angelicum* 20 (1943), pp. 323-326; L. DE RAEYMAEKER, *Les origines de l'Institut supérieur de philosophie de Louvain*, in *RPL*, novembre 1951, pp. 505-633, surtout 505-508; FOUCHER, *La philosophie catholique en France au 19° siècle*, 1955, pp. 237-268; R. TAMBUYSER, *L'érection de la chaire de philosophie thomiste à l'Université de Louvain*, in *RPL*, août 1958, pp. 479-509.

([16]) *Acta Ap. Sedis* 15 (1923), pp. 309-326; *La Civiltà Cattolica* 74 (1923), III, pp. 209-218; LAVAUD, *S. Thomas «Guide des études»* (Paris, 1925): WALZ, *Studi domenicani*, pp. 130-147.

([17]) *Acta Ap. Sedis* 23 (1931), pp. 241-262, surtout 253.

([18]) Pour la question des «vingt-quatre thèses», on peut consulter: R. GARRIGOU-LAGRANGE, *La synthèse thomiste*, pp. 580-599; *DAFC*, article *Thomisme* (d'Alès), surtout col. 1667-1669 et 1680-1694; L. DE RAEYMAEKER, *Introduction à la philosophie*, 1944, pp. 177-180.

Dieu». Et d'ailleurs, contrairement à ce qui s'est passé au cours
des trois siècles précédents, certains milieux non-catholiques
contemporains font eux-mêmes grand cas de la pensée thomiste ([19]).

Selon les directives de l'Eglise, Thomas est le maître par ex-
cellence, aussi bien en philosophie qu'en théologie spéculative. Gardons-nous toutefois de fausser la portée des déclara-
tions pontificales. Les écrits de Thomas ne sont pas une nouvelle Bible; aucun d'eux ne jouit de l'inspiration ni de l'iner-
rance. Les Papes récents ont déclaré à plusieurs reprises que
leurs éloges de Thomas n'entendaient pas supprimer la liberté
dans les questions qui sont traditionnellement disputées par les
penseurs catholiques. Leur intention vise l'attitude fondamen-
tale de l'Aquinate. L'Église n'a pas fait de pacte avec l'augustinisme, ni avec le nominalisme, ni avec le cartésianisme. Elle
a fait un pacte avec Thomas d'Aquin. On répond pleinement
à son intention lorsque, sur un point précis, «particulièrement
en métaphysique» (Léon XIII), on le suit aussi longtemps que
l'opinion contraire n'est pas fermement établie. Mais pas davantage. En ce sens, l'Église préfère Thomas à tout autre, ancien ou récent. «*Ite ad Thomam*», disait Pie XI.

Cette caution de l'Église donne tout son sens à la parole de
Jean de Saint-Thomas: «majus aliquid in Thoma quam Thomas
suscipitur et defenditur»: en recevant et en défendant Thomas
on reçoit et on défend quelque chose de plus grand que lui.

([19]) Voir l'intéressant article de F. VAN STEENBERGHEN, in *RPL*, février
1951, pp. 108-119: *L'interprétation de la pensée médiévale au cours du siècle
écoulé.*

CHAPITRE XIV

LES ŒUVRES DE SAINT THOMAS

Au cours de ce volume, les principaux ouvrages de S. Thomas ont été énumérés et présentés. Le lecteur se demande sans doute encore si aucune de ses œuvres ne s'est perdue, quelle est la condition de celles qui nous sont parvenues et s'il n'existe pas des apocryphes.

Rien ne nous permet d'affirmer avec certitude qu'un seul des écrits de Thomas soit perdu; on garde cependant quelques doutes à cet égard. Ses ouvrages, la plupart sous forme de copies, nous sont parvenus en bonne condition pour l'essentiel, mais avec de nombreuses fautes sur des points secondaires. Des apocryphes se sont glissés dans la liste, pendant tout le 14ᵉ siècle. Mais les chercheurs les ont identifiés depuis longtemps. Une quinzaine seulement demeurent l'objet de contestations. Les principaux travaux concernant l'authenticité des écrits de S. Thomas sont dus au P. Jacques Echard [1], au P. Pierre Mandonnet [2] et à Mgr Martin Grabmann [3].

Les premiers disciples de l'Aquinate, et d'abord Réginald de Piperno et des maîtres de l'université de Paris, se préoccupèrent d'assurer la transmission authentique de ses écrits. A la fin du

[1] Dans son ouvrage *Scriptores Ordinis Praedicatorum*, I, pp. 233 sq., qui donna le signal aux précieux travaux de Bernard De Rubeis, Thomas Soldati, Pierre-Antoine Uccelli et autres. Cf. GRABMANN, *Die Werke...*, pp. 19-57.

[2] Dans son ouvrage *Des écrits authentiques de S. Thomas d'Aquin*, qui apporta à la discussion le critère nouveau du «catalogue officiel» (cf. pp. 27-44), critère dont Mgr Grabmann a examiné la valeur dans *Die Werke des hl. Thomas von Aquin*, pp. 58-91.

[3] Son principal ouvrage sur cette question est celui qui vient d'être cité à la note précédente. La dernière édition est la plus récente étude d'ensemble sur ce problème.

13ᵉ siècle et au commencement du 14ᵉ parurent des listes ou
catalogues qui les énuméraient, soit en les classant par catégories, soit par mode de simple inventaire. Nous connaissons,
par exemple, un catalogue que Barthélemy de Capoue inséra
dans les actes du procès de canonisation. Le P. Mandonnet l'a
appelé le «catalogue officiel» et a désigné Réginald de Piperno
comme son auteur. Ce catalogue mentionne 70 œuvres, en y
incluant les *reportationes* et 25 *opuscules*. Il faut toutefois remarquer que ce répertoire inscrit toutes les *questions disputées*
sous un seul numéro, alors que des travaux, souvent rangés
parmi les opuscules, sont classés à part, par exemple les deux
commentaires sur Boèce et le commentaire sur Denys; enfin
certains opuscules sont omis. Le catalogue postérieur de Ptolémée de Lucques, composé avant 1317, mentionne 32 opuscules
au lieu de 25; plusieurs sont d'ailleurs contestés. Le catalogue
d'un manuscrit parisien, attribué à la fin du 13ᵉ siècle, indique
37 opuscules (⁴). Le catalogue de Stams, *Tabula scriptorum ordinis Praedicatorum,* composé après 1314 (Grabmann) mais
avant 1324 (Mandonnet), ainsi que le catalogue de Bernard
Gui, qui date à peu près de la même époque, mentionnent 40
opuscules: plusieurs sont apocryphes, tandis que certains authentiques font défaut.

On le voit, les discussions sur l'authenticité ne concernent
que des opuscules. Les premières éditions, à la fin du 15ᵉ siècle, n'en contenaient pas moins de 73. La première édition
complète des œuvres du Saint, en 1570, les reprit tous, en
émettant, çà et là, des doutes sur l'authenticité. La critique récente réduit à 37 le nombre des opuscules certainement authentiques, sans inclure en ce chiffre les commentaires de Boèce,
de Denys et du *De causis*. Quinze sont encore contestés: sur
ce nombre, six le sont par tous, les neuf autres sont considérés
comme authentiques par Grabmann († 1949) et Pelster (†1956),
mais rejetés par Mandonnet (†1936).

Enfin il est établi que S. Thomas a laissé inachevés une douzaine de ses ouvrages. Certains ont été achevés par des con-

---

(⁴) *Paris, Nat. Lat.* 14546. — Pour le problème des opuscules, consulter:
G. F. ROSSI, *Antiche e nuove edizioni degli opuscoli di S. Tom. e il problema
della lora autenticità* (Plaisance), 1955.

temporains, en particulier Pierre d'Auvergne en Ptolémée de
Lucques.

Nous possédons encore l'autographe de quelques œuvres,
comme nous l'avons indiqué çà et là ([5]). Mais cela ne signifie
pas qu'il s'agisse du texte définitif. Thomas peut avoir fait lui-
même des corrections ou des transformations importantes sur
une copie, ce qui se pratiquait alors couramment. On devine
combien la tâche des critiques est difficile.

La première édition complète des œuvres de S. Thomas fut
imprimée à Rome, en 1570-1571, sur l'ordre du pape dominicain O. Pie V. d'où son nom: la *Piana*. Son texte est en général
de grande valeur. D'autres éditions suivirent: à Venise (1° en
1593-94, 2° en 1745-88), à Lyon (en 1595), à Anvers (en 1612),
à Paris (1° en 1636-41, 2° en 1871-72), à Parme (en 1852-73).
La dernière édition parisienne, celle de Vivès (en 1871-72) comprend 32 volumes, plus deux volumes de tables. Comme toutes
ces éditions étaient introuvables dans le commerce, une re-
production photo-lithographique de l'édition de Parme a été
entreprise en Amérique par la maison Musurgia (New-York,
1948 et suivantes) ([6]).

Sur le désir de Léon XIII, un groupe de savants ([7]) travaille,
depuis 1880, à une édition critique, appelée la *Léonine*, qui,
malheureusement, est loin d'être achevée ([8]). Les deux der-

---

([5]) Voir principalement: GRABMANN, *Die Werke...*, pp. 418-446.

([6]) Cf. *RPL*, août 1950, p. 419.

([7]) A l'origine, ils étaient pour la plupart dominicains; depuis 1892 ils le
sont tous.

([8]) De 1882 à 1948, 16 volumes ont paru. Ils contiennent: les commentaires sur le *Perihermeneias*, les *Seconds Analytiques*, la *Physique*, le *De caelo
et mundo*, le *De generatione et corruptione*, les *Météorologiques* — la *Somme Théologique* — la *Somme contre les Gentils* — les tables des deux Sommes. Le P. A. Dondaine a présenté, lors de la 8° rencontre de médiévistes à
Cologne, en 1957, un rapport très intéressant sur l'état actuel des travaux
de la Commission Léonine. La *RPL* de novembre 1957, p. 547, le résume
ainsi: «Pour mieux assurer le travail, trois centres ont été constitués. Le
premier fonctionne à Rome, au couvent de Sainte-Sabine: il s'est réservé
les écrits théologiques, les questions disputées et les questions quodlibétiques. Une autre équipe (cinq membres) a son centre à Ottawa: elle a pris
en charge les commentaires et les gloses scripturaires et publiera le 17°
volume de la collection vers la fin de 1958: le *Commentaire sur Job* (53

niers tiers de la *Somme théologique* et toute la *Somme contre les Gentils* constituent, dans cette édition, des chefs-d'œuvre de critique ([9]). En outre, on a publié ces dernières années, et chez divers éditeurs, des éditions critiques ou quasi-critiques de plusieurs œuvres de S. Thomas ([10]). Quant aux éditions non critiques, elles sont multiples et, naturellement, concernent surtout la *Somme théologique*.

Les traductions des œuvres de l'Aquinate sont nombreuses, surtout celles de la *Somme théologique*. Dès le 14ᵉ siècle on posséda des traductions en grec, en arménien, en allemand. Une traduction en chinois fut même faite au 17ᵉ siècle (nouvelle édition à partir de 1930). Toutes ces traductions, même les meilleures, qui sont les françaises, ne rendent la pensée de l'auteur qu'imparfaitement. Le recours au texte latin est donc indispensable et, finalement, le texte original est souvent plus clair qu'une traduction, même bonne ([11]). Nous rejoignons ainsi l'opinion d'un ancien dominicain, Henri de Lübeck (†1336): «venerabilis doctor Thomas de Aquino omnibus aliis cautius et melius scripsit».

manuscrits). Le Saulchoir (six membres) se charge des commentaires philosophiques, des opuscules et des œuvres mineures. Cette dernière équipe est déjà fort avancée dans la préparation de l'édition des *opuscules* et du *Commentaire sur l'Éthique*. La Commission espère publier un volume tous les trois ans et peut-être, dans l'avenir, tous les deux ans». — Pour l'histoire de la Léonine, consulter G. F. ROSSI, *Il quarto pioniere della Commissione Leonina, P. Clemente Suermondt*, in *Divus Thomas* (Plaisance), 1954, pp. 90-119. — Le tome 17, annoncé pour la fin de 1958, n'avait pas encore paru fin 1961, mais on assure qu'il sortira de presse incessamment.

([9]) Une édition manuelle de ces deux Sommes a été publiée pour la première chez Marietti en 1948, pour la seconde à Rome en 1934. Les introductions de ces éditions manuelles indiquent les imperfections dont souffre le texte de la Léonine malgré sa valeur.

([10]) On les indiquera plus loin dans la liste des œuvres de S. Thomas qui termine ce chapitre.

([11]) On aura tout avantage à lire l'article de F. VAN STEENBERGHEN, *La lecture et l'étude de S. Thomas, Réflexions et conseils*, in *RPL*, août 1955, pp. 301-320.

TABLES

LISTE DES ÉCRITS AUTHENTIQUES DE SAINT THOMAS

Nous classons les œuvres de S. Thomas selon leur genre littéraire. Pour chacune nous indiquons, à la suite du titre, la date présumée de la composition, les références aux pages du présent ouvrage, l'édition critique ou quasi-critique quand elle existe (sigle EC), l'édition manuelle quand elle existe (EM), et la traduction française la plus récente qui existe (TF). Les écrits dont l'authenticité reste encore discutée sont marqués d'un astérisque.

COMMENTAIRES SUR L'ÉCRITURE SAINTE (classés selon l'ordre de la Vulgate).
 — *In Job expositio* (1269-1272), pp. 96, 164.
 — *In psalmos Davidis lectura* (1272-1273), pp. 95, 182.
 — *In Isaiam prophetam expositio* (1256-1259), pp. 81, 95, 182, 185.
 — *In Jeremiam prophetam expositio* (1267-1269), pp. 81, 95.
 — *In Threnos Jeremiae prophetae expositio* (1267-1268), pp. 81, 95.
 — *In evangelium Matthaei lectura* (1271-1272), pp. 96, 98.
   EM: par R. CAI, chez Marietti, Turin, 1951.
 — *In evangelium Joannis expositio* (cap. I-V) *et lectura* (VI sq.) (1269-1272), pp. 96, 164.
   EM: par R. CAI, chez Marietti, Turin, 1952.
 — *Catena aurea* (seu *Glossa continua*) *super quattuor evangelia*.
   Super Matthaeum (1263-1264), *Super Marcum* (1265), *Super Lucam* (1266), *Super Joannem* (1267), pp. 96, 97, 105, 121.
   EM: par A. GUARIENTI, 2 vol., chez Marietti, Turin, 1953.
   TF: par l'abbé PÉRONNE, 8 vol., chez Vivès, Paris, 1868.
 — *In S. Pauli epistulas expositio* (*Rom.* et *I Cor.* I-X) (1272-1273) et *lectura* (*I Cor.* XI-*Hebr.*) (1259-1265), pp. 96, 98, 182.
   EM: par R. CAI, 2 vol., chez Marietti, Turin, 1953.
   TF: par l'abbé BRALÉ, 6 vol., chez Vivès, Paris, 1874.

COMMENTAIRES SUR ARISTOTE (classés selon l'ordre alphabétique des œuvres).
 — *In libros posteriorum Analyticorum expositio* (1269-1272), pp. 165-166.
   EC: tome I de l'édition léonine, Rome, 1882.
   EM: par R. M. SPIAZZI, chez Marietti, Turin, 1955.

— *In libros de Anima lectura* (in lib. I) (1268) *et expositio* (in lib. II et III) (1269), pp. 147, 165-166.
    EM: par A. Pirotta, chez Marietti, Turin, 1948.
    TF: par A. Thiéry, Louvain, 1923.

— *In libros de Caelo et Mundo expositio* (1272), p. 182.
    EC: tome III de l'édition léonine, Rome, 1886.
    EM: par R. M. Spiazzi, chez Marietti, Turin, 1952.

— *In decem libros Ethicorum expositio* (1270-1272), pp. 165-166.
    EM: par R. M. Spiazzi, chez Marietti, Turin, 1949.

— *In libros de Generatione et Corruptione expositio* (1272-1273), p. 182.
    EC: tome III de l'édition léonine, Rome, 1886.
    EM: par R. M. Spiazzi, chez Marietti, Turin, 1952.

— *In libros peri Hermeneias expositio* (1269-1272), pp. 165-166.
    EC: tome I de l'édition léonine, Rome, 1882.
    EM: par R. M. Spiazzi, chez Marietti, Turin, 1955.

— *In libros de Memoria et Reminiscentia expositio* (1271-1272), pp. 165-166.
    EM: par R. M. Spiazzi, chez Marietti, Turin, 1949.

— *In XII libros Metaphysicorum expositio* (1268-1272), pp. 165-166.
    EM: par R. M. Spiazzi, chez Marietti, Turin, 1950.

— *In IV libros Meteorologicorum expositio* (1269-1272), pp. 165-166.
    EC: tome III de l'édition léonine, Rome, 1886.
    EM: par R. M. Spiazzi, chez Marietti, Turin, 1952.

— *In VIII libros Physicorum expositio* (après 1268), pp. 165-166.
    EC: tome II de l'édition léonine, Rome, 1884.
    EM: par M. Maggiolo, chez Marietti, Turin, 1954.

— *In libros Politicorum expositio* (1269-1272), pp. 165-166.
    EM: par R. M. Spiazzi, chez Marietti, Turin, 1951.

— *In libros de Sensu et Sensato expositio* (1266-1272), pp. 165-166.
    EM: par R. M. Spiazzi, chez Marietti, Turin, 1949.

Commentaires sur Boèce (même principe de classement).

— *In librum Boethii de Hebdomadibus expositio* (1257-1258), p. 103.
    EM: par A. Verardo et R. M. Spiazzi, in *Opuscula theologica*, tome II, chez Marietti, Turin, 1954.

— *Super librum Boethii de Trinitate expositio* (1257-1258), pp. 103-104.
    EC: par B. Decker, chez Brill, à Leyde, 2ᵉ édition, 1959.
    EM: par A. Verardo et R. M. Spiazzi, in *Opuscula theologica*, tome II, chez Marietti, Turin, 1954.

Commentaire sur le De Causis.

— *In librum de Causis expositio* (1271-1272), p. 167.
    EC: par H. D. Saffrey, Fribourg et Louvain, 1954.
    EM: par C. Pera, P. Caramello et C. Mazzantini, chez Marietti, Turin, 1955.

COMMENTAIRE SUR DENYS.
— *In librum Beati Dionysii de Divinis Nominibus expositio* (1258-1265), pp. 132-134.
   EM: par C. PERA, P. CARAMELLO et C. MAZZANTINI, chez Marietti, Turin, 1950.

COMMENTAIRE SUR PIERRE LOMBARD.
— *Scriptum in IV libros Sententiarum magistri Petri Lombardi* (1252-1257), pp. 79, 85-88, 104, 144.
   EM: par P. MANDONNET et M.-F. MOOS, 4 vol. déjà parus, chez Lethielleux, Paris, 1929 à 1947.

QUESTIONS DISPUTÉES (classées par ordre alphabétique).
   EM: par R. M. SPIAZZI, 2 vol., chez Marietti, Turin, 1949.
— *De anima* (1269), pp. 147, 164.
— *De immortalitate animae* (authenticité probable).
— *De malo* (1269-1272), p. 164.
— *De opere manuali religiosorum* (1255-1256), (in *Quodl.* VII, art. 17-18).
— *De potentia* (1265-1268), pp. 139 et 140.
— *De pueris in religionem admittendis* (1271), (in *Quodl.* IV, art. 23-24).
— *De sensibus Sacrae Scripturae* (1256), (in *Quodl.* VII, art. 14-16).
— *De spiritualibus creaturis* (1267-1268), p. 147.
   EC: par L.-W. KEELER, Rome, 1938.
— *De unione Verbi Incarnati* (1272-1273), p. 164.
— *De veritate* (1256-1259 jusqu'à q. XXII, art. 10; la fin au cours des années suivantes), pp. 100-101, 140.
— *De virtutibus* (*in communi* et *cardinalibus, de caritate, de correptione fraterna, de spe*), (1269-1272), p. 164.

QUESTIONS QUODLIBÉTIQUES.
— *Quaestiones quodlibetales* (seu *de quolibet*) (I à VI: 1269-1272; VII à XI: 1256-1259; XII: 1270), pp. 101-103, 153-156.
   EM: par R. M. SPIAZZI, chez Marietti, Turin, 1949.

SOMMES.
— *Summa contra Gentiles* (lib. I, chap. 1-53: 1259; reliq.: 1259-1264), pp. 107, 108, 117, 126-128, 139.
   EC: tomes XIII-XV de l'édition léonine, Rome, 1918-1930.
   EM: Editio leonina manualis, Rome, 1934.
   EM: (avec le texte de la léonine) par C. PERA, P. MARC et P. CARAMELLO, 3 vol., chez Marietti, Turin.
   TF: (avec, en regard, le texte latin de la léonine), par A. GAUTHIER, R. BERNIER, M. CORVEZ, L.-J. MOREAU, M.-J. GERLAUD, F. KÉROUANTON, 4 vol., chez Lethielleux, Paris, 1951-1961.
— *Summa theologiae* (I: 1267-1268; II: 1269-1272; III: 1272-1273), pp. 107, 108, 140-144, 165, 182, 190.

EC: tomes IV-XII de l'édition léonine, Rome, 1888-1906.

EM: (avec le texte de la léonine) par P. Caramello, 4 volumes, chez Marietti, Turin, 1948.

EM: (avec le texte de la léonine) par des FF. Prêcheurs espagnols, 5 volumes, Biblioteca de Autores cristianos, Madrid, 1951-1952.

TF: par les Dominicains de France, en cours d'achèvement, environ 60 volumes, aux Éditions du Cerf, Paris, 1925 sq.

Opuscules (classés selon l'ordre alphabétique du premier mot du titre).
    D'une manière générale, on dispose pour les opuscules de:

EM: *Opuscula philosophica*, par J. Perrier, chez Lethielleux, Paris, 1949.

EM: *Opuscula philosophica*, par R. M. Spiazzi, chez Marietti, Turin, 1954.

EM: *Opuscula theologica*, par A. Verardo et R. M. Spiazzi, 2 vol., chez Marietti, Turin, 1954.

TF: par les abbés Védrine, Fournet et Bandel, 7 vol., chez Vivès, Paris, 1856-1858.

— *Compendium theologiae ad fratrem Reginaldum socium suum carissimum* (seu: *De fide et spe*; vel: *De fide, spe et caritate*), (1265-1269 ?, 1259 ?), pp. 138-139.

— *Contra errores Graecorum ad Urbanum IV pontificem maximum* (1263), pp. 121, 122, 193.

— *Contra impugnantes Dei cultum et religionem* (1256), pp. 84, 109, 153.

— *Contra pestiferam doctrinam retrahentium homines a religionis ingressu* (1270), pp. 153-154.

TF: par le P. Maréchal, aux Éditions du Cerf, Juvisy, 1935.

— *De aeternitate mundi contra murmurantes* (1271), p. 159.

— *De articulis fidei et sacramentis Ecclesiae ad archiepiscopum Panormitanum* (1261-1268), p. 123.

— *De demonstratione.

— *De differentia verbi divini et humani* (seu *De verbo*).

— *De duobus praeceptis caritatis et decem legis praeceptis* (*collationes*) (carême 1273).

— *De emptione et venditione ad tempus* (1263), p. 123.

EC: par A. O'Rahilly, in *Irish Eccles. Record,* 1928, pp. 159-186.

— *De ente et essentia* (1253-1255), pp. 70, 88.

EC: par M.-D. Roland-Gosselin, 2ᵉ édition, chez Vrin, Paris, 1948.

EC: par L. Baur, 2ᵉ édition, à Munster, 1933.

TF: par C. Capelle, chez Vrin, Paris, 1947.

— *De fallaciis ad quosdam nobiles artistas* (1272-1273 ?), p. 54.

— *De forma absolutionis ad generalem magistrum Ordinis* (1270), p. 161.

— *De instantibus.

— *De judiciis astrorum ad fratrem Reginaldum socium suum carissimum* (1269-1272).

— *De mixtione elementorum ad magistrum Philippum* (1273), p. 182.
— *De motu cordis ad magistrum Philippum* (1273), p. 182.
— **De natura accidentis.*
— **De natura generis.*
— *De natura materiae et dimensionibus interminatis* (1252-1256).
    EC: par J.-M. WYSS, Fribourg et Louvain, 1953.
— **De natura verbi intellectus.*
— *De occultis operibus naturae ad quemdam militem* (1269-1272), p. 124.
— *De perfectione vitae spiritualis* (1269), pp. 152-153.
    TF: par le P. MARÉCHAL, chez Lethielleux, Paris, 1932.
— *De principiis naturae ad fratrem Silvestrum* (1253-1255), p. 88.
    EC: par J.-J. PAUSON, Fribourg et Louvain, 1950.
— *De principio individuationis.*
— *De propositionibus modalibus* (1272-1273), p. 54.
    EC: par I. M. BOCHENSKI, Rome, 1945.
— **De quattuor oppositis.*
— *De rationibus fidei contra Saracenos, Graecos et Armenos ad canto-*
    rem Antiochenum (1264), pp. 122-123.
— *De regimine Judaeorum ad ducissam Brabantiae* (vel: *ad comitissam*
    Flandriae Margaritam; vel: *De regimine subditorum*) (1265-67),
    p. 138.
    EM: par MATHIS, chez Marietti, Turin.
— *De regimine principum ad regem Cypri* (vel: *De regno*) (1265-1266),
    pp. 137-138.
    EM: par MATHIS, chez Marietti, Turin.
    TF: par F. COTTIER, Fribourg et Paris, 1946.
— *De secreto* (1269), pp. 159-160.
— *De sortibus ad dominum Jacobum de Burgo* (1269-1272), pp. 123-124.
— *De substantiis separatis seu de angelorum natura ad fratrem Regi-*
    naldum socium suum carissimum (1267-1268), p. 147.
— *De unitate intellectus contra Averroistas* (1270), pp. 157-158.
    EC: par L.-W. KEELER, Rome, 1936.
— **Epistula de modo studendi* (vel: *De modo acquirendi divinam sapien-*
    tiam ad quemdam Joannem).
    TF: par G. GRANGETTE, in *France Dominicaine*, 1956, pp. 42-47.
— *Expositio orationis dominicae* (sive: *Collationes de Pater noster*)
    (carême 1273), pp. 183-184.
— *Expositio primae decretalis ad archidiaconum Tudertinum* (1265-67),
    p. 144.
— *Expositio secundae decretalis ad eumdem* (1265-1267), p. 144.
— *Expositio super salutationem angelicam* (sive: *Collationes de Ave*
    Maria) (carême 1273), pp. 183-184.
— *Expositio super Symbolum apostolorum* (sive: *Collationes de Credo*
    in Deum) (carême 1273), pp. 183-184.
    TF: par un religieux dominicain, Paris, 1856.

— *Officium de festo Corporis Christi ad mandatum Urbani IV papae* (1264), pp. 124-125.
— *Responsio ad Bernardum Casinensem* (février 1274), pp. 130, 194-195.
— *Responsio ad fratrem Joannem Vercellensem generalem magistrum Ordinis Praedicatorum de articulis CVIII sumptis ex opere Petri de Tarantasia (sive: Declaratio dubiorum...)* (1265-1266), pp. 144-145.
— *Responsio ad fratrem Joannem Vercellensem generalem magistrum Ordinis Praedicatorum de articulis XLII (sive: Declaratio XLII quaestionum...)*, (1271), pp. 161-162.
— *Responsio ad lectorem Bisuntinum de articulis VI (sive: Declaratio VI quaestionum...)* (1271), p. 162.
— *Responsio ad lectorem Venetum de articulis XXXVI (vel: Declaratio XXXVI quaestionum...)* (1271), p. 161-162.

PRINCIPIA.
— *Principium «Hic est liber»* (1252), p. 80.
— *Principium «Rigans montes»* (1256), pp. 90-92, 196.
    Pour les deux, EM: par P. MANDONNET, *Opuscula omnia...,* tome IV, Paris, 1927.

SERMONS.
— *Sermones* (sive: *Collationes*) *dominicales et festivi,* pp. 132, 146, 151, 153-154.

LISTE DES TRAVAUX CITÉS

Pour les ouvrages cités une seule fois, la référence complète est donnée au cours de l'ouvrage et ces titres ne sont pas repris ici.

ALTANER B., *Die Briefe Jordans von Sachsen des zweiten Dominikanergenerals (1222-37)*, QF (20), Leipzig, 1925.

BERNARD GUI, *Vita s. Thomae Aquinatis*, in *Fontes* (Fascicule 3, pp. 168-259).

BERTHIER, J.-J., *Le couvent de Sainte-Sabine à Rome*, Rome, 1912.

— *Sanctus Thomas Aquinas «Doctor Communis» Ecclesiae*, I: *Testimonia Ecclesiae*, Rome, 1914.

BIERBAUM M., *Bettelorden und Weltgeistlichkeit an der Universität Paris, Franziskanische Studien* (Beiheft 2), Münster-en-Westphalie, 1920.

BIRKENMAJER A., *Vermischte Untersuchungen zur Geschichte der mittelalterlichen Philosophie*, Münster-en-Westphalie, 1922.

BOCK F., *Kaisertum, Kurie und Nationalstaat im Beginn des 14. Jahrhunderts, Römische Quartalschrift* 44 (1936), pp. 105-122 et 169-220, Rome.

BÖHMER F.-J., FICKER J., WINKELMANN E., *Regesta imperii*, V: *1198-1272*, Innsbruck, 1 (1881-82), 2 (1892-94), 3 (1901).

CASTAGNOLI P., *Regesta thomistica*, DTP 30 (1927)-32 (1929).

CHENU M.-D., *Introduction à l'étude de Saint Thomas d'Aquin*, Montréal-Paris, 1950; 2e éd., 1954.

— *Saint Thomas d'Aquin et la théologie*, Paris, 1959.

CLASEN S., *Der heilige Bonaventura und das Mendikantentum, Franziskanische Forschungen* (7), Werl-en-Westphalie, 1940.

CREYTENS R., *Pierre de Tarentaise professeur à Paris*, in *Innocentius V (B.), Petrus de Tarantasia (O.P.), Studia et documenta*, Rome, 1943.

DAVIDSOHN R., *Geschichte von Florenz* I-II, Berlin, 1896-1908.

DE GROOT J.-V., *Het leven van den h. Thomas van Aquino*, 2e édit., Utrecht, 1907.

DENIFLE H., *Die Entstehung der Universitäten des Mittelalters*, Berlin, 1885.

— *Zum Kölner Studienaufenthalt des Aquinaten, Römische Quartalschrift*, 34 (1926) pp. 46-58.

DENIFLE H. - CHATELAIN E., *Chartularium universitatis Parisiensis* I, Paris, 1889.

DE RUBEIS B.-M., *De gestis et scriptis ac doctrina s. Thomae Aquinatis dis-*

sertationes criticae et apologeticae, in S. *Thomae Opera omnia* I (édition léonine), Rome, 1882.

DE WULF M., *Histoire de la philosophie médiévale*, II: *Le treizième siècle*, 6ᵉ édition, Louvain-Paris, 1936.

D'IRSAY S., *Histoire des Universités françaises et étrangères des origines à nos jours*, I, Paris, 1933.

DONDAINE A., *Secrétaires de S. Thomas*, 2 volumes, Rome, 1956.

ENDRES J.-A., *Thomas von Aquin*, Mayence, 1910.

EUBEL C., *Hierarchia catholica medii aevi*, I, 2ᵉ édit., Munster-en-Westphalie, 1913.

FELDER I., *Storia degli studi scientifici nell'Ordine francescano*, trad. par Bernardo da Bessa, Sienne, 1911.

FLICHE A., THOUZELLIER Ch., AZAIS Y., *La chrétienté romaine (1198-1274)*, Paris, 1950.

FOREST A., VAN STEENBERGHEN F., DE GANDILLAC M., *Le mouvement doctrinal du IXᵉ au XIVᵉ siècle*, Paris, 1951.

GAUTHIER A., *Saint Thomas d'Aquin, Contra Gentiles*, Livre premier, Paris, 1961, pp. 7-123.

GÉRARD DE FRACHET, *Vitae Fratrum Ordinis Praedicatorum*, in MOPH I, Louvain, 1896.

GEYER B., *Die patristische und scholastische Philosophie*, in ÜBERWEG F., *Grundriss der Geschichte der Philosophie*, 2. Teil, 11ᵉ édition, Berlin, 1928.

GIACON C., *Il pensiero cristiano con particolare riguardo alla Scolastica, Guide bibliografiche*, Milan, 1943.

GILSON E., *La philosophie de Saint Bonaventure*, 2ᵉ édition, Paris, 1943.

— *Le thomisme*, 5ᵉ édition, Paris, 1945.

GLORIEUX P., *Répertoire des maîtres en théologie de Paris au XIIIᵉ siècle*, I, Paris, 1933.

— *Les polémiques «Contra Geraldinos»*, RTAM 6 (1934), pp. 5-41.

— *«Contra Geraldinos», L'enchaînement des polémiques*, RTAM 7 (1935), pp. 129-155.

GRABMANN M., *Die Autographe von Werken des hl. Thomas von Aquin, Historisches Jahrbuch* 60 (1940), pp. 514-537, Munich.

— *Die persönlichen Beziehungen des hl. Thomas von Aquin, Historisches Jahrbuch*, 57 (1937), pp. 305-322.

— *Der Einfluss Alberts des Grossen auf das mittelalterliche Geistesleben*, *Mittelalterliches Geistesleben* II, pp. 324-412.

— *Mittelalterliches Geistesleben*, 3 volumes, Munich, 1926-1936-1956.

— *Das Seelenlebe des hl. Thomas von Aquin*, Munich, 1924.

— *Storia della Teologia Cattolica*, trad. par G. de Fabio, 2ᵉ édit., Milan, 1939.

— *Die Werke des hl. Thomas von Aquin*, 3ᵉ édit., Munster-en-Westphalie, 1949.

GREGOROVIUS F., *Storia della città di Roma nel Medio Evo*, trad. par R. Manzato, revue par E. Pais, Turin, II: 1925, III: 1926.

GUILLAUME DE TOCCO, *Vita s. Thomae Aquinatis,* in *Fontes* (fascicule 2, pp. 65-160).

HALPHEN L., *L'essor de l'Europe* (XIᵉ-XIIIᵉ siècles), Paris, 3ᵉ édition, 1948.

HEFELE Ch.-J. - LECLERCQ H., *Histoire des Conciles,* V (2) et VI (1), Paris, 1913-1914.

HUMBERT DE ROMANS, *Opera de vita regulari,* édition Berthier, Rome, 1888-1889.

INGUANEZ I., *Cronologia degli abati casinesi del sec. XIII, Casinensia,* Montecassino, 1929.

Innocentius V (B.), Petrus de Tarantasia (O. P.), Studia et documenta, Rome, 1943.

ISAAC J., *Le Peri Hermeneias en Occident de Boèce à S. Thomas,* Paris, 1953.

KANTOROWICZ E., *Kaiser Friedrich II,* Berlin, 1927, (Supplément, 1931).

KÄPPELI, T., *Una raccolta di prediche attribuite a S. Tommaso d'Aquino,* in AFP 13 (1943), pp. 59-94.

KOPERSKA A., *Die Stellung der religiösen Orden zu den Profanwissenschaften im 12. und 13. Jahrhundert,* Fribourg (Suisse), 1914.

LAURENT M.-H., voir au sigle *Fontes* (table des sigles, p. 244).

LECCISOTTI T., *Il Dottore Angelico a Montecassino,* in RFNS 32 (1940), pp. 519-547.

LEMMENS L., *S. Bonaventura cardinale e dottore della Chiesa,* trad. par G. di Fabio, Milan, 1921.

LOE (VON) P., *De vita et scriptis b. Alberti Magni,* in An. Boll. 19 (1900) et 21 (1902).

LOTTIN O., *Psychologie et morale aux XIIᵉ-XIIIᵉ siècles,* tome I. Louvain-Gembloux, 1942.

MANDONNET P., *Le carême de S. Thomas à Naples,* in *S. Tommaso d'Aquino. Miscellanea,* Rome, 1924, pp. 194-211.

— *Date de naissance de S. Thomas d'Aquin,* in RTh 22 (1914), pp. 652-664.

— *Des écrits authentiques de S. Thomas d'Aquin,* 2ᵉ édit., Fribourg (Suisse), 1910.

— *Thomas d'Aquin novice prêcheur 1244-1246,* Extrait de la *RTh* 1924-1925.

— *Thomas d'Aquin lecteur à la Curie romaine,* Chronologie du séjour (1259-1268), in XTh, III, pp. 9-40.

— *Siger de Brabant et l'averroïsme latin au XIIIᵉ siècle,* 2ᵉ édit., 2 vol., Louvain, 1908-1911.

MANDONNET P., VICAIRE M.-H., LADNER R., *S. Dominique, L'idée, l'homme et l'œuvre,* 2 volumes, Paris, (1937).

MARTINORI E., *Lazio turrito,* Rome, I: 1933, II-III: 1934.

MASETTI P., *Monumenta et antiquitates veteris disciplinae Ord. Praed. ab anno 1216 ad annum 1348 praesertim in Romana provincia,* I-II, Rome, 1864.

MEERSSEMAN G., *Introductio in opera omnia B. Alberti Magni,* Bruges, 1931.

Mélanges Mandonnet, 2 vol., Paris, 1930.

MILLER K., *Itineraria Romana,* Stuttgart, 1916.

Monti G.-M., voir Torraca.

Morghen R., *Il tramonto della potenza sveva in Italia 1250-1266*, Rome-Milan, 1936.

Mortier A., *Histoire des Maîtres Généraux de l'Ordre des Frères Prêcheurs*, 8 vol., Paris, 1903-1920.

Mothon P., *Vie du bienheureux Innocent V*, Rome, 1896.

Paré G., Brunet A., Tremblay P., *La renaissance du XII° siècle, Les écoles et l'enseignement*, Paris-Ottawa, 1933.

Pelster F., *La famiglia di S. Tommaso d'Aquino*, Studi sulle Fonti, in *La Civiltà Cattolica*, 74 (1923), I, pp. 385-400.

— *La giovinezza di S. Tommaso d'Aquino*, Studio critico sulle fonti, in *La Civiltà Cattolica* 74 (1923), II, 401-410.

— *I parenti prossimi di S. Tommaso d'Aquino*, in *La Civiltà Cattolica* 74 (1923), IV, pp. 299-313.

— *Kritische Studien zum Leben u. zu den Schriften Alberts des Grossen*, Fribourg-en-Brisgau, 1920.

Pelzer A., *Le cours inédit d'Albert le Grand sur la Morale à Nicomaque recueilli et rédigé par s. Thomas d'Aquin*, extrait de la *RNSP*, août et novembre 1922, Louvain, 1922.

Petitot L.-H., *Saint Thomas d'Aquin*, Paris, 1923.

Pierre Calo, *Vita s. Thomae Aquinatis*, in *Fontes* (fascicule 1, pp. 17-28).

Potthast A., *Regesta Pontificum Romanorum inde ab a. 1198 ad a. 1304*, 2 vol., Berlin, 1874-75.

Prümmer D., *De Chronologia vitae s. Thomae Aquinatis*, in *XTh*, III, 1-8.

— voir le sigle *Fontes* (table des sigles, p. 244).

Ptolémée de Lucques, *Historia ecclesiastica*, édition Muratori: Milan, 1727; édition Taurisano: Rome, 1924 (in *S. Tommaso d'Aquino. Miscellanea*).

Puccetti A., *S. Alberto Magno*, I-II, 2° édit., Sienne, 1937.

Quétif J.-Echard J., *Scriptores Ordinis Praedicatorum*, I-II, Paris, 1719-21.

Rashdall H., *The Universities of Europe in the Middle Ages*, nouvelle édit. par F. M. Powicke et A. B. Emden, I-III, Oxford, 1936.

Saba A., *Bernardo Ayglerio abate di Montecassino*, Montecassino, 1931.

Sassen J., *Hugo von St. Cher, seine Tätigkeit als Kardinal*, Bonn, 1908.

Scandone F., *La vita, la famiglia e la patria di S. Tommaso*, in *S. Tommaso d'Aquino. Miscellanea*, pp. 1-110.

Scheeben H.-D., *Der hl. Dominikus*, Fribourg-en-Brisgau, 1927.

— *Albert der Grosse*, Zur Chronologie seines Lebens, *QF* 27 (1931).

— *De Alberti Magni discipulis*, in *Alberto Magno, Atti della Settimana albertina celebrata in Roma nei giorni 9-14 Nov. 1931*, Rome, 1932.

— *Beiträge zur Geschichte Jordans von Sachsen*, in *QF* 35 (1938).

Serafini A., *L'Abazia di Fossanova e le origini dell'architettura gotica nel Lazio*, in *S. Tommaso d'Aquino. Miscellanea*, pp. 223-292.

Sommer-Seckendorff A.M.F., *Studies in the Life of Robert of Kilwardby*, Rome, 1937.

STHAMER E., *Die Hauptstrassen des Königreichs Sizilien im 13. Jahrhundert*, Studi di Storia Napoletana in onore di Michelangelo Schipa, Naples, 1926.

SUERMONDT C. S., *Tabulae schematicae cum introductione de principiis et compositione comparatis Summae Theologiae et Summae contra Gentiles S. Thomae Aquinatis*, Rome, 1943.

TAURISANO J., *S. Tommaso d'Aquino*, Turin, 1941.

THOMAE AQUINATIS (S.) Doctoris Angelici, *Opera omnia*, jussu impensaque Leonis XIII P. M. edita, Rome, 1882 sq.

THOMAS CANTIMPRÉ, *Bonum universale de apibus*, Douai, 1627.

Tommaso d'Aquino (S.), Miscellanea storico-artistica, Rome, 1924.

TORRACA F. (et alii), *Storia dell'Università di Napoli*, Naples, 1924.

TOSO A., *Tommaso d'Aquino e il suo tempo*, Rome, 1941.

TOSTI L., *Storia della Badia di Montecassino*, II, Rome, 1889.

UEBERWEG F., voir GEYER R.

VAN STEENBERGHEN F., *Siger de Brabant d'après ses œuvres inédites*, 2 vol., Louvain, 1931 et 1942.

VICAIRE M.-H., *Histoire de S. Dominique*, 2 vol., Paris, 1957.

VOSTÉ J.-M., *S. Thomas Aquinas epistularum s. Pauli interpres*, in Angelicum 19 (1942), pp. 257-276.

INDEX ALPHABÉTIQUE DES NOMS DE PERSONNES.

INDEX DES NOMS GÉOGRAPHIQUES

TABLE DES SIGLES

AFH = *Archivum Franciscanum Historicum*, Quaracchi, 1907 sq.

AFP = *Archivum Fratrum Praedicatorum*, Rome, 1931 sq.

AHDLMA = *Archives d'Histoire Doctrinale et Littéraire du Moyen Age*, Paris, 1926 sq.

ALKM = *Archiv für Literatur- und Kirchengeschichte des Mittelalters*, Berlin puis Fribourg-en-Brisgau, 1885 sq.

An. Boll. = *Analecta Bollandiana*, Bruxelles, 1882 sq.

AOP = *Analecta sacri Ordinis Fratrum Praedicatorum*, Rome, 1893 sq.

BOP = *Bullarium Ordinis Fratrum Praedicatorum*, Rome, 1729 sq.

DACL = *Dictionnaire d'Archéologie chrétienne et de Liturgie*, Paris, 1903 sq.

DAFC = *Dictionnaire Apologétique de la Foi Catholique*, Paris, 1909 sq.

DHGE = *Dictionnaire d'Histoire et de Géographie Ecclésiastiques*, Paris, 1909 sq.

Doc. = *Documents* (fascicule 6 des *Fontes*; voir ci-après *Fontes*).

DTC = *Dictionnaire de Théologie Catholique*, Paris, 1899 sq.

DTF = *Divus Thomas*, Fribourg (Suisse), 1914 sq.

DTP = *Divus Thomas*, Plaisance, 1880 sq.

Enc. cattol. = *Enciclopedia cattolica*, Cité du Vatican, 1948 sq.

Enc. ital. = *Enciclopedia italiana*, Milan, 1929 sq.

Fontes = *Fontes vitae s. Thomae Aquinatis notis historicis et criticis illustrati curis et labore* D. PRÜMMER (fascicules 1 à 3), Toulouse, 1911 *et* M.-H. LAURENT (fascicules 4 à 6), Saint-Maximin, 1934-1937.

LThK = *Lexikon für Theologie und Kirche*, Fribourg-en-Brisgau, 1930 sq.

MD = *Memorie Domenicane*, Florence, 1884 sq.

MOPH = *Monumenta Ordinis Praedicatorum Historica*, Louvain-Rome-Paris, 1896 sq.

QF = *Quellen und Forschungen zur Geschichte des Dominikanerordens in Deutschland*, Cologne, 1907 sq.

RFNS = *Rivista di Filosofia neo-scolastica*, Milan-Florence, 1909 sq.

RHE = *Revue d'Histoire Ecclésiastique*, Louvain, 1900 sq.

RNSP = *Revue Néo-Scolastique de Philosophie*, Louvain, 1894 à 1945.

RPL = *Revue Philosophique de Louvain*, Louvain, 1946 sq.

RSPT = *Revue des Sciences Philosophiques et Théologiques*, Le Saulchoir, 1907 sq.

RTAM = *Recherches de Théologie ancienne et médiévale*, Louvain, 1929 sq.

RTh = *Revue Thomiste*, Paris-Toulouse-Saint-Maximin, 1893 sq.

XTh = *Xenia Thomistica* I-II, Rome, 1925.

TABLE DES MATIÈRES

Imprimé en Belgique   (341)
par l'Imprimerie Nauwelaerts, Louvain